国学典藏版

中庸 全评

岑晓 冰封 编著

群言出版社
QUNYAN PRESS
·北京·

图书在版编目(CIP) 数据

中庸全评 / 岑晓，冰封编著 . -- 北京：群言出版社，2016.10

ISBN 978-7-5193-0252-8

Ⅰ. ①中… Ⅱ. ①岑… ②冰… Ⅲ. ①儒家②《中庸》－研究 Ⅳ. ① B222.15

中国版本图书馆 CIP 数据核字（2016）第 306668 号

责任编辑：李　越

封面设计：小徐书装

出版发行：群言出版社

地　　址：北京市东城区东厂胡同北巷 1 号（100006）

网　　址：www.qypublish.com

自营网店：https://qycbs.tmall.com（天猫旗舰店）

　　　　　http://qycbs.shop.kongfz.com（孔夫子旧书网）

　　　　　http://www.qypublish.com（群言出版社官网）

电子信箱：qunyancbs@126.com

联系电话：010-65267783　65263836

经　　销：全国新华书店

印　　刷：北京联兴盛业印刷股份有限公司

版　　次：2017 年 4 月第 1 版　2017 年 4 月第 1 次印刷

开　　本：710mm×1000mm　1/16

印　　张：20

字　　数：260 千字

书　　号：ISBN 978-7-5193-0252-8

定　　价：35.00 元

前言

　　《中庸》原本是《小戴礼记》中的一篇。通常认为其作者是孔子的孙子子思（前483—前402）。据《史记·孔子世家》记载，孔子的儿子名叫孔鲤，字伯鱼；伯鱼的儿子名叫孔伋，字子思。孔子逝世以后，儒家分为八派，子思是其中一派。荀子把子思和孟子合称为一派。从师承关系来看，子思求学于孔子的得意门生曾子，孟子又求学于子思；从《中庸》和《孟子》的核心观点来看，也多有吻合的地方，所以世间有"思孟学派"的称谓。后代因而尊称子思为"述圣"。

　　《中庸》是被宋代学人提到显著地位上来的，有宋一代研究中庸之道的文章不下百篇。北宋程颢、程颐极力尊崇《中庸》。南宋朱熹又作《中庸章句》，并把《中庸》和《大学》《论语》《孟子》并列称为"四书"。宋、元以后，《中庸》成为官定教科书和科举考试的必读书，对古代教育产生了深远的影响。过去的八股文的题目都是从四书、五经中选取，因此，四书便成为南宋以后士子的必修书，其影响达七百年之久。

　　《中庸》里面阐述的是儒家的"中庸之道"，并提出人性修养的教育理论著作。郑玄注："中庸者，以其记中和之为用也；庸，用也。孔子之孙子思作之，以昭明圣祖之德也。"

然而，这些都是《中庸》在古代世界中的成就，到了科技高速发展的现代，知识更新速度很快，知识总量差不多十年就增加一倍，而阅读调查显示青少年读书的时间越来越少，上网的时间越来越多。互联网的存在方便了我们查阅资料，有什么不懂的直接在线搜索，很少需要去翻书考证。那么国学经典《中庸》是不是已经在信息大爆炸的时代中落伍了呢？

其实并不是，《中庸》不落伍，而且在我们的时代发展到如今，历久弥新，焕发着新的生机。它是人类智慧的源泉，更深蕴着一个民族的文化命脉，是一个民族存续的文化基因。只要我们民族血脉延续着，这些著作就不会过时。

虽然时代变了，但是我们传承的道德精神没有变，我们骨子里的经典传统也没有变，本书更是将《中庸》里的知识与现代处事相结合，从而让《中庸》更加贴近我们现代的生活，让国学中的经典走进现代的世界。

编著者

2017 年 2 月

目录

第一章　天命谓性，率性谓道

性格，是上天赋予我们每个人的一个特征，是我们自身的特点。每个人都有属于他自己的性格，自然也会产生情绪。世间万物，都有不同的情绪，关键之处就在于我们要学会如何控制自己的情绪。学会控制情绪，其实也是学会掌控自己的人生。

中庸
全评

第二章　人之自强，内外兼修

　　自强之人，内外皆强。有时，有勇无谋的外在之强，并不能代表什么，但内心的强，看似柔弱，却有撼动泰山、四两拨千斤的能力，这也是圣人所崇尚的原因。但人如果只有内在之强，容易遭到他人的欺凌。所以，人不但要有内在之强，更要有外在之强，内外兼备，才是王道。

第三章　君子之道，贵在修心

为君子者，必先修心。心正，方能处事。心若正，行为便会端正，做事自然会有条理。我们在社会中，会处在不同的角色之中，我们处在哪种角色之中，就要去做符合哪种角色的事情：身为子女，要懂得尽孝；身为朋友，要懂得诚信……

中庸全评

第四章　做人做事，亦乎中和

凡事皆有度，做事不可过度，亦不可不及。为人处世，需学会谦虚，学会讲礼。但凡事都要讲究度。待人谦虚但不过谦，彬彬有礼但不过度，这才能给人留下最好的印象，一旦过度，便会给人一种轻浮的不良印象。掌控做事的度，其实也是一门学问。

第五章　哀公问政，何以治国

为政者，上到统治阶级，下到老百姓，都对一个国家的繁荣昌盛和长治久安起到了重要作用。到了现代社会，这个道理同样适用，哀公问政，先贤之德，值得我们好好学习。

第六章　诚在于心，明在于德

真诚的原则是无愧于心，做任何事情，我们最先要问的是自己：可以做吗？会不会违背自己的本心？人生在世，我们却也不能完全由着自己的性子做事，本心就是在一步一步修炼中，变得越来越赤诚，越来越强大。从心出发，修身修德，是由内而外的变化，也是最值得提倡的行为论。

第七章　人性天性，问道中庸

人性是百变的。我们人性有本善和本恶两种争论，同时在我们慢慢长大的过程中，人性会发生改变，有人变好有人变坏，只有明白道理，明白对错，才能在遗失自我中，找到自我，从而完善自我。

中庸
全评

第八章　圣人凡人，取道中庸

　　每个人生下来都是凡人，圣人只存在于那些史书典籍中。凡人是有缺点的，圣人则是完美无瑕的。追寻圣人之道，其实就是我们一点一点改掉自己不完美的地方，向圣人的目标前进。到了最后，也许我们成不了圣人，但是我们会成为一个有德行的人。在追求中自我完善，让自己变得更好。

第一章 天命谓性，率性谓道

　　性格，是上天赋予我们每个人的一个特征，是我们自身的特点。每个人都有属于他自己的性格，自然也会产生情绪。世间万物，都有不同的情绪，关键之处就在于我们要学会如何控制自己的情绪。学会控制情绪，其实也是学会掌控自己的人生。

天命谓性，率性谓道

【原典再现】

天命^①之谓性，率性^②之谓道，修道之谓教。道也者，不可须臾^③离也，可离非道也。

是故^④君子戒慎乎其所不睹，恐惧乎其所不闻。莫见乎隐^⑤，莫显乎微^⑥，故君子慎其独也。

【重点注释】

①天命：即天理，此处可代指人的天赋。

②率性：遵循本性。率，遵循。性，本性。

③须臾：片刻。

④是故：所以。

⑤莫见乎隐：没有比处在昏暗之中更为明显的。莫，无，没有，这里是"没有什么更……"的意思。见，通"现"，意为表现，体现。乎，通"于"，表比较。隐，暗处，隐蔽之处，此处代指细微的变化。

⑥莫显乎微：没有比置于细微之处更为鲜明的。显，显著，显露。微，小事，细微之事，这里指代一般人不易察觉的事情。

【白话翻译】

人的自然禀赋（即人的天赋）即为"性"，遵循本性自然发展的原则而行动即为"道"，按照"道"的原则修养即为"教"。用来控制本性的"道"，是无时无刻都不能离开的，一旦能够离开，哪怕是离开片刻，就不能称之为"道"了。

所以能够被人称为君子的人，即使在别人眼睛看不到的地方也能做到非常小心谨慎；即使是在别人耳朵听不到的地方，也由于心怀恐惧而加以注意，生怕被人发现。毕竟没有比在昏暗之中更为明显的，也没有比置于细微之处更为鲜明的。所以君子能够保持在孤身一人的时候也十分小心谨慎。

【鉴赏评议】

人来到世间，万物皆无，唯有其天赋是与生俱来的。天赋是上天赋予人的，它影响着人的一生。

既然天赋是上天赋予人的，那么它就必然会按照一定的原则而发展，任何与其原则相逆的行为，都将作为阻碍发展的障碍，人的天性亦是如此。《三字经》中讲道："人之初，性本善。"其实每个人在出生的时候，心都是向善的，只不过在后来的生活中，经过各种各样的外界因素，最终形成了每个人独特的性格和不同的习性。

人生伊始，每个人都是善者。成为善者，并不是什么难事，只要自己的心时刻保持着善意，无论在何种情况下都能做到刚正不阿，犹如莲花一般出淤泥而不染，哪怕遭到强权的打压、小人的诋毁，甚至以性命相挟，都始终可以坚持这种品质，至死不渝。

【深度解读】

君子如莲，出泥不染

古时的君子，向来与莲花相比。周敦颐之《爱莲说》写道："予独爱莲之出淤泥而不染，濯清涟而不妖，中通外直，不蔓不枝，香远益清，亭亭净植，可远观而不可亵玩焉。"君子之品，正犹如这莲花一般，无论环境多么艰难，多么污浊，依旧保持自己的本性，不受外界影响。能经得起磨炼的人，最终才可以成为君子。君子之道，为官者本应恪守，但诸多官员视权如命，掌权后忘乎所以，以为官之便丰自身之利，搜刮民脂民膏，中饱私囊，而且官职愈高，依附者愈多，既有依附，则有贿赂，贿赂之量，亦不在少数。在如此利欲熏心的情况下，依旧保持清正廉洁的人少之又少。所以清官向来就是人们歌颂的对象。

端州，自古便是优质砚台的主要产地，而产于端州的端砚，更是名列四大名砚之一。所以，当时的端州知府，每年都会在进贡端砚之前，私吞数倍乃至数十倍于进贡数量的砚台，用以贿赂当朝权贵，为自己谋好处。此举使得百姓劳民伤财，怨声不断。

后来，朝廷委派包拯前往端州就任知府。他深知在此之前的知府贪污端砚的事情，于是下令，每年进贡端砚之时，所造数量必须与进贡数量保持一致，绝不多造一方砚台。包拯做了一年多的端州知府，就连离任时，都没有带走一方砚台。离开端州的路上，他发现跟他一起走的一位门生，自己私自带了一方砚台回家。包拯怒由心生，当即下令停船，命门生把私自带的砚台扔到江里，而后，才下令开船，继续赶路。

包拯身为一名清官，在北宋时期动荡的年代之中依旧可以做到洁身自好，甚至要求身边的人不得做出贪赃枉法之事。正因如此，包拯的事迹才会被人流传下来，成为后世之楷模。

在历史上，像包拯这样的清官有很多，西汉时期的赵广汉也是其中之一。

赵广汉是西汉时期的一名廉吏，曾任颍川郡太守、京兆尹等职位。而他不畏强权，出众的办案能力也得到了百姓的认可，深受百姓爱戴。

在赵广汉从京辅都尉初升京兆尹之时，就接手了处理杜建的案子。杜建是赵广汉手下的一名官员，虽然只是一名中层官员，但资质很老，朝中根基颇深，而且为人霸道，无论是谁都拿他没有办法。汉昭帝尚在时，杜建参加了昭帝陵墓的建设工作。建造帝王陵墓是一项浩大的工程，不仅需要大量的人力去完成，还需要大量的财力，杜建看到这是个发财机会，便指使门客从中谋取暴利。赵广汉根据举报掌握了这些事实，有了证据。但他看到杜建的根基颇深，影响极大，决定先礼后兵。赵广汉先是警告杜建，希望他不要再继续做下去。但杜建认为自己的关系网很大，赵广汉不会随随便便地动他，于是当面表示不会继续做，而背后根本不把赵广汉放在眼里，依旧我行我素。

赵广汉见状，决定将杜建抓捕归案。但人还没押到牢里，前来求情的人就纷至沓来，其中不乏内监豪绅，也不乏官员。赵广汉当然知道处理杜建是件很麻烦的事情，毕竟他的关系网不一般。但在赵广汉看来，得罪权贵是小事，维护国家的律法是大事。所以他不会给来说情的人一丁点的面子。杜家的族人和门客不由得恼羞成怒，于是密谋了劫狱计划。但赵广汉早已通过安插于其中的内线，完完全全地掌握了他们的阴谋，所以，他先是派出手下一名官吏去对那些劫狱的主谋者进行警告："若实如此之行，必将灭汝满门！"此话一出，对密谋者的威慑力不言而喻。然后，赵广汉在证据确凿的情况下，将杜建斩首弃市。事已至此，杜建的同党都大为惊恐，没有一个敢为杜建说话的了，而京城的百姓也对赵广汉交口称赞。

试问，如果赵广汉没有恪守中庸之道，没有不畏强权的决心，杜

建的案子能否顺利解决？杜建这样的侵害国家利益的蛀虫能否被绳之以法？答案是否定的。人都有私心，但人的私心是不能以他人，甚至是以国家的利益做基础的。为官之人，理应以国家为重，以人民为重，所以赵广汉为民除害，能够深受人民爱戴，就连他最后受腰斩刑前，长安城的数万百姓和官员都齐跪于皇家宫殿之前送别他，他的清正严明可见一斑了。

历史，总是可以记住那些真正一心为民的好官和那些为国家强盛而奋斗的国君。至于那些卖国求荣、祸国殃民的奸佞之人，终将被钉在历史的耻辱柱上，为世人所唾弃。

在现实生活中也是这样，君子方端，总是受到欢迎，而小人，谁会接纳他呢？

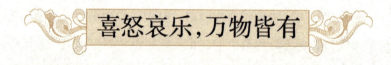

喜怒哀乐，万物皆有

【原典再现】

喜怒哀乐之未发①，谓之②中；发而皆中节，谓之和。中也者，天下之大本③也；和也者，天下之达道④也。致⑤中和，天地位焉，万物育⑥焉。

【重点注释】

①发：表露，显露。

②谓之：称为。

③大本：最大的根本。本，根本。

④道：原则。

⑤致：达到。

⑥育：生长发育。

【白话翻译】

人们的喜怒哀乐藏于内心，没有表露出来的时候称为"中"，在表露出来之后将符合自然常理、社会法度的称为"和"。"中"是天下太平最大的根本；"和"是天下苍生共同遵守的普遍原则。如果把中和的道理推而及之，以至圆满的境界，那么世间万物便都能各安其所、各享其生了。

【鉴赏评议】

《中庸》作为中国古代哲学重要的著作之一，也作为研究古代哲学最重要的学术范畴之一，自问世以来就有不少人对其持有不同之见解。本段以情感之角度切入，从正面对"中"与"和"做了基本的解释。本段中讲到，当一个人还未表露出喜怒哀乐之感时，心情处于平静的状态之中，故称之为"中"，但人是感情动物，拥有极其丰富的情感，每个人都无法时刻让心情处于平静，当达到一定的程度时必然会表现出来。如果是在常理之中或是在节度之中，这就可以称之为"和"了。

顾名思义，如果一个人可以很好地控制自己的喜怒哀乐，并且可以在适当的地方很完美地表达出来，这便是"中和"了。如果人人都可以达到"中和"之境，大家都心平气和地以礼相待，社会的秩序也十分安定，天下自然太平无事，百姓亦可安居乐业。

【深度解读】

学会中和之道，掌控自由之度

为人处世，必须要学会控制自己，无论在任何时候做任何事，都要掌握一定的度，一旦失度，便会坏事，轻者伤利，重者受罚。比如说，平时适量的饮酒，有助于身体的健康，还有利于睡眠，但如果经常过度饮酒甚至是酗酒，则很容易伤肝，甚至容易发展为肝癌；朋友之间开玩笑是再正常不过的事情了，但即便如此也要注意把握住其所拥有的度，有时，一句无心的玩笑话，却会因此与人结怨，无论关系再好的朋友，也可能因为一件过度的事情甚至是一句稍有过分的话而反目成仇。所以，无论做什么事，掌握好一定的度永远是最为关键的事情。

人没有不向往自由生活的，但其实所谓的自由，也是在这个度之内的，只有在一定的条件和范围内，我们才能享受到真正的自由。有的人可能会说："我觉得我平时挺注重自己的言行，挺小心谨慎的，但为什么总是感觉不到自由，总是感觉好累？"其实这就涉及自己对于度的把握，如果自己把这个要求定得太严太紧，那么自然会感觉到非常累，好比说自家住房，试问是住一个一百多平方米的大房子舒服，还是住一个十几平方米的小屋子舒服？以常人的感受来说，自然是住在大房子里舒服，毕竟地方大，既宽敞又自由，可以很自由地去做任何的事情；相比之下，挤在十几平米的小屋子里，走路连腿都伸不开，何况做事了。道理其实是一样的，给自己定的要求（也就是度）如果太紧，就像挤在小屋子里，自然是觉得很压抑的，做什么都会放不开，久而久之会一事无成。如果可以放宽一些，就像住在大房子里，可以有充分的余地去做自己想做的事情，毕竟有了一个很大的活动和发展空间。不过，对于这个度也不能定得太宽，一旦太宽，就很容易放纵自己，使自己迷失其中，无法找到自我，这样一来就很容易步入歧途。所以，学会自己掌控做事的尺度，是很重要的一件事，如果可以很好地把握这种尺度，那么无论是在人际交往之中，还是在其他的任何场合之中，都可以做到游刃有余，收放自如。

在社会之中，为人处世是每个人的必修课，这个时候一旦失度，轻则引火上身，重则有性命之危。

公元200年，曹操和袁绍刚刚开始交战，时为袁绍幕中谋士的许攸对袁绍讲："曹操兵少，却集中全力以抗我军，许都仅由所剩之人守卫，城内必定空虚，若派一支队伍轻装前进，连夜奔袭许都，必将克之。占据许都之后，可奉迎天子以伐曹操，必可捉住曹操。即使他未能立刻溃散，也可使他首尾不可兼顾，定可将其击败。"而袁绍却不同意，直言："我一定要先捉住曹操！"此后许攸因袁绍抓捕了他违法的家人而投奔曹操。投曹之后，许攸得知曹军粮草不足，便献计于操："今孟德孤军独守，既无援军，亦无粮食，此乃危机存亡。现袁军有粮食存于乌巢，虽有士兵，但无防备，只要派轻兵急袭乌巢，焚其粮草，不出三日，袁军自败！"

曹操闻计大喜，急选精兵假扮袁军，马含衔枚，士兵持柴草进发乌巢，遇他人问话时，皆回答："袁公怕曹操奇袭，派我们把守。"袁军不疑有诈，放其通行。至乌巢后，曹军放火，营中大乱，大破袁军，粮草尽焚，并斩袁军多名将领首级，守将淳于琼亦被曹将乐进俘获，后被曹操杀死。

乌巢失守后，正在攻打曹营的张郃、高览率部降曹，袁军全盘崩溃，袁绍与仅余的八百骑兵逃回河北，曹操大获全胜。

　　官渡之战的四年之后，也就是公元 204 年，曹军攻破邺城，占领冀州，许攸立有大功。但许攸自恃功高，再加上许攸年轻时便与曹操相识，故屡次轻慢曹操，每次出席之时，无论何种场合，均直呼曹操小名，说："阿瞒，没有我，你得不到冀州。"曹操表面上虽然笑着说："你说得对啊！"但心中颇有芥蒂。一次，许攸在出邺城东门之时，对左右之人说："这家人（指曹操）没有我，进不得此门！"不仅如此，他一而再再而三口出狂言，辱骂曹操，且轻视曹军将士，这招致了曹军将领的极大不满。因此，许攸被许褚愤而挥刀斩于马下。

　　纵观全局，许攸所献之计，可以说对曹操有极大的帮助，为其日后统一北方甚至是后来三分天下奠定了基础。但许攸自恃功高，加上他年轻时便与曹操相识，多次轻薄于曹操，也因此给自己招来了杀身之祸，这就是许攸没有把握好为人做事之时所需要的一个度，令自己付出了极大的代价。

　　在现实生活中，一个人无论取得了多大的功绩，如果他能够学会将其内敛于心，不随意外露，并且为人依旧谦虚自如，就说明这个人的内心境界一定是很高的。为人之道，必处处谨慎，且需时刻注意言行，稍有不慎，便易成为他人手中之把柄，使自身陷入不利之地。"中和"之道，无论是君子还是一般人，都应该时刻遵循，并时常用它来反省自己，以"中和"之道自省，是可以修正自身之不足，提高自身修养的。如果每个人都可以做到经常以"中和"之道来反省自身的不足，久而久之，自身的修养就能够得到提高，人与人之间的关系就会变得更加和谐，百姓自然可以安居乐业，社会也将会越来越安定。

君子中庸，小人无惮

【原典再现】

仲尼①曰："君子中庸②，小人反③中庸。君子之中庸也，君子而时中④。小人之中庸也，小人而无忌惮⑤也。"

【重点注释】

①仲尼：即孔子。孔子，名丘，字仲尼，鲁国陬邑人，中国著名大思想家、大教育家，是儒家学派的创始人。曾受业于老子，带领部分弟子周游列国十四年，于晚年修订六经（即《诗》《书》《礼》《乐》《易》《春秋》），在其去世后，由其弟子及再传弟子将其思想以及言行语录记录，并编成《论语》。孔子在古代被尊奉为"天纵之圣""天之木铎"，是当时社会上最博学者之一，被后世统治者尊为"孔圣人"，其儒家思想对中国及世界都有深远的影响，为各朝统治者所传承发扬。

②中庸：意为"中和"。

③反：违背。

④时中：时刻按照中庸之道行事。

⑤无忌惮：没有顾忌和畏惧，做事不考虑后果。

【白话译文】

孔子说："君子的言行时时刻刻都符合中庸所示的道德标准，而小人的言行却时时刻刻都在违背中庸所示的道德标准。君子之所以做任何事都能达到中庸的标准，是因为君子时时刻刻都要把自己所做的事情做到恰到好处，无过亦无不及；小人之所以时时刻刻都在违背中庸的标准，是因为小人的所作所为都肆无忌惮，从不考虑后果。"

【鉴赏评议】

做小人易，做君子难，而做比君子境界更高的圣人，则是难于登天。之所以说做君子难，是因为要想做到君子，首先要做到坚守个人原则，坚持以中庸之道来作为自己的行事准则，久而久之，就会使自己的精神境界不断提高，悟得的真理也越来越多，也就可以一步一步地成为君子，直至最后成为圣人。反观小人，之所以说做小人易，是因为小人是反对中庸之道的，他们的行为做派、言行举止，无一不是逆于中庸之道的，他们见风使舵，根本没有原则与道理可讲，如此放荡不羁，怎么能成为君子呢？

在人生之路上，通向目的地的道路有无数条，当然，也会有捷径，谁不喜欢走捷径呢？不过，也不是任何情况都适合走捷径，有的人通过走捷径，可以很快完成自己的目标；而有的人因为走捷径，非但没能完成目标，反而越走越远。这是因为所谓的捷径，总归是有不少的歧途夹杂于其中，而歧途之中，可能会是各种阻碍，有的路甚至是末路、绝路，一旦走到这些路上，后果将不堪设想。路虽多，但有一条路肯定可以完成目标，这条路虽然艰难，但胜算会很大，而且也会影响你之后的人生之路，那就是——正路。它不仅是一条路，更是自己为人处世的态度和对于人生的信念。

【深度解读】

大罪莫若反中庸

孔子说过："吾日三省吾身。"就是告诉我们每天都要坚持多次反省自身的不足，只有认识到自身的不足，才能改正自己的错误。成为君子最大的敌人，不是我们在修身之中所遇到的阻碍，而是我们的内心，是我们内心中所存在的那一丝欲望恶念和肆无忌惮。有的时候，如果无法战胜这些，就很容易走上一条不归之路。

战国时期著名的军事家、政治家、改革家吴起，是兵家的代表人物，极其擅长用兵，且爱兵如子，在他担任魏国将领的时候，完全没有将军的架子，和自己的士兵吃饭穿衣都是一个标准，睡觉不铺卧席，出行不骑马乘车，而且亲自捆扎背负粮草，替士兵分担劳苦。也正因为如此，他得到了士兵的拥戴。

但他有一个很大的缺点，就是他为人猜忌且残忍。年轻的时候，他家非常富裕，可以说家有千金，但他出外求仕并不顺利，最后搞得倾家荡产。乡里人都笑话他，看不起他，他恼羞成怒，竟杀死了三十多个毁谤自己的人，而后逃出卫国。临行前他向母亲咬臂起誓："我吴起不做卿相，绝对不会再回卫国！"而后他求学于曾参之子曾申，跟随他学习儒术。不久之后，吴起的母亲去世了，而吴起却始终也没有回去。这样的举动令一向以孝为重的曾申气愤不已，遂与吴起断绝师生关系，他不容忍自己的学生有不孝之举。于是，吴起只好弃儒从兵，到鲁国学习兵法，并准备侍奉鲁国国君。

公元前 412 年，齐宣王发兵攻打鲁国的莒县和安阳。鲁穆公知道吴起带兵有方，想任用吴起为将。但吴起的夫人是齐国人，鲁穆公对其有所怀疑，怕他会因此向齐国倒戈，便没有任命他。

吴起渴望建功立业，他知道鲁穆公因自己的夫人是齐国人而不任用自己，于是就回到家中，将自己的夫人残忍地杀掉了，以此来向穆公表示自己绝不会偏向齐国。于是，穆公便打消所有顾虑，任命吴起为将。而后，吴起率领鲁国军队，大破齐军，乘胜而归。

但得胜归来的吴起却遭到了鲁国群臣的非议，有人向穆公进言说："吴起为人猜忌残忍，早年间杀死乡人，此为不仁；母亲去世而不回去料理丧事，此为不孝；陛下因怀疑而不任用他做将军，他就杀掉自己的妻子，此为不义。如此不仁不孝不义之人，陛下为何还要用他呢？鲁国是个小国，一旦拥有战胜国之名，必将招致各国的攻打。而且鲁国与卫国是兄弟国家，陛下如果重用吴起，就等同于抛弃卫国，对于两国建交来说不是一件好事。还望陛下三思啊！"鲁穆公于是对吴起开始产生怀疑，遂罢免了吴起的官职，吴起的主公季孙氏也因此被杀。后来经过别人的劝说，吴起决定弃鲁投魏。

吴起确实有领兵之才，他可以将兵法中的任意一种战术发挥得淋漓尽致，但他急于建功立业，竟然杀掉自己的妻子。

中庸教导我们，凡事要三思而后行，做事情切不可过于鲁莽，不要为达目的而不择手段，循序渐进方可获得成功。

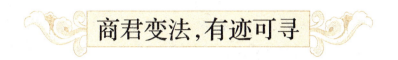

商君变法，有迹可寻

【原典再现】

子曰："中庸其至①矣乎！民鲜②能久矣。"

【重点注释】

①至：极致，顶峰。

②鲜：很少。

【白话译文】

孔子说："中庸之道应该是（做人的）最高的境界了，但百姓却很少理解它，更不要说坚持了，这种情况已经太久了。"

【鉴赏评议】

中庸之道是一个人为人处世的最高法则，也是人格修养的最高境界。它如此之高深，如此之神秘，实在是令常人深感可望而不可即。既然如此，那我们又为何去为之而不断努力呢？为之努力的意义又在何处呢？

事实上，古时候，先贤们就已经意识到了以中庸之道作为个人的行为准则，不仅会影响人的一生，亦会使自身受益无穷。先贤们正是看到了中庸之道的高明与伟大，希望以此造福于子孙后代，对子孙后代进行智慧启蒙与德

行培养。

不过也正是由于中庸之道的伟大，让并不知晓它的人们感到神秘，再加上当时知识传播的困难，导致了这种伟大的思想在百姓当中鲜有人知。书本在当时是只有富贵人家乃至王侯之邸才能拥有的东西，对于贫苦百姓来说，想读到一本书是非常之困难的事情。读书尚且不易，何况思想的推广呢。所以孔圣人才会发出如此之感叹。

【深度解读】

以时为据，历久弥新

一种优秀的思想，或者说一部优秀的法典，在刚刚开始的时候，总是无法获得大家的理解与认可，不过随着时间的推移，人们会慢慢地体会到其中的精妙，进而非常容易接受它并将它推广开来。

为秦王朝效力的商君本是卫国公室的庶出公子，名鞅，姓公孙，后人称之为商鞅、卫鞅、公孙鞅。他在年轻的时候喜欢刑名法术之学，这为其日后变法打下基础。公叔痤病重之时，曾向魏王举荐卫鞅，并提及卫鞅之才，但并未得到魏王的重视。公叔痤去世后，卫鞅听说秦孝公下令寻求贤才，欲重建穆公的霸业，便西行进入秦国。

来到秦国之后，卫鞅通过孝公的宠臣景监求见孝公。卫鞅三次觐见孝公，终于得到秦孝公的赏识并被孝公任用。卫鞅准备变法，但秦孝公担心会遭到非议。卫鞅告诉他说："行动迟疑就不会成名，做事犹豫就不会成功。有超常之举的人，本就会被世俗所非难；而有独到见识的谋划者，必将会被百姓所讥讽。愚蠢的人对已经完成的事情都感到困惑，聪明的人事先就能预见将要发生的事情。不能和百姓谋划新事物的创始而可以和他们共享成功的欢乐。探讨最高道德的人不与世俗合流，成就大业的人不与一般人共谋。因此，圣人只要能够使国家强盛，就不必沿用旧的成法；只要能够利于百姓，就不必遵循旧的礼制。"孝公大为赞赏，并任用卫鞅为左庶长，且下达了变法的命令。

变法之令是下达了，新法业已完备，但卫鞅并未将其公布于世，因为恐怕百姓不信任。于是，卫鞅在都城的南门立起一根三丈长的木头，对百姓说："若有人能将其搬至北门，赏十两黄金！"结果却没有人应，人们觉得非常不可思议。卫鞅于是再度宣布："如果谁能把它搬到北门，赏五十两黄金！"这时人群中有一位大汉，扛起木头就往北门走。搬到北门之后，卫鞅当时便赏给他五十两黄金，人们纷纷表示卫鞅很讲信用。在取得民心之后，卫鞅随之颁布新法。

法令实行一年之后，来国都说新法不适的秦国百姓数以千计。就在这时，秦国的太子触犯了法令。卫鞅说："法令无法实行，是由于上层的人触犯法令。"于是便准备依法惩处太子。因太子是国君的继承人，无法施加刑罚，所以便对太子傅公子虔、太子师公孙贾行刑。转天，秦国的百姓便都服从法令了。新法推行十年后，秦国百姓皆大欢喜，社会安定，真正做到了夜不闭户、路不拾遗，山中没有了强盗，百姓安居乐业，家家富裕，人人满足。而且百姓都勇于为国作战，惧怕私人斗殴，秦国的军队所向无敌，所到之处无不惧怕秦军。

卫鞅的变法取得了巨大的成功，后来又进行了二度变法，使秦国的国力一跃而上，成为当时战国七雄之一，为日后秦王嬴政合并六国打下了坚实的基础。秦孝公也将於、商等十五邑敕封于卫鞅，从此号称商君。

纵观卫鞅变法的过程，不难看出，在新法刚刚施行的时候，遇到了很

多的阻碍。随着时间的推移，越来越多的人感受到它带给他们的好处，从而能够更为自愿地去接受它、实行它。中庸之道亦是如此。

科技的发达，信息的广泛，对于思想和文化的传播是十分有利的，中庸之道也被越来越多的人所接受。但直到现在，中庸之道仍没有被大多数人所熟知，甚至于有的人并不知道中庸是什么。我们有越来越多的年轻人去迷恋那些外来的文化，疯狂地吹捧外国的文化，却忽视了我们自己的传统文化。我们是否会反思自己，为什么我们会把祖先留下的文化弃之不顾？为什么我们会如此追求外来文化？究竟是什么造就了这一切？这都是值得我们去好好反思的。我们不应该将传统文化抛弃掉，因为现在我们能够享受的知识与文化，都是我们的先祖在五千年的历程中一点一滴为我们凝聚而成的。

知者过之，愚者不及

【原典再现】

子曰："道①之不行②也，我知之矣：知者过之，愚者不及也。道之不明③也，我知之矣：贤者④过之，不肖者⑤不及也。人莫不饮食也，鲜能知味也。"

【重点注释】

①道：指中庸之道。

②行：推广实行。

③明：明显，彰显。

④贤者：有贤能的人。

⑤不肖者：与贤者相对，指那些品行不端、性情顽劣之人。

【白话译文】

孔子说："中庸之道不能够推广实行的原因，我想我已经知道了：那些聪明的人，总是很容易做过了头，而那些愚笨的人则因为智力不足而根本无法理解。中庸之道无法彰显的原因，我想我也知道了：那些有贤能的人，总是会过度地去理解它，所以做事会过度，这是不对的；而不贤的人却往往做得不到位，这也是不好的。就像人每天都要吃饭一样，饭菜虽好，但很少有人能够真正地品出其中的美味来。"

【鉴赏评议】

孔子认为，那些自以为聪明的人，往往自以为是，在上级面前卖弄自己，要小聪明，导致自身经常误解中庸之道的本意，从而做过了度；而那些并不聪明的人，因为智力不足，根本无法理解中庸之道的精髓，所以往往就会一意孤行，以自己的想法和观点去行事，这样一来则很容易歪曲中庸之道，更不利于它的传播。

中庸之道，是儒学者心中至高无上的境界，是需要不断警醒、不断提高自身修养才能达到的境界。即便现在的人按照一定的道德准则来行事，但由于无

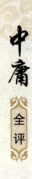

法对自身进行时刻的检点，导致很多时候不是做过了头就是做得不及。一心一意、尽心尽力地去做事，本来是很美好的品德，然而要是因过度认真以致心力交瘁，那从本身来讲就失去了做事的乐趣。

换言之，人淡泊名利本来亦是很高的境界，但过分的淡泊导致本身无法对社会做出有效的贡献，自然也就失去了存留于世的意义。因此，无论是过，还是不及，都是不可取的，唯有秉承中庸之道，才是唯一可取之路。毕竟，聪明的人太"聪明"了，而愚笨的人智力又太低，无法理解中庸之道。唯有一心一意地秉承中庸之道，才是真正有智之人的选择。

【深度解读】

满招损，谦受益

孔子觉得，君子应时常恪守中庸之道，尤其是为人臣之时。身为人臣，应避免张扬，不要居功自傲，否则的话非但得不到他人的尊重，反而容易给自己招来杀身之祸。

清朝末年，由于清政府的闭关锁国，使得朝政十分腐败。再加上外敌入侵，战乱不断，清军连连败退，清政府不得不割地赔款，以求旦夕安稳。大量的赔款使得本就空虚的国库变得更加难以为继，政府只好通过搜刮民脂民膏来支付那巨额的赔款。百姓不堪重负，终于在 1850 年末至 1851 年初的广西金田，爆发了中国乃至世界历史上规模空前的一次农民战争——太平天国起义。

太平军攻破江南大营后，各部举酒相庆，为东王杨秀清歌功颂德，天王洪秀全退隐二线，将军事指挥权完全交给了杨秀清。当告捷文书送至天王府后，洪秀全更是命令赏罚升降参战人员的事都由杨秀清主管，并告于太平军诸王。这无疑增长了杨秀清的傲气。

清军大营被攻破，天京自然安全了。但杨秀清自认其功勋无比，意图篡洪秀全之位，自立为王。他胁迫洪秀全拜访他，且命令其在他面前高呼万岁。这令天王洪秀全无法忍受，便召见韦昌辉秘密商讨对策。

恰逢韦昌辉兵败归来，杨秀清责其无功不准他入城，韦二次请命才被准许。韦昌辉去拜见洪秀全，洪秀全佯责韦昌辉，命他速去东王府听命，而背地里却告诉韦昌辉如何应付此事。韦昌辉心怀戒备前去谒见杨秀清，杨秀清兴奋地告诉韦昌辉说别人向他称万岁的事情。韦昌辉佯作高兴，连连庆贺，并留在杨秀清处宴饮。

酒过三巡，韦昌辉趁杨秀清毫无防备，拔出佩刀刺中杨秀清。杨当场穿胸而死。韦昌辉向众人号令："东王谋反，我暗从天王处领命诛贼！"说罢，韦昌辉拿出诏书，示以众人。而后下令紧闭城门，抓捕东王余党。

东王余党十分恐惧，每天与北王的人斗杀，死伤惨重，但仍逃匿了不少。天王之妻赖氏说："驱除邪恶不彻底，必留祸！"因而劝说洪秀全以韦昌辉杀人过于残酷的罪名，施以杖刑，安慰东王余党，让他们过来观看，这样方可一并杀之。

此计被洪秀全所采纳。他让东王余党都来观看韦昌辉被处刑的场景，正当观看之时，天王突然派武士围杀观众。经此一劫，东王余党几乎被尽数歼灭，被杀者多达三万余人。

《尚书》中有一句"满招损，谦受益"的箴言，告诉我们为人不要张狂，不要自满，要时刻保持谦虚，谦虚使人进步，骄傲使人落后。一个谦虚的人，是可以发现别人的长处并收为己用的。吸收别人的长处，用以充实自身，这是有助于自身成长的，而且通过不断提高自身修养，还会得到

他人的尊重，试问，谁不希望自己能够获得他人的尊重呢？

每个人都有自己所不足的，包括知识和自身修养。有的人可以虚心听取别人的意见，并以此来改正自身的不足，这样的人往往会收获很大的成功；但有的人明知自身并没有达到完美的境界，仍自以为是，不懂装懂，听不进别人的话，这样的人只会自毁前程。

我们眼中的圣人，其实已经算是非常完美的人了，但他们自己还是在忧虑自己身上的过失、毛病，并且每天都谦虚自省。

但总是有人觉得自己一点问题都没有，自以为是，沾沾自喜，有了一点功劳就骄傲起来，这让真正的明眼人看了发笑。要知道，自负可是导致失败的原因之一，也是最重要的原因之一，我们应该从内心之中杜绝自负情绪，时刻让自己保持清醒，不被眼前的一点小成功所迷惑，要不断地完善自己，使自己变得更强，这样才能得到最丰硕的成果，达到心中的目标。

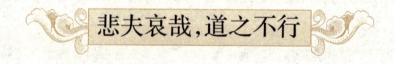

【原典再现】

子曰："道其①不行②矣③夫！"

【重点注释】

①其：语气词，表推测，意为也许，大概，可能。

②不行：无法推行，无法实行。

③矣：语气词，表感叹。

【白话译文】

孔子说："中庸之道也许没有办法实行了！"

【鉴赏评议】

孔子所言"道其不行"，是因为孔子看到了统治者对于生命的漠视，随意杀戮，而由内心深处引发感慨。刚才提到，孔子的中庸之道，正是建立在民权之上的，如果没有民权的支持就无法推行。

但统治者在意的，大多是自己的王位，那些危及自身统治的人，基本上都被统治者下令处死了，不管之前这个人立过多少功劳。有时小人的一句谗言，就会使一名甚至多名对国家有功的大功臣死于非命。这种情况不在少数。统治者如此漠视生命，还会允许中庸之道在百姓之中流传么？孔子就是在看到了这些现象之后，由内心深处深深地发出了感慨。

【深度解读】

奸佞之臣误国民

人们都说"奸臣误国"，这种话确实不假。因为那些奸佞之臣，善于揣摩皇帝之心，利用阿谀奉承、献媚邀宠的方式讨好皇帝，从而一步一

步地干预朝政，这样一来就会很容易使国家陷入动乱之中，甚至有亡国的危险。

魏忠贤是明朝时期的宦官。他年轻时不学无术，在当地为非作歹，后因为欠下累累赌债，被迫自宫，进宫为监。魏忠贤入宫之后，巴结攀附上司，又与朱由校的乳母客氏私交甚好，很快便在内宫之中掌握大权。

随着魏忠贤逐渐得宠，权力越来越大，他的野心也越来越大。天启元年，朱由校即位，是为明熹宗。熹宗即位后，迅速提拔魏忠贤，从而使其一跃龙门，成为熹宗身边的红人。

魏忠贤权势越来越大，朝中官员也争相攀附于他。他在短短的几年时间里，就在朝廷之中形成了一个声势浩大的"阉党"集团，但由于魏忠贤结党营私、胡作非为，激起了朝廷正义之士的极大不满，他们纷纷上奏弹劾阉党。

天启四年，东林党人士杨涟上奏弹劾魏忠贤，在奏章之中列举出魏忠贤"擅权专政""陷害忠良""斥逐直臣""重用私党"等二十四条大罪，并特别指出"宫廷之中，只知魏忠贤而不知陛下；都城之内，亦只知魏忠贤而不知陛下"。魏忠贤大为惶恐，多次向明熹宗解释，然而明熹宗是个昏君，素来不问政事，这件事也不了了之。

东林党人士的发难，令魏忠贤极为恼怒，誓要铲除东林党。次年，魏忠贤以汪文言一案为口实，捏造罪名，将东林党首领杨涟等人逮捕入狱，阉党锦衣卫都指挥使许显纯对其严刑拷打，最终将其迫害致死。

魏忠贤为镇压异己，大力强化特务机构，当时东厂的特务遍布四境，除了监视之外，就是拉拢那些镇守边关的武将，对于不肯归附阉党的武将，魏忠贤往往会令他们遭到排挤，甚至是将其杀害。

魏忠贤大力铲除朝中的异己，东林党被铲除后，他一人控制着整个朝政，由于他权势熏天，时人皆称之为"九千岁"。朝中大小事务皆要先交于魏忠贤之手，待魏忠贤批准之后方可着手办理。

天启七年八月，朱由校驾崩，明朝最后一位皇帝朱由检即位，是为明思宗，改国号为崇祯。朱由检即位前便知阉党之祸所带来的极大危害，在其坐稳皇位后，便下令整顿朝纲，清除阉党势力。魏忠贤被免去了司礼监和东厂的职务，并被发配到凤阳看守祖陵。这时，弹劾魏忠贤的奏疏如雪片般飞来，崇祯见状，便派人捉拿魏忠贤问罪。由于证据确凿，皇帝着手处理魏忠贤这一批人，最终粉碎掉阉党之患。

在我们现实生活中其实也是这样，真正为公司做事情的人，肯定会随着公司发展而越来越好。而那些因为一己私利而危害公司利益的人，永远都不会有很好的发展。

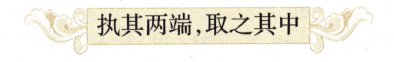

执其两端，取之其中

【原典再现】

子曰："舜①其大知②也与！舜好问而好察迩言，隐恶而扬善，执其两端，用其中于民，其斯以为舜乎！"

【重点注释】

①舜：指舜帝。舜是传说中的父系氏族社会后期部落联盟首领，以其才智与孝道而闻名，被列入"五帝"之中，奉为华夏至圣。

②知：通"智"，意为智慧，才智。

【白话译文】

孔子说："舜可以说是一位拥有很高才智的人啊！他天生就喜欢向别人提问，并且能够从身边人的言行之中揣测他的心思。他不喜欢对外传播他人的恶行，而是喜欢对外宣传他人的善举，他能够很好地把握住极端的情况，并且能够折中地采取中庸之道来服务于人民。这样，他才能成为人们所尊敬景仰的舜啊！"

【鉴赏评议】

孔子通过赞扬舜的品质，说明统治者善于察言纳谏是有多么重要，无论是安民还是治国，都会有巨大的帮助。中庸之道要求我们的，就是要勤问勤学，永远保持自己的求知欲，多向别人请教。要知道，人生最大的智慧，就是学会如何把别人的能力和经验借鉴到自己的身上并收为己用，以达到"师夷长技以自用"的目标。

我们不应心甘情愿地沉沦于愚昧无知之中。孔子说过："敏而好学，不耻下问。"告诉我们要想得到知识，即使向比自己身份地位低的人请教也不是羞耻的事情。多向别人请教，才能让自己学到更多的知识，懂得更多的道理。

【深度解读】

敏而好学，不耻下问

太庙，是古时供奉去世国君牌位的地方，是国君的祖庙。有一次，孔子去太庙参加鲁国国君祭祖大典。他一进太庙，就向旁人问这问那，几乎每件事都问到了。有几个人看到孔子这样，便讥笑他说："谁说'邹人之子'懂得礼仪？进了太庙，什么都要问！"孔子听到这种嘲讽之言时，说："有的事我不明白，自然要问，而且是每件事都要问，这恰恰是我要求自己知礼懂礼的表现啊！"

孔子的善问，体现了他对知识的渴求。人的智力是有限的，但知识却是无限的，人的智力无法容下所有的知识，所以只有通过不断学习，才能丰富自己的头脑，扩大自己的知识面。

孔子说："三人行，必有我师焉。"世间万物，都可以成为我们的老师，关键就在于自己看待知识的态度。若自己求知若渴，即便是向比自己身份、地位都低的人去请教，都不会觉得感到耻辱；如果自认为上天入地无所不知，即便是把天底下最全、最详细的百科全书摆在面前，都未必会去翻看一眼。有的人真心渴求得到更多的知识，就算翻山越岭走南闯北，也要把知识掌握到手。

李时珍在行医的数十年间，潜心钻研古代医书，发现里面有很多失误的地方。在他二十岁那年，有一天他正在诊病，突然一帮人拉着一个江湖郎中进了他的诊所。为首的一个年轻人火冒三丈地告诉李时珍，说其父亲吃了这江湖郎中开的药，病非但没见好，反倒更加严重了，他去找郎中算账，郎中硬说药方没错，想请李时珍来看看，说罢便将药罐递上。李时珍尝了尝药渣，道出这是古医书上的错误，因为《日华本草》中将"虎掌"和"漏蓝子"两味药材混为一谈，正是因为古书中的这个错误，令郎中误把"漏蓝子"抓成了"虎掌"。

类似的情况不止这些。又有一次，一个大夫给一名精神病人开药，药方之中有一味叫防葵的药，病人服药后，没多久就死了。无独有偶，还有一个身体虚弱的人，吃了大夫开的一味叫黄精的补药，没过多久也送了性

命。李时珍经过调查之后发现，在古书上，都把防葵、狼毒、黄精和钩吻说成是同一药物，而狼毒、钩吻都有剧毒，稍有不慎便会置人于死地，病人吃了怎么会不送命呢？也因为如此，李时珍下决心重新修订一部医书。

为了摸清许多药材的特性，李时珍走南闯北，向各个行业的人请教问题，并将其做了汇总。

经过二十七年的努力，李时珍完成了《本草纲目》的初稿，此后又用十余年的时间进行了三次大修，前后经过约四十年的时间，终于著成了我们今天看到的《本草纲目》。

李时珍花费数十年心血著成的《本草纲目》，为后世的医学奠定了坚实的基础，而他也被后世尊为"药圣"。

李时珍为了编修《本草纲目》，辗转于全国各地，请教了各行各业的人，最终取得成功，这与他的勤学与善问是分不开的。在现代生活中，想要扩大自己的知识面，必须要懂得请教别人。知识，从请教中获得。

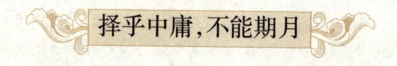

择乎中庸，不能期月

【原典再现】

子曰："人皆曰予①知②，驱而纳③诸罟擭④陷阱之中，而莫之知辟⑤也。人皆曰予知，择乎⑥中庸而不能期月⑦守也。"

【重点注释】

①予：我。

②知：通"智"，意为智慧。

③纳：纳入，此处意为落入，陷入。

④罟擭：指陷阱。罟，网子。擭，捕兽的木笼。

⑤辟：通"避"，躲避，避开。

⑥择乎：选择。

⑦期月：一整月。

【白话译文】

孔子说："人人都觉得自己很聪明，可一旦用利欲来诱惑，就会使自身陷入天罗地网之中，连躲避都不知道了。人人都觉得自己很明智，可选择了中庸之道，却连一个月都不能坚持。"

【鉴赏评议】

人应有自知之明。身处社会之中，应该学会认清自己的真实水平，既然选择了一件事就应该坚持做下去，不可半途而废。

每个人对自己真实水平的认知是十分有限的。自身的水平不足，可能导致人在做事的时候感到心有余而力不足，遂心生弃念。但如果事先对自己的水平有充分的认识，就能很好地判断这件事可不可做，做出判断之后就可以发挥出自己的长处，有条理地去完成它。

正因为人对于自己真实水平的认知有限，所以才经常有人做出自作聪明之事，闹了不小的笑话。自作聪明的人，往往我行我素，对于别人的劝

告一句都听不进去，所以他们不会正确理智地分析和判断，不清楚该做什么。这样一来，到最后只能走向失败，自吞苦果。因此，不要自以为是，自作聪明，在遭遇挫折的时候更不要放弃，要知难而上，有克服困难的勇气。

【深度解读】

谦虚礼让传佳话，自以为是千古恨

身为常人，理应时刻保持对自身的认知清晰，为官者更应如此。当家中有人为官时，切不可依托关系来为自身谋私利。

张英是清朝康熙年间的一位大臣，担任文华殿大学士兼礼部尚书。他在故乡桐城的官邸与吴家为邻，而在两家的大院之间有条小巷，供人出入使用。后来，吴家想要盖一栋新房，便意图霸占这条路，张家人自然是不同意的。双方争执不下，而且闹到了公堂之上。县官一看打官司的两家都是名门望族，谁都得罪不起，心中便有点发虚，不敢轻易地下结论。

眼见双方僵持不下，张家人一气之下向张英修书一封，要他出面解决。张英看后，觉得同为街坊邻居，理应互相谦让，不应该为了一点小小的利益就撕破脸，便在回信中题上四句话："千里来书只为墙，让他三尺又何妨！万里长城今犹在，不见当年秦始皇。"

张家人收到回信，明白了张英的心思，便主动放弃了三尺宅基地，而邻居也颇为感动，于是便也让出三尺宅基地，由此便形成了"六尺巷"，张英也因为礼让他人而备受称赞。

从古至今，自作聪明的人数不胜数，有的人因为自作聪明，丢了人，丢了官，甚至丢了性命，丢了城池，丢了国家。

南陈是南北朝时期南朝的最后一个朝代。公元 587 年，南陈最后一位皇帝陈叔宝即位，是为陈后主。陈叔宝的皇位来之不易，在宣帝驾崩的时候，陈叔宝趴在宣帝灵柩前痛哭，结果被陈叔宝的二弟陈叔陵以刀砍颈。幸而未伤及动脉，保住一命，后将陈叔陵以谋逆罪处死。

陈叔宝即位后，并未做到皇帝应尽的职责，而是终日饮酒享乐，不思朝政。他在位期间，大兴土木，营造宫室，生活无比奢侈，也由此造成赋税繁重，府库空虚，令人民怨声载道。而且陈叔宝喜爱作诗，常常于后宫与妃嫔对诗玩乐。有大臣见到北方的隋朝正在日益强大，但后主却不思强国，心中甚是焦急，便向陈叔宝上书说："北方的隋朝势力日渐强盛，恐有吞并我陈国之心，望陛下速速备战！"而陈叔宝却自以为是地说："我有长江天险，隋军是打不过来的！"

公元 588 年，隋文帝杨坚下诏列举陈后主的二十条罪状，并将诏书于江南散发三十余万份，意在收拢人心。但陈叔宝为了元会之庆，竟下令镇守缘江重镇江州、南徐州的两个儿子率战船回建康，此举无异于使江防更为薄弱。十二月，隋军趁南陈长江防守力量薄弱，长江上游的隋军率先向南陈发动进攻，直逼建康。

公元 589 年，陈叔宝对贺若弼军发动白土岗之战，他命令部队于白土岗南北向列长蛇阵二十里，首尾进退互不相知。与此同时，韩擒虎军占领石子冈后，陈将任忠率部投降，并开朱雀门迎韩擒虎入城。当时陈国的大臣早已作鸟兽散，唯有袁宪一人守在陈叔宝身边。袁宪建议陈叔宝向隋军投降，但陈叔宝畏惧不从，与爱妃张丽华、孔贵人三人并作一束，躲进后堂景阳殿的枯井中。

隋军入宫，四处寻找陈叔宝踪迹，在后堂一个枯井中发现异样。隋

军士兵认为井中有人，便向井中喊话，却没有人应答，而后，士兵说要往里面扔石头，陈叔宝才连连求救。隋军放绳索入井，却发现把陈叔宝拉上来很费劲，因为太重了。隋军都以为是皇帝龙体确实不凡，拉上来之后才发现原来陈叔宝与张丽华、孔贵人同束而上。隋兵见此无不大笑。在隋军攻克陈叔宝宫殿，对殿内进行搜查的时候，发现边疆传来的告急文书还在陈叔宝的床下放着，连封皮都没有拆，隋文帝杨坚听闻此事后，连连哀叹说："如果他能把作诗饮酒的功夫用在治理国家上，何必落得如此下场！"

自此，隋朝结束了中国自魏晋时期开始长达四百余年的分裂状态，完成了大一统。

南陈以被隋朝灭亡的惨痛结局，告诉我们一个道理：任何人无论在哪一方面占有优势，都不应该沾沾自喜，更不能自以为是。如果陈后主将治理国家放在第一位，善于纳谏，富国强兵，以南陈的地形和陈叔宝刚刚登基时的经济状况来看，南陈是有和隋朝对抗的实力的，毕竟南陈依据长江天险，只要用兵得当，是可以将隋军拒之门外的。究其原因，就是因为陈叔宝的自大和佞臣的乱政，这才导致南陈灭亡。

我们心中必须时时刻刻敲响警钟，不要获得成功就盲目自大，自以为是，要虚心听取别人的意见，不断地提高自身实力，只有这样才能收获更大的成功，拥有更大的成就。

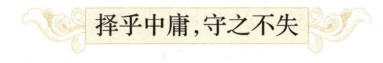

择乎中庸，守之不失

【原典再现】

子曰："回①之为人也，择②乎中庸，得一善，则拳拳服膺③而弗失之矣。"

【重点注释】

①回：即颜回。颜回（前521—前481），字子渊，春秋末期鲁国曲阜人。颜回十四岁拜孔子为师，并且终生都尊孔子为师，是孔子最得意的门生。孔门诸弟子之中，孔子对其称赞最多，不仅赞其好学，且以"仁人"相许，是孔门十哲之一，孔门七十二贤之首，儒家五大圣人之一。

②择：选择。

③拳拳服膺：牢牢地记在心中。拳拳，牢牢抓住的样子，此处引申为诚恳，恳切。膺，胸。服膺，谨记于心。

【白话译文】

孔子说："颜回的为人啊，就在于他选择了中庸之道，得到了一个好的开端，并将它牢牢地记在心中，生怕会失去它。"

【鉴赏评议】

我们在世间生存，必须要经过不断地学习才能成长。学习，是一个漫长的过程。乡中有一句谚语讲道："活到老学到老。"学无止境，无论是在我们的工作中还是生活中，都要学习不同的知识，比如在职场上要学习为人处世的技巧，在生活中要学习各种各样的生活必须技能等。

但我们学东西，总是有一个不小的问题，那就是真正学精的技能寥寥无几。我们接触的新事物会越来越多，我们的目标也会因此而发生改变，这就好像那则故事里讲的一样：一只小猴子下山掰玉米，掰下玉米之后看到了西瓜，就把玉米扔了去摘西瓜，摘了西瓜之后又看见小兔子，就又扔了西瓜，跑去抓兔子了，结果忙活一天，什么都没有捞到，一无所获。

【深度解读】

幡然醒悟，为期不晚

周处是东吴鄱阳太守周鲂之子。周鲂为人刚直多谋，曾用计诈降魏国，使东吴得以大破曹魏大军，立下赫赫战功，他晚年得子，名曰周处。周鲂夫妇对周处特别宠爱，这令周处从小就养成了骄横跋扈的性格，再加上父亲周鲂早逝，从此他更加缺乏教养，胡作非为。

周处年少时身材魁梧，臂力过人，武艺高强，他便借此纵情肆欲，横行乡里。当时有一首民谣称："小周处，体力强，日弄刀弓夜弄枪。拳打李，脚踢张，好似猛虎扑群羊。吓得乡民齐叫苦，无人敢与论短长。"周处在当地的恶名可见一斑。但当时的周处，却根本不知道自己已经成为当地的恶霸了。

传闻当地有"三害"——山中猛虎，水中蛟龙（其实是一条鳄鱼）和人中周处。乡人见此三害，纷纷避而远之，然而在此三害之中，周处对人的危害最大。当地的百姓祈求神明，希望除掉这三害，保一方平安。

周处是当地人，对猛虎和蛟龙的危害自然有所耳闻。一日，他行走于街头，见乡中父老都唉声叹气、愁眉不展的，就走上去问："现今天下太平，又到了丰收时节，你们为什么愁眉苦脸的呢？"

一位胆子较大的老者说："山中猛虎、水中蛟龙为害一方，有它们在，哪有好日子过。你要是一名真正的英雄，就应该懂得为民除害！"周处向来争强好胜，当时就信誓旦旦地说："猛虎蛟龙算什么，看我去除掉它们，让你们彻底放心！"说罢，便带上行李，背上弓箭和钢刀，去了山里。

山林很大，树木丛生，周处寻了半天，也不见猛虎的踪迹，见旁边有一块青石，便坐下休息片刻。然而他刚坐下没有多久，就听得身后一声虎啸。周处转身一看，只见一只猛虎正朝自己扑来。周处连忙闪避，顺势抽出钢刀砍去，然而并没有击中要害。

猛虎见状兽性大发，继续朝周处扑去，周处连占下风，他看到身旁有一棵大树，便躲在大树的后面，收起钢刀，拈弓搭箭，伺机射之，离弦之箭正中猛虎心窝，猛虎翻身倒地。周处感到机会已到，便又抽出钢刀，朝猛虎猛砍数十刀，终于除掉了猛虎。

除掉猛虎，周处感到有些疲惫，便躺下休息了一阵。休息过后，恢复了全部精力，周处便继续前往河边，准备除掉蛟龙。

他来到河边，看到蛟龙在水中翻腾不止、兴风作浪，周处见状，勃然大怒，便抽刀下水，与蛟龙搏斗。谁知蛟龙异常凶猛，有时浮上水面，有时沉入水底，想在短时间内结束战斗几乎是不可能的事。周处与蛟

龙漂了数十里远，大战了三天三夜，终于将蛟龙杀死了。当他爬到岸上的时候，已经满身是伤、筋疲力尽了。累到极点的周处躺在草丛里就睡着了。

人们见周处还没有回来，便猜测他与蛟龙同归于尽了。于是纷纷奔走相告，个个喜气洋洋，家家户户都在庆祝三害已除。谁知就在这时，已经恢复精力的周处回到了乡里，见到人们正在庆祝，并听到他们在谈论三害的事情，心生疑惑：一只猛虎，一只蛟龙，这是两害啊，哪来的三害呢？于是他揪住一位老人，问道："猛虎和蛟龙只是两害，何来三害之说！"

老人看躲不过去了，鼓起勇气说："小子！你还不知道吧，你横行霸道，欺压乡邻，是这三害里最大的一害！"

老人的话犹如利刃一样深深扎进周处的心里，他万分后悔自己当初年少轻狂，铸成大错。于是，他决定痛改前非，诚心悔过，为乡邻除去这最大的一害。他下定决心，离开家乡前往吴郡。当时的吴郡，有陆机、陆云二位颇有声望的学者。周处慕名而来，然而只有陆云在家。周处将这一切向陆云倾诉，并说："我真后悔自己醒悟得太晚了，浪费了好多好多的时间，如果早一点醒悟也不至于到今天这种地步。现在我想改过自新，只怕已经太晚了。"

陆云听罢，对他说："孔子云'三十而立'，更何况你还没到三十岁，正是成就事业的年纪。孔子又说'朝闻道，夕死可矣'，意思是说，如果在早上能听到道理，即便在晚上死去，也不枉虚度光阴。你现在既然可以认识到自身的过错，这是难能可贵的。既然已经认识到了，还有什么可忧虑的呢？一个人只怕不能立志，你能承认自己的过错，立下决心改过自新，又何需担心将来别人的看法和自己的前途？只要你勇敢地面对自身的过错，逐一改过，发奋读书，让自己变得更加明白事理，难道这样都不能让你成为一名好男儿吗？"

周处闻言，大受启发，便日夜勤奋读书，改正自己的过失，最终成为晋朝的大臣。为官期间，他不畏权贵，为官清廉，惩治了不少贪官污吏，赢得了人民的尊敬和爱戴。

中庸之道，不是须臾间方可悟得的，它需要长期不断地积累。当领悟到好的思想的时候，就要将它牢记于心，修养自身，提高自身，督促自身的行为，坚持不弃。

天下可治，中庸难寻

【原典再现】

子曰："天下①国家可均②也，爵禄可辞③也，白刃可蹈④也，中庸不可能也。"

【重点注释】

①天下：指当时天子所统治与管理的地区。

②均：治理，平定。

③辞：辞掉，推辞。

④蹈：踏过，踩过。

【白话译文】

孔子说："天下和国家是可以治理的，官爵俸禄是可以推辞的，就连锋利的刀刃也是可以踏过的，但唯有中庸是很难做到的。"

【鉴赏评议】

对于君王来说，在其位而谋其政，有才能的君主是可以把自己的国家治理得很好的；对于隐士来说，如果只想一心归隐，再高的官爵，再高的俸禄，都是可以推辞的；对于勇士来说，为了自己的国家，哪怕是让他上刀山下火海，他也会心甘情愿地去。

但对于圣者来说，要始终恪守中庸之道，却是十分不易的。无论是政治清明之时，还是国家黑暗之时，能够坚持自己的操守始终不变，这是非常艰难的一件事，因为这需要将自身的精神境界提高到一定的程度，如果自身的精神境界不高，很难做到这些。

【深度解读】

仗义疏财结至交

人无论在什么样的处境之下，都不能丢掉做人的准则和操守，一旦丢掉便再难以找回了。

东汉末年，群雄并起，各地诸侯为扩张势力先后称霸。在当时临淮东城，有一鲁氏家族，世人所知的贤人鲁肃，便是出生于这个家庭中。

鲁肃家境极为富有，然鲁肃出生不久，他的父亲便去世了，他则由祖母养大成人。因家境富有，所以鲁肃生性慷慨大方，即便是长大后亦是如此。他喜欢帮助那些穷困潦倒的有志之士，而且一心一意地拓展自己的交际范围，因此他甚至将自己的全部家产都赔掉了。他这种仗义疏财、不惜财物的品质也被乡亲们所称赞。

正巧，周瑜要赶赴居巢县做知事。其实此次前往居巢，一方面为帮孙策东进；另一方面也是因为他瞧不上袁术，才找借口去的居巢。当他听到乡里人对鲁肃的评价后，便带领自己的族人到鲁肃家中去，表面上是借口缺粮，要鲁肃提供粮食，其实是想试探鲁肃，看他是否真像乡人所说的那样。当时鲁肃家有两个米仓，每个米仓里都装满了三千斛大米。鲁肃随手指向一个粮仓，说道："这个粮仓里的粮食，你全部拿去吧！"

周瑜见鲁肃如此慷慨，深深地被其折服，遂与鲁肃结为至交，有如亲兄弟一般。

而在当时，袁术也知道鲁肃的贤能与才干，故任命其为东城县令。然鲁肃早已看出袁术无德无才，便举家离开东城，前往居巢投奔周瑜，袁术派人追赶，却无功而返。周瑜归吴之时也与鲁肃同行，定居于曲阿。

但这时，正值鲁肃祖母去世，鲁肃为奔丧不得已又回到东城。他的好友刘子扬为他书信一封，讲道："现今天下豪杰并起，以阁下之才，应于此局中大显身手。建议应迅速接回老母，不要留在东城。巢湖一带有一个叫郑宝的人，拥聚众万余人，且占有肥沃之地，庐江一带的百姓纷纷投靠他，更何况像你这样有抱负、有才能之人呢？分析郑宝的形势，他可能要吸收大量贤士，机不可失，你可速速前往。"

鲁肃一想，觉得这样也好，便在安葬祖母之后，回到曲阿，收拾了一下行李，准备去投奔郑宝。但周瑜已将鲁肃的母亲接到了吴郡。鲁肃找到周瑜，将自己准备投奔郑宝的事情对他讲了。当时孙策已经遇刺身亡，其弟孙权主掌江东各类事务。所以，周瑜便打算劝鲁肃留下。他对鲁肃讲：

"当年，马援答复光武帝的时候，就曾说过：'当今时势，君可选臣，臣亦可择主。'现在江东的孙权，求贤若渴，他能够接纳所有的有才有志之士，你还是随我去追随孙权吧，刘子扬那边你大可不必理会。"鲁肃想了想，还是同意了。

鲁肃由此走进吴国的政坛中，并为吴国的建设立下汗马功劳。

鲁肃之所以获得成功，正是由于他仗义疏财、淡薄财物，以至于在社会上广交人才，也正是这些人使得鲁肃可以名垂青史；倘若他十分吝啬，不肯这么做，那他也只能作为地方的一个富庶人家，不会为世人所知。再加上他投靠孙权之后，坚持自己的操守，不为权欲所惑，忠心耿耿，极大地发挥了自己的才干，可以说，东吴能有后来的强盛，鲁肃功不可没。

乱世之中，尚能保持个人原则与操守，这是十分难能可贵的，所以鲁肃才会受到后人的尊崇，名垂青史。反观当代社会，好多人都会为了一己私利而背离自己的原则，有的甚至为此铤而走险，触犯法律，实在令人唏嘘不已。原则是每个人都必须拥有的，背离自己的原则，就是放弃自己的人生，放弃自己的未来。

第二章　人之自强，内外兼修

　　自强之人，内外皆强。有时，有勇无谋的外在之强，并不能代表什么，但内心的强，看似柔弱，却有撼动泰山、四两拨千斤的能力，这也是圣人所崇尚其的原因。但人如果只有内在之强，容易遭到他人的欺凌。所以，人不但要有内在之强，更要有外在之强，内外兼备，才是王道。

何以谓强，南北之强

【原典再现】

子路问强。子曰："南方之强与？北方之强与？抑^①而强与？宽柔以教^②，不报^③无道，南方之强也，君子居^④之。衽^⑤金革，死而不厌^⑥，北方之强也，而强者居之。"

【重点注释】

①抑：或者，还是。

②教：教育，教化。

③报：报复。

④居：具有。

⑤衽：枕席，卧席。

⑥厌：后悔。

【白话译文】

子路问孔子什么是强。孔子说："你是说南方的强？还是说北方的强？还是指你自己的这种强？如果以宽厚去教导感化他人，即使别人暴虐无道也不去随意的报复别人，这就是南方的强，也是君子所具有的强。把兵器盔甲作为枕席，即便是死去也不后悔，这是北方的强，也是强者所终身信守的强。"

【鉴赏评议】

当子路向孔子询问什么是强的时候，孔子用南方之强与北方之强作对比，表明不同的地域对强者的定义也是不同的。由于南方气候温和，致使南方人温文尔雅、清新恬静，没有那种与别人争强好胜的心态，所以南方人并不能征善战，但南方人的智慧却弥补了这一点，北方人若是和南方人斗智，有时会处于下风，所以南方之强是属于内在之强；而北方的气候干燥寒冷，所以北方人性情豪放粗犷，喜欢与人争强好胜，但也正是因为这点，南方人若是和北方人斗勇，有时会处于下风，所以北方之强属于外在之强。

孔子虽表明二者所强之处，但其本人还是比较偏好南方之强的。孔子不喜欢杀戮，他希望能将仁之道义广传天下，亦希望世人多行善举。可事实上，人的欲望总是无穷的，有一句话曾说道："这个世界上只要有人的存在，杀戮与战争就不会停止。"孔子的思想是以仁待人，以仁爱人。既然推广仁爱，自然是要拒绝恶行的。

【深度解读】

运筹帷幄，决胜千里

什么是真正的强者？凭勇武去战胜别人，就一定是强者吗？其实未必。有些人外表十分强硬，有万夫不当之勇，只知道用武力去征服他人，不懂得用智谋，这其实并不能称之为强者；有些人看上去虽然并不勇武，甚至于给人一种弱不禁风的感觉，但总是能够运筹帷幄之中，而决胜千里之外，这才是真正的强者。

战国时期的赵国，在经历了几代国君的努力建设下，成为当时诸侯国中的强国，位列"战国七雄"之一。

赵惠文王时期，传世之宝"和氏璧"被赵国所得，秦昭王听说后便起了贪心，想要得到和氏璧，于是便差人给赵王写信，表面上是说愿以十五城换取和氏璧，而实际上却是想通过这种方式来得到和氏璧。于是，赵王便和众臣商议该如何行事。

当赵王听闻蔺相如之才时，便召见了他，问道："现在秦国想用十五座城来换我手中的和氏璧，能不能给他啊？"相如说："现今秦强赵弱，不得不给啊。"赵王说："但他要是拿了我的和氏璧，却不给我城池，那该怎么办？"蔺相如说："秦王说要以城换璧，如果赵王不答应，那就是赵国理亏了；如果赵国把璧给了秦国，而秦国不给赵国城池的话，那就是秦国理亏。综合比较一下，还是把璧给秦，让他承担理亏的责任比较好。"赵王问："那你觉得派谁去出使比较好呢？"相如答："如果大王信任臣，臣愿捧护和氏璧出使秦国。城池要是归属赵国了，就把璧留给秦国；秦国要是不给赵国城池，我会把璧完好无缺地带回赵国。"于是，赵王便派遣蔺相如去了秦国。

蔺相如到了秦国，面见了秦昭王。他把璧献给了秦王，秦王十分高兴，捧着和氏璧欣赏着，而且赞不绝口，丝毫没有给赵国城池的意思。蔺相如自然是看出这一点了，就走上前去，对秦昭王说："这块璧上有点瑕疵，请让我指给大王看。"秦王便把璧交给了蔺相如。蔺相如得璧之后，向后退了几步，背靠柱子，举起和氏璧说："大王想得到和氏璧，就派人给赵王送了信，赵王召群臣商议，群臣皆言：'秦国太过贪婪，倚仗它的强大，就想用空话骗得和氏璧，而答应给我们的城池，恐怕我们也是得不到的。'赵王本不打算将璧给秦国的，但我认为，平民百姓之间的交往都没有互相欺骗的，何况是大国之间的交往呢！再者说了，为了一块璧，惹强大的秦国不高兴，也是不应该的，所以赵王斋戒了五天，派我捧璧，并在朝廷之上将国书交给我。之所以这样，是尊重大国的威望而修礼以示敬啊！现今我来到了秦国，而大王却在一般的宫殿接见我，而且礼节还十分傲慢。我看大王根本就没有要给赵国十五座城的意思，所以就把璧又拿了回来。如果大王一定要逼我的话，我现在就和璧一起撞碎在这柱子上！"说罢，蔺相如就要往柱子上撞去。秦王怕他真的把和氏璧撞碎了，于是赶忙婉言道歉，请求他不要撞碎和氏璧，并且把负责的官吏也叫了过来，指明要划给赵国的十五座城的方位。

蔺相如见状，揣测秦王只不过是假装答应要给赵国城池，便说："和氏璧是天下人公认的宝物，赵王敬畏大王，所以不敢不献。赵王献璧之时斋戒了五天，而现在大王也应该斋戒五天，并在朝堂之上安设九宾之礼，我才敢献上和氏璧。"秦王见状只得答应斋戒五天，并且把蔺相如安置在宾馆里留宿。蔺相如估计秦王虽答应斋戒，但必然会违背信约，不会给赵国城池的，于是他就派随从穿上粗麻布的衣服，带着和氏璧从小路逃走，把璧送回了赵国。

秦王按承诺斋戒五天后，就在朝廷上设立了九宾之礼，来宴请蔺相如。蔺相如来到后，对秦王说："秦国自穆公以来的二十多位君主，没有一个是坚守约定的。我怕被大王您所骗，那样的话就对不起赵国了，所以我已经派人带着和氏璧先回国了。再说，秦国强而赵国弱，大王就算派一个使臣到赵国，赵国也会立刻捧着璧送来，现在的秦国那么强大，先割十五座城给赵国又有何不妥呢？赵国又不敢留下和氏璧得罪大王您啊！我知道欺君之罪应当处死，我请求受汤镬之刑。我只希望大王和群臣能够好好考虑一下这件事。"秦王等人见状也无可奈何，终于决定在朝堂之上接见蔺相

如，并在完成礼节之后让他回到了赵国。

秦国并没有给赵国城池，而赵国也没有把和氏璧给秦国，两边谁也没有吃亏，谁也没有获利。

我们可以试想一下，实力强大的秦国，为何会被赵国耍得团团转，最后什么也没有得到呢？以当时秦国的军队实力，要想从赵国手中得到和氏璧，完全可以选择灭掉赵国夺去玉璧，但他并没有选择这条路，而是选择用"给"赵国城池的方式来得到和氏璧，这是为什么呢？其实如果分析一下当时的环境，不难看出，当时的赵国，文有蔺相如，武有廉颇，蔺相如善于周旋，而廉颇善于调兵遣将，他们二人是赵国实力稳固的根本，亦是秦王所畏惧的。秦王担心，执意去攻打赵国的话，有廉颇率领军队抵抗秦国，尽管秦军将士作战勇猛，仍将会使秦国承受极大的损失，如果这个时候其余诸国联合攻秦，秦国将不复存在。所以秦王不敢派兵攻赵。而当时秦国的强盛是诸国皆知的，诸国畏惧秦国之强，所以秦国敢于倚仗它的强盛去欺凌那些比它弱小的国家，因此秦王会采取以"城"换璧的计策。但他忽略了一点，蔺相如揣测对方心理、随机应变的能力是很强的，所以在和蔺相如的斗智中，秦王屡占下风，最终不得不妥协。

要说强，二者皆有所强之处，只是强的方向不同。秦国自商鞅变法以来，各项实力皆有大幅度增长，从而使秦国高居诸国之首。但赵国大规模地重用忠臣、才臣，从而使赵国内部实力十分雄厚，而且赵王善于纳谏，并能够加以冷静分析，这就会使赵王不会为奸佞之臣所左右，更加稳固了赵国的根基。虽然赵国最后被秦国施了反间计，罢免、诛杀了许多忠臣、良臣，后为秦国所灭，但在惠文王时期的赵国，因为惠文王的贤明，使得赵国不会为秦国所欺，令赵国处于不败之地。

在现实社会中，我们要想变的更强大，最根本的还是要加强自己，而不是借助外力。

坚定不移，内实之强

【原典再现】

"故君子和而不流①，强哉矫②！中立而不倚③，强哉矫！国有道，不变塞④焉，强哉矫！国无道，至死不变，强哉矫！"

【重点注释】

①流：随波逐流，随他人行动而行动。

②强哉矫：这就是真正的强啊。

③倚：偏向。

④不变塞：不改变志向。塞，不通，指穷苦的环境。

【白话译文】

所以君子和顺且不随波逐流，这就是真正的强啊！保持中立，不偏向任何一方，这就是真正的强啊！国家政治清明的时候，不改变当初的志向，这就是真正的强啊！国家政治黑暗的时候，就是死也不改变自己的原则，这就是真正的强啊！

【鉴赏评议】

君子向来以和为贵，以礼为重，不偏不倚，不傲不轻。他们坚持自己的

原则，无论身处什么样的环境之中，都不会轻易地改变。

人必须要有自己的原则，无论身处什么环境，都能坚定不移地维护自己的原则，这便是内心之强了。

内心之强拥有极大的力量，它可以让人在危难之中仍能保持理性的头脑，从而化险为夷。文弱书生张良，手无缚鸡之力，却帮助刘邦赢得了战争（即灭秦之战和楚汉争霸）的胜利，建立了大汉王朝。由此可见，内在之强，才是每个人都应该拥有的。

要知道，自身的命运永远掌握在自己的手里，也就是说，做事的时候一定要小心而谨慎，违反道义的事情千万不能做，否则的话，只能自吞苦果。

【深度解读】

得民心者得天下

俗话说：得民心者得天下。君子以和为贵，以德服人，终能收获民心，而收获人心的人，可以在各个领域获得人们的帮助，从而获得成功。

刘备是中山靖王刘胜的后裔。早年间的刘备，由于父亲刘弘早逝，穷困潦倒，与母亲一起靠织席贩履为生。

公元175年，刘备的母亲让他外出求学。刘备就与刘德然、公孙瓒一起拜于原九江太守同郡卢植的门下。刘德然的父亲常常资助刘备，将他和刘德然同等对待，但招致德然之母的不满。德然之父刘元起说："宗中有这样一个孩子，不是个平常人啊！"

刘备素以仁义闻名，为官时没有一点架子。公元191年，刘备与青州刺史田楷一起对抗冀州牧袁绍。刘备因屡建功勋升为试守平原县县令，后领平原国相。在任期间，刘备在外御贼寇，在内乐善好施，即使普通百姓都可以与他同席而坐，同簋而食。所以刘备深得人心。但有一个叫刘平的郡民不服从刘备的治理，便派刺客前去暗杀。刘备毫不知情，见了刺客依旧十分注意礼节，这使刺客十分感动，当即下跪叩头认错，坦露实情离去。

公元 208 年，曹操亲自挥师南下，而此时，荆州刺史刘表也身染重病，自知不久人世，于是刘表召刘备至病榻前，想要将荆州托付于他，然刘备念荆州为同宗刘表之地，如果接受恐会背上不义之名，便婉言谢绝了。当年八月，刘表病故，次子刘琮代领荆州刺史之位。刘琮在蔡瑁等人的唆使下，投降曹操。当时刘备驻军樊城，并不知道曹操大军已经到达荆州，便派使者前去荆州询问刘琮，刘琮令宋忠召刘备宣旨。而当时曹操大军已至宛城，刘备听闻大惊，又耻杀宋忠，便率众逃离。

诸葛亮劝刘备趁此机会攻打刘琮，占据荆州，收取荆州之兵，拒城以抗曹军。然刘备念同宗之情，不忍相夺。很多荆州人士皆弃琮随备，更有十万百姓自愿跟随刘备逃亡。有人劝刘备抛弃那些难民，轻装前进，但刘备不忍，指责道："这些都是汉室的子民，因为不愿意被曹操统治才自愿跟我们走的，这是人民对我们的信任啊！你现在让我抛弃他们，我做不到！"于是，刘备执意率众难民同行。但由于难民行动速度缓慢，而刘备的部队在撤退的同时还要分兵保障难民的安全，因此整体的行军速度十分缓慢。另一方面，刘备派关羽前去江夏请刘琦派水军予以支援。刘琦深知刘备大义，特命水军随关羽前来迎接刘备一行，使刘备得以栖身江夏，恢复实力。

赤壁之战后，曹操败退北方，一蹶不振；孙权依据江东；而刘备则向孙权借得荆州，暂有安身之地。至此，三足鼎立之势已初步形成。西蜀刘璋，亦与刘备同宗，然刘璋听闻曹操将派军征讨汉中王张鲁，心生恐惧，

便向刘备求援，却招致群臣的反对。时任刘璋主簿的黄权对刘璋劝说道："刘备有骁勇之名，若以部下身份待之，无法满足其心愿；若以宾客待之，一国不容二主，这不是使自己安全的办法。"然刘璋不依，乃命法正领兵迎接刘备入川。

刘备率部自江陵至涪城，刘璋率步骑兵约三万余人前来与刘备相会，欢聚宴饮达百余日之久。刘璋以大批辎重资助刘备，让他去讨伐张鲁，而后两人告别。

当时，庞士元已被刘备收归门下，庞士元向刘备进言说："荆州荒芜残败，人物流失殆尽，且东有孙权，北有曹操，难以有大的发展。益州户口百万，土地肥沃，物产丰饶，若取此地，以为根基，可成大业！"但刘备仍然担心，说："今操与吾势如水火，操峻而我宽，操暴而我仁，操诈而我诚。凡事反之，方有今朝。今若为益州而失信于天下，能行吗？"士元说："如今乱世，不应墨守成规，应随机应变。且吞并弱小，攻击昏聩，逆取顺守，报之以义，这是古人所重视的。事成之后，封其一地，此举何为不义之有？当下应速取益州，以免错失良机！"

刘备遂领兵入川，然并未真正有取西川之意。后因张任设伏，于落凤坡射杀军师庞士元，使得刘备悲愤不已，遂下令攻取西川，为士元复仇。慌张之余，刘璋向张鲁求援，张鲁则令马超率军前往西川支援刘璋，阻击刘备。马超与张飞于葭萌关挑灯夜战三百回合，打得难解难分。此举使得刘备对于马超十分欣赏，遂使诸葛亮前往招降。招降既成，刘备便令马超前去攻取成都。刘璋见马超已归顺刘备，悲愤不已，遂开城献降。

公元220年，曹操病逝，其长子曹丕篡汉自立为帝，建立魏国。次年，刘备在诸臣的劝说下，于益州称帝，建立蜀汉王朝。公元229年，孙权在吴国称帝。至此，魏蜀吴三国鼎立的局面正式形成。

纵观刘备的前半生，不难看出，因为一味忠于仁义，使得刘备错失了很多的绝佳机会，但也正是因为仁义，他收拢了民心，得到了人们拥戴。其实现在的我们，总是为了一点小小的利益钩心斗角，争得头破血流，可这是一点意义都没有的。钱乃身外之物，如果为了一丝一毫的小利而伤了自己与人的和气，带来的损失是不可估量的。

在商场之中盛传着一句话：和气生财。有的商人，之所以可以将生意做大，拥有巨大的财富，这与他们一直对人保持和气是分不开的。他们往往不会计较小的利益，尽最大的努力满足客户的要求。人生，其实也是这样，只有和气待人，真诚待人，才能收获到真正的友谊。

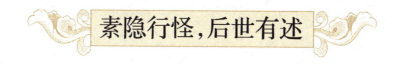

素隐行怪，后世有述

【原典再现】

子曰："素①隐行怪②，后世有述③焉，吾弗为之矣。君子遵④道而行，半涂⑤而废，吾弗能已⑥矣。"

【重点注释】

①素：《汉书》中记载此处应为"索"，意为探求，探索。

②行怪：做些奇怪的事情。行，做事情。怪，奇怪，怪异。

③述：记述，记录。

④遵：遵循，遵守。

⑤涂：通"途"。

⑥已：停止。

【白话译文】

孔子说："探求一些隐秘的思想，做些奇怪的事情，后世也许会有人来记述他，但我不会这么做。身为君子，应该遵循道义来行事，但也许有人会半途而废，而我不会停止。"

【鉴赏评议】

人应该有一个长久的目标，有新奇的想法是好的，毕竟这有助于自身的发展，可以让自己的知识领域得到延伸，但一切拓展，都是要建立在道义之上的，只有符合道义，才有发展的余地。毕竟，从古至今，一切有违于道义的思想，基本上都在历史的长河中消亡殆尽，能够被世人传承下来的，只有那些符合道义的思想与学说。

但孔子所提倡的中庸之道，并不是什么荒诞怪异的思想，而是由孔子等人身体力行，通过一步一步地实践得来的，是真正有利于人民、有利于社会的，也是真正的君子才能做到的。而行为怪诞、好逸恶劳、欺世盗名、哗众取宠之类的行为，则为君子所不齿。

君子行中庸，非锲而不舍不行。中庸之道，看似浅显易懂，实则要求我们要保持毅力，有一颗坚定不移的心。恒心不足、办事有首无尾的人，是无法坚守中庸之道的。其实我们在遇到困难的时候，有时只需再坚持一下，终将看到希望的曙光。

【深度解读】

坚持不懈见真章，半途而废事无成

人的一生，如果想在某一领域取得成功，那就必须要坚持不懈地走下去，决不可半途而废。半途而废必将前功尽弃。

东晋时著名的书法家、诗人、画家王献之，是书圣王羲之之子。王献之自幼好学，七八岁的时候就开始跟随父亲练习书法了。开始的时候他的劲头很足，不过时间久了，他就觉得一天到晚只是坐在那里写，既枯燥又乏味，于是他就问父亲学书法的窍门。王羲之指着院子里的十八口水缸说："写字的秘诀，就在这十八口水缸里。当你写完这十八缸水，自然就会知道了。"

王献之很想知道父亲所说的秘诀究竟是什么，看着水缸，他的热情再次高涨起来。于是他每天都坐在水缸旁，蘸水磨墨，挥笔临帖。

当他才写完一缸水的时候，自己认为有了一点成绩，就写了一个"大"字拿给父亲看，父亲看了看，什么也没说，提笔在下面点了一点。而后王献之又把写好的字拿给母亲看，母亲看着他的字，端详了许久，叹了口气说："我儿习字已千日，唯有一点似羲之。"

听到这样的话，献之愣住了，因为母亲所说的一点，正是他的父亲王羲之亲手点上的一点。由此他也真正地领悟到，要想练就一笔好书法，唯有勤奋见真章。于是，他每天花费更多的时间去练习书法。许多年之后，当十八缸水全部被写完的时候，王献之的书法也到了炉火纯青的地步，成为当时的大书法家，和他的父亲齐名。

由此可见，成功没有捷径，如果想获得成功，唯有勤奋才是真。无论遭遇多大的困难与打击，都不应轻言放弃。

有些人有一身的本领，被企业聘任高薪岗位，然而有的人却朝三暮四，总是在寻找跳槽的机会，从来没有认认真真踏实工作，对这个人的发展是非常不利的，其结果就是这个人到最后一事无成。

通往成功之路上，肯定会有诸多艰难与险阻，关键就在于自己如何去看待这些。知难而退，自然竹篮打水；迎难而上，自然水到渠成。也就是说，只有坚持不懈地去做一件事，才能在最后收获那份属于自己的成功。

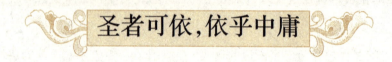

圣者可依，依乎中庸

【原典再现】

"君子依乎①中庸，遁世②不见知③而不悔，唯圣者④能之。"

【重点注释】

①依乎：遵循，按照。

②遁世：避世隐居。遁，隐遁，躲避。

③见知：被人所知。见，被。

④圣者：圣人。

【白话译文】

真正的君子是始终都在恪守中庸之道的，即便是隐世一生不被人所知也不后悔，这是只有圣人才能够做到的。

【鉴赏评议】

这句话表明中庸之道是只有圣人才能一贯地坚持到底。

沿着自己所选择的路，坚持不懈地走下去，不被别人的成功所迷惑，无论前方有多大的困难、多大的阻碍，都不会随意地改变自己的路线。只有这样，才能获得成功。而这，也是圣人们最为赞赏的。

其实我们要做到这一点，也不是不可能，但这就要很强的心理素质。心理素质不强的人，很容易被他人的成功所左右，改变自己的初衷，到头来一事无成。坚持恪守中庸之道的圣人们显然不喜欢这样的行为。

但并不是所有的人都能做到这一点，能够始终不改变初衷并且坚持到最后的人，才有成为圣人的潜质。而那些遭遇困难就心打退堂鼓的人，最终亦会一事无成，一丝的成就都不会得到。要想获得成功，就要一以贯之。

【深度解读】

风雨之后见阳光

我们总是抱怨给我们的机遇太少，然而有一天，我们抓住了机遇，却又在抱怨获得成功的艰难，甚至于认为获得成功是遥遥无期的，心里就打了退堂鼓。殊不知，只要一咬牙，再坚持一下，自然可以收获成功。

有一组漫画曾经讲到，一个人想挖一口井，他一连挖了很多口井，深浅不一，都没有发现水，于是垂头丧气地回去了，嘴里念叨："这里根本就没有水。"殊不知，只要将其中的一口井再挖几锹，就可以见到汩汩的清泉了。另一个人到山中去挖钻石，也是一连打了数个深浅不一的矿洞，还是没有挖到，也垂头丧气地回去了，殊不知，只要将其中的一个矿洞再挖几锹，就可以收获到满山的钻石了。

成功就近在眼前，但他们并没有坚持住。有一句歌词这样唱道："阳光总在风雨后，请相信有彩虹。"取得成功的路上，必然会有无数的艰难和困苦，但只有坚持到最后的人才能见到彩虹。

东汉时期在河南郡有一位贤惠的女子，人们不知道她叫什么名字，只知是乐羊子之妻。

有一天，乐羊子在路上拾金一块，回家之后交给妻子。妻子说："我听说有志气的人不喝'盗泉'的水，廉洁方正的人不吃别人丢弃的食物，何况是捡拾别人的失物、谋求私利来玷污自己的品德呢！"乐羊子听后十分惭愧，就把金子扔弃到野外，然后远出拜师求学去了。

一年后乐羊子回到家中，妻子跪起身问他回来的缘故。乐羊子说："出行在外久了，心中想念家人，没有别的特殊事情。"妻子听后，就拿起刀来快步走到织机前说道："这些丝织品都是从蚕茧中生出，又在织机上织成。一根丝一根丝地积累起来，才达到一寸长，一寸一寸地积累，才能成丈成匹。现在如果割断这些正在织着的丝织品，那就无法成功（织出布匹），荒废时光。你积累学问，就应当每天都学到自己不懂的东西，以此成就自己的美德；如果中途就回来了，那同切断这丝织品又有什么不同呢？"乐羊子被他妻子的话感动了，重新回去修完了自己的学业，并且七年没有回来。

正因为乐羊子有这样的夫人能够时刻监督他，所以他才能学有所成，成为魏国的将领。无论是学习还是做事，都不能半途而废。

成功，只是留给有心之人的。

费隐之道，亦有所得

【原典再现】

君子之道费①而隐②。夫妇之愚，可以与③知焉，及其至也④，虽⑤圣人亦有所不知焉。夫妇之不肖⑥，可以能行⑦焉；及其至也，虽圣人亦有所不能焉。

【重点注释】

①费：广大。

②隐：细微，精微。

③与：预知。

④及其至也：到了精深微妙之处。

⑤虽：即便是。

⑥不肖：不贤明，不精明。

⑦行：实行。

【白话译文】

君子的思想既浅显易懂又高深莫测。浅显的时候就连那些愚夫愚妇都

能够知道得非常透彻；但当高深的时候，就连圣人都有所不知。资质平庸的男女，也是可以实行君子之道的；但若是最精妙的地方，即便是圣人也无法做到。

【鉴赏评议】

君子之道之所以能被资质平平的人所理解，其原因就在于细节。

其实，如果学会发现细节，对我们的人生会有很大的帮助，因为，细节就在我们的身边。当我们做同样一件事的时候，有的人会觉得难做，心生放弃之念；而有的人稍稍观察一会儿就能找到解决的方法，从而使问题迎刃而解。其原因就在于，那些觉得事情容易解决的人，往往都抓住了细节，正所谓"细节决定成败"，抓住细节，往往就能抓住解决事件的根本，问题自然迎刃而解。

但现在的社会中，能够在遇到事情的时候真正把心静下来去面对的人少之又少。浮躁已经成了当代社会人们心态的代名词。事实上，在遇到事情的时候，心中浮躁、慌乱不堪是大忌，因为这会干扰人的思想，进而使人缺乏思考问题的分析能力，如果不能静下心来，一步一步地分析事情，怎么能顺利地解决问题呢？所以说，遇到事情，一定要时刻保持一颗冷静的心，发现细节并抓住它，这样一定可以解决问题，达到目的。

【深度解读】

注意细节者得天下

有一首民谣这样说道："丢失了一个钉子，坏了一只蹄铁；坏了一只蹄铁，折了一匹战马；折了一匹战马，伤了一位国王；伤了一位国王，输了一场战斗；输了一场战斗，亡了一个帝国。"这首民谣让我们想起中国的一句古语："失之毫厘，差之千里。"先人们以自己的经验告诉后人，无论是做人还是做事，都必须要注重细节，从一丝一毫的小事开始做起。要想获得更大的成功，就必须要从小事做起，由小事收获小的成功，把小小的成功聚集起来，就会收获到巨大的成功。

东汉末年，由于汉室衰微，致使黄巾之乱爆发，在此之后洛阳又爆发了十常侍之乱，汉室的威信一降再降，再加上汉灵帝驾崩，少帝刘辩即位，时任西凉太守的董卓见状，便乘虚而入，率军进入洛阳，控制了少帝刘辩和陈留王刘协，而后诛杀大臣，吞并其众，得以据兵擅政。

后来，董卓看到陈留王刘协资质较刘辩更好，便废掉少帝，拥立刘协为帝，是为汉献帝，自任相国，独揽大权，主掌汉室朝政。

董卓执政期间，专横跋扈，纵容士兵抢劫，无视礼制与皇威，招致大臣及诸侯的不满，但大臣们想除掉他，却没有办法。时任骁骑校尉的曹操表面对董卓毕恭毕敬，然背地里早已有杀掉董卓之心。于是，他便经常出入相国府，逐渐取得了董卓的信任。

后来，司徒王允在寿诞之时，召集群臣商议刺杀董卓之事，曹操不请自来，却因口出狂言被司徒王允轰出家门。不过，就在宴会之后，司徒王允亲自将曹操迎入内室，曹操自告奋勇前往行刺，并讲述了自己的刺董计划。因曹操经常出入相国府，深知董卓每日起居，又知道董卓为防他人加害，衣服里面经常穿着一身铠甲，所以司徒王允以削铁如泥的七星宝刀相赠，以便于曹操行刺。

次日，曹操怀揣七星宝刀，来到相国府面见董卓。当他走入董卓寝宫之时，董卓坐在床上，而董卓的义子吕布则侍立一旁。董卓见到曹操，问道："孟德今日为何来得这么晚？"曹操说："我的马老了，跑不快，所以

迟了。"闻此，董卓便让吕布去选一匹西凉的好马送给曹操。

吕布走后，董卓忽然有些倦怠，便躺下歇息了。曹操试探了下，发觉董卓已经睡着了，便从怀中取出七星刀。正要行刺的时候，董卓床后的铜镜突然间将刀的反光闪至董卓眼前。董卓立即起身大叫："孟德何为！"曹操见行刺不成，便将宝刀双手奉上说："吾得七星宝刀一把，此刀削铁如泥，特来此献于相国。"

董卓接过刀，回手便对铜镜削去，只见铜镜瞬间被一分为二。董卓见状大喜，连连称赞。恰逢吕布选马回来，董卓便让吕布带着曹操前去试马。曹操谢过，便牵着马出了相府，而后快马加鞭向东南方向疾驰。

董卓将宝刀拿给吕布看，并称赞曹操献刀之功。然吕布看出端倪，便问："孟德既是献刀，为何此刀没有刀鞘？"听罢，董卓顿悟，原来方才孟德是要行刺于他，遂下令吕布领兵追捕曹操。

"曹操刺董"的事情是出现在演义之中，并无实事，不过假设真的发生过这样的事情，如果曹操当时行刺成功，想必董卓之乱可以尽早结束，而之后的历史也会被改写。行刺计划虽天衣无缝，但曹操忽视了一个细节——董卓床后的那面铜镜。正是由于铜镜的反光，导致了曹操刺杀行动的失败，并使曹操陷入危机，幸得陈宫相助才化险为夷。如果当初曹操考虑到铜镜的因素，一定会想办法排除铜镜对计划的干扰。除此之外，还有一个细节使得董卓认定曹操行刺的事实，那便是曹操得到良马后逃离了洛阳。如果他没有那么急匆匆地逃离，那么他会被董卓所擒，也许会将自己置于危险之中。

由此可见，一件大事能否成功，关键之处就在于细节判断。如果能够很好地把握住细节，那事情一定可以获得成功，所以说"细节决定成败"，由细节就可以看到结果。

君子之言，谨慎待之

【原典再现】

天地之大也，人犹有所憾①。故②君子语③大，天下莫能载④焉；语小，天下莫能破焉。

【重点注释】

①憾：遗憾，不满足。

②故：所以。

③语：谈论。

④载：承载。

【白话译文】

天地是如此之大，但人们总有不满足的地方。所以君子如果谈论什么是大，恐怕全天下都未必能够承载得住；而如果君子谈论什么是小，那么微小的程度几乎已经不能再小了。

【鉴赏评议】

天地如此之大，人有哪里不满足的呢？人都有好奇心与求知欲，不论是

君子还是小人。世界广大深远奥妙无穷，其中的精彩与未知是永远也探索不尽的。所以古希腊哲学家芝诺说过："人的知识就好比一个圆圈，里面是已知的，外面是未知的。你知道得越多，圆圈就会越大，你不知道得也就越多。"君子学习得越多，就越是明白宇宙的浩瀚无穷。所以君子明白无边无际的时空是人们无法想象得大，也明白"一花一世界，一叶一菩提"的道理，知道即便是再小的地方也有细微精妙的景色。无论什么时候都要坚持不懈地学习，这才是正确认识天地之大的态度。

【深度解读】

人非圣贤，终有无知

人不是生下来就什么都知道的，就连被世人尊为圣人的孔子，都承认自己不是知晓世间诸事的，总有一些事情是他不知道的。就像有一年，孔子向东游历，在路上看到两个小孩在那里争辩，于是便走上去询问原因。两个小孩见到是孔子，知道他是圣人，便问："请您告诉我们，太阳什么时候离地面最近？"

孔子听到这个问题，愣住了，因为他并没有听到过这样的问题，甚至于连这方面的知识都没有接触过。

一个小孩看到孔子发愣了，便说："我认为太阳刚升起的时候离人近，中午的时候就远了。"而另一个小孩所说则恰恰相反。

那个小孩说："太阳刚出来的时候大得像车盖一样，而到了中午就小的像盘子一样，这不是近大远小的原理嘛！"

另一个也反驳道："太阳刚出来的时候，我们都感觉特别凉爽；然而等到了中午，就热得像把手伸进热水里面，要知道，离得近就会感觉到热，而离远了就觉得凉啊！"

孔子听后，支支吾吾，沉默了好半天都没有一个准确的定论。两个小孩见状，嘟囔道："连这都不知道，还说自己是圣人呢！"说着便跑开了。

其实，要想丰富自己的头脑，唯有坚持不懈地学习才是唯一出路。因为，只有意识到我们的认知非常有限，而需要认知的事情却有很多很多，才能让我们时刻保持谦虚，才不会使我们停下追求真理的脚步。

行道，要从细节做起，要从一点一滴的小事做起。古人云：不积跬步，无以至千里；不积小流，无以成江海。最后的成果，都是在努力的过程中一点一滴积累起来的。没有积累，何来成功呢？

孙康，晋代京兆人，孙秉之子，东晋长沙相孙放之孙。元嘉中为起部郎，迁征南长史，有集十卷，为孙氏映雪堂始祖。孙康幼时酷爱学习，常常感到时间不够用。他想夜以继日地读书，可家中贫穷，没钱购买灯油，一到天黑，便没有办法读书。特别到了冬天，长夜漫漫，他有时辗转很久，难以入睡。实在没有办法，他只好白天多看书，晚上睡在床上默诵。他觉得让时间这样白白跑掉，非常可惜。

一天半夜，孙康从睡梦中醒来，把头侧向窗户时，发现从窗外透进几丝白光。开门一看，原来下了一场大雪。屋顶白了，地上白了，树上也白了。整个大地披上一层银装，闪闪发光，使他眼花缭乱。他站在院子里欣赏银装素裹的雪后美景，忽然心中一动：映着雪光，可否读书呢？他急急忙忙跑回到屋里，拿出书来对着雪地的反光一看，果然字迹清楚，比一盏昏黄的小油灯要亮堂得多呢！于是他感觉不到困了，立即穿好衣服，取出书籍，在雪地上看书。孙康不顾寒冷，孜孜不倦地看起书来，手脚冻僵了，

就起身跑一跑，同时搓搓手指。

从此孙康不再为没有灯油而发愁。整个冬天，他夜以继日地读书，不怕寒冷，也不感到疲倦，常常一直读到鸡叫。即使是北风呼啸、滴水成冰，他也从来没中断学习。功夫不负有心人，孙康砥砺求进，学有大成，终于成为一位御史大夫。

苏联著名作家高尔基曾经说过："知识，是人类进步的阶梯。"只有刻苦学习，不断地汲取知识，丰富自己的头脑，才能在生活中追求进步。知识，是人类发展的法宝，是人类进步的阶梯！

中和之道，无处不在

【原典再现】

《诗》①云："鸢飞戾天，鱼跃于渊②。"言其上下察③也。君子之道，造端④乎夫妇，及其至也，察乎天地。

【重点注释】

①《诗》：指《诗经》。《诗经》是中国古代诗歌开端，我国最早的一部诗歌总集，分为《风》《雅》《颂》三部分。《风》是周代各地的歌谣；《雅》是周人的正声雅乐，又分《小雅》和《大雅》；《颂》是周王庭和贵族宗庙祭祀的乐歌，又分为《周颂》《鲁颂》和《商颂》。

②鸢飞戾天，鱼跃于渊：本句引自《诗经·大雅·旱麓》，意为"老

鹰展翅飞上蓝天，鱼儿摇尾跃在深渊"。鸢，一种鸟的名字，和鹰同属一类。戾，到达。

③察：昭著，显著。

④造端：发端，开始。

【白话译文】

《诗经》说："老鹰展翅飞上蓝天，鱼儿摇尾跃在深渊。"这两句诗可以表明中庸之道博大精深，上可入天，下可入地。君子所恪守的中庸之道，发端于世间普通男女所知的浅显之理，但若是延伸至高深之处，却昭著于整个天地，无所不在。

【鉴赏评议】

中庸是人的品德和处理事务的能力，把握它，既容易又艰难，所以说"君子之道费而隐"。中庸之道，可大可小。大到可以观察宇宙，小到可以解剖原子。中庸之道既涵盖了圣者们都难以把握的宏大哲理，又包含了普通男女所能理解的生存智慧，可以说，中庸之道是无处不在的。

我们可以在日常实践之中感受到中庸之道的存在，因为它从不曾离开我们半步，我们可以很轻易地在身边发现它们、感受它们。但我们却并不具备自主探索中庸的能力，因为，我们的认知是不够的。认知不够，自然无法发觉中庸之道的真谛。

人类的活动分为"知"和"行"两部分，也就是所谓的认知和实践。实践由自身的认知来引导，并在不断地实践之中来收获认知，这两者是相统一的。没有正确的认知，自然不会有正确的实践。

【深度解读】

小而知其大

都说"细节决定成败"。有的时候，一个小小的细节，便会指明事情的走向。注重细节的人，往往能够不拘小节，是成大事的材料。

陈蕃是东汉时期的一位大臣，字仲举。他在汉桓帝时任太尉，汉灵帝时为太傅。他为官清正廉直，屡次犯颜直谏，深受朝野上下的敬重，只可惜生不逢时，桓、灵二帝乱政迭出，致使政治昏暗，陈蕃亦是独木难支。

相传陈蕃少年时便胸有大志。当时陈蕃的祖父曾任河东太守。陈蕃十五岁时，曾住一室无事可做，而室内外十分肮脏，父亲的朋友同郡薛勤来看他，对陈蕃说："小子，为什么不打扫干净迎接客人呢？"陈蕃说："大丈夫在世，应当扫除天下的垃圾，哪能只顾自己的一室呢？"薛勤知道他有澄清天下的志气，因而非常赞赏他，并劝诫他说："一屋不扫，何以扫天下？"

这句话令陈蕃醒悟过来。自此，无论大事小事，他都亲力而为，养成了良好的生活习惯和态度。后来，他终于能够步入仕途，实现自己当年许下的"扫除天下垃圾"的豪言。

陈蕃自小就胸怀大志，再加上自己的努力，最终实现了理想。他的故事也令不少的青少年向往。有不少的人都像陈蕃一样，怀揣着远大的理想，想去闯一番属于自己的天地。

然而，他们当中的很多人，都高估了自己的实力，过于自负，觉得自己的能力很强，不愿意做烦琐的工作。这些人基本上都是以失败而告终的。这样的结果不得不令人深思。

"不积跬步，无以至千里；不积小流，无以成江海。"这句名言几乎是无人不晓的。我们所取得的经验，就像这跬步与小流一样，而我们最终所收获的，则犹如千里之路、万里江海一般巨大。成功，都是一点一滴积累出来的，不懂得从小处积累，那么成功又从何而来呢？

道不远人，人之为道

【原典再现】

子曰："道不远①人，人之为道而远人，不可以为道。"

【重点注释】

①远：远离。

【白话译文】

孔子说："中庸之道不会远离人们。如果有人奉行中庸之道，但道却远离了人，那就不可以说是认真奉行道了。"

【鉴赏评议】

人们都说"道不远人人自远"。道是长存于人们心中的，能否长留而不远，完全看人能不能坚守道而不让它离开。万物生长都有其规律，并不会因为人的行为而改变，遵守得福，违背遭祸。

那些人置自然与社会中的规律不顾，走极端道路，只为自己谋求一丝一毫微薄之利的人，不仅留不住这微薄之利，最终也不会得到善果，甚至于身败名裂，为后世唾弃。

要想获得真正属于自己的东西，必须要通过自身努力奋斗才能得到，不劳而获永远不是最佳方式。比如想要获得最基本的生活收入，必须要去找工作赚钱；想要在考试中取得好的成绩，必须发奋读书；想要吃到甘甜的水果，必须要自己动手去种植果树……一分耕耘一分收获，只有真心付出了，才有丰厚的回报。邓稼先经过五年的时间，呕心沥血，带领科研人员夜以继日地工作，终于令中国第一颗原子弹爆炸成功；袁隆平经过数十年坚持不懈地努力，终于研制出杂交水稻……在这些丰厚成果的背后，是那些不为人知的辛酸与艰苦。

【深度解读】

以德服人

古语云："人之初，性本善。"不过，意志不强的人很容易被邪念所左右，从而走上邪路。但是，哪怕再邪恶的人，内心的善念都是存在的，因此，他们很容易被善人的德才所感化，从而走上改过自新的道路。

在三国时期的平原县，有一个叫王烈的人，他并未入仕，只是一个普通到不能再普通的读书人，然而，他却在全国的老百姓心中，拥有着极高的威望。

有一次，有人将一家的牛偷了，被牛的主人抓住。偷牛的人惶恐地请求道："是我一时贪心，偷了你家的牛。我向你保证，从今往后绝对不再偷任何东西！你怎么惩罚我都可以，只求别让王烈知道这件事！"

后来，有人把这件事告知于王烈，王烈当即托人将一匹布送给偷牛的人。有人不解地问："那个人是个偷东西的贼，他本身就很怕你知道这件事，你还让人给他送布，你究竟是怎么想的？"

王烈告诉他说："他偷别人东西，却不敢让我知道，这就表明了他还有一丝羞耻之心，我给他送去那匹布，就是为了希望他能弃恶从善，改过自新。"

一年之后，一个老人艰难地挑着担子走着，担子很重，因此他走得相当吃力。突然，他遇到了一个人，这个人帮着他挑了数十里的担子，走到了老人家的门口，之后，这个人什么也没说，就放下担子离开了。

后来，同样是这位老人，赶路的时候不慎丢失了一把宝剑，而这把剑被一位过路人发现了。这位过路人很担心宝剑会被别人捡去，于是便主动留在了这里，等候失主回来寻找。

不久，老人回来寻剑了。他惊讶地发现，这次捡到自己宝剑的，正是上次那个帮助自己挑担子的人！

那个人转身又要走，被老人拦住了。老人终于得知了这个人的姓名，回去便告诉了王烈。王烈十分感动，说："世上竟有如此之人，我却从未与之谋面，深感惭愧啊！"随即托人去四处寻找这个人，结果发现这个人居然就是当年那个偷牛的窃贼！

王烈在吃惊之余，感叹道："一个受了感化的人，从善的程度真是不可估量啊！"

相同的例子不仅仅只有王烈一人，同时代的陈寔，同样是一位能够以自身的德才令有过之人改过自新的善者。

陈寔是东汉时著名的廉吏、名士，与其子陈纪、陈谌并称为"三君"，也因其清高之德与同乡的钟皓、荀淑、韩韶合称为"颍川四长"。早年在乡间为官的时候，他就以平和的心态看待一切事物。每当有百姓发生争执的时候，他总是会为百姓讲道理，帮助他们和解。因为他公平公正的判决，百姓没有一个埋怨他的，甚至纷纷感叹说："如果在刑罚与陈寔批评之中选择，我们选择刑罚！"

有一年，颍川收成不好，有些人为了活命，干起了盗窃的行当。一天

夜里，有一个小偷借着夜色，潜入了陈寔的家中，为了避免被人发现，他躲在了房梁上。他本以为自己的行踪没有被发现，然而，陈寔早就知道他在那里，只是没有喊人来抓贼。陈寔起身更衣，将子孙叫至榻前，训诫道："人不能不努力，恶人的本性不一定是坏的，习惯往往形成于这个人的品行修养，如果不注重品行修养，就会成为梁上君子！"

小偷见状，明白自己早已暴露，于是跳了下来，跪在地上向陈寔承认错误，并表示痛改前非。陈寔安慰道："从你的长相来看，也不像坏人，所以，你更应该克制自己的一言一行，重回正道，如今你做了窃贼，应该是贫困导致的。"就这样，陈寔不仅放了他，没有追究他的过错，还赠送了两匹绢布。这令窃贼十分感动，自此之后，全县再也不曾发生过盗窃的案件。

可见，仁德的劝诫比刑罚的威逼更能让人接受，也更能帮助误入歧途的人回归正轨。正如中庸之道所讲：道，是不会离开人的，能够离开人的，就不能被称之为道了。也就是说，无论在什么样的环境之下，都能够自始至终坚定不移地秉承中庸之道，永远不会放弃，并用它为人们解决困难的人，才能算是真正的奉行于道。

治人之道，言行必果

【原典再现】

"《诗》①云：'伐柯②伐柯，其则不远③。'执柯以伐柯，睨④而视之，犹以为远。故⑤君子以人治人，改⑥而止。忠恕违⑦道不远，施诸己而不愿，亦勿施于人。"

【重点注释】

①《诗》：指《诗经》，《诗经》是中国最早的一部诗歌总集，是中国古代的诗歌开端，相传为尹吉甫采集、孔子编订，被奉为儒家经典。《诗经》按《风》《雅》《颂》三类编辑，收集了约三百零五首古代诗歌，外加《笙诗六篇》（即南陔、白华、华黍、由庚、崇伍、由仪六篇），反映了西周至春秋中期近五百年间的社会面貌。

②伐柯：砍伐树木制作斧柄。伐，砍伐。柯，树木，木头，此处意为斧头的手柄。

③远：远离，离开。

④睨：斜视，斜着眼看。

⑤故：因此。

⑥改：改正。

⑦违：违反，违背。

【白话译文】

《诗经》说："砍削斧柄，砍削斧柄，而斧柄的式样就在眼前。"拿着斧头砍伐树木来做斧柄，自己不会觉得有多大的差别，但如果你斜着眼睛看它，一定会看出其实是有很大差距的。所以，君子可以视人的情况来采取不同的办法去治理，只要人可以改正自己的错误就足矣。一个人若能做到忠恕，那么他离中庸之道也就不远了，所谓忠恕，就是指自身都不愿意做的事情，也不要强加给别人。

【鉴赏评议】

中庸之道既律己又律人。无论是何种道理，只有自己以身作则，才有用它来教育人的资本。比如，一个天天花钱如流水一般的人，却叫另一个人学着爱惜财物；一个天天吝啬到要死的人，却叫另一个人捐献财物去帮助别人。这样的行为，终究会被君子所不齿。

授人以理，必须要以身作则，正所谓"己所不欲，勿施于人"。将处事之道、为人之理传授给别人的时候，如果连自己都做不到，有谁会听你的呢？要知道，只有自己率先做到，身体力行，别人才会敬重你，才会听从你的管教，接受你所传授的道理。

与砍伐树木、制作斧柄的过程一样，治人也是这个道理。不同的人要采用不同的管理方法，好比说要想管教一个北方人，你不可能用管教南方人的方法去管教他，因为那种方法不适合他，既然不适合，再怎么管教也是无济于事的。所以，做事也好，治人也好，一定要掌握恰当的方法，这样才能用最短的时间、最少的损失，换回最大的收获。

【深度解读】

言必信，行必果

话既然已经说了，那就必须要做到，绝不能失信于人。

春秋时期，孔子的爱徒之中，有一位叫曾参的人。曾参为人诚实，从不失信于人，而且学问也高，可谓学富五车，才高八斗。他在自己的孩子出生之后，就严加看管，终日严格地教育孩子，因为曾参不希望看到自己的孩子有道德上的缺失。

一天，曾参的夫人要去赶集，小孩想和她一起去，但她为了安全，没有答应。于是孩子便大声哭闹起来。曾参的夫人看到这里，心生一计，说："乖孩子，待在家里等娘，回来给你杀猪吃！"孩子信以为真，满心欢喜地喊："有肉吃喽！"

孩子在家等了一天，就连村里其他人家的小孩来找他玩，他都不去。他靠在墙根下，眼前浮现出妈妈给他杀猪吃肉的场景。想到这里，孩子的心里高兴得不得了。

终于，在傍晚时分，孩子看到妈妈回来了，一边跑上去迎接，一边喊："娘！娘！您快杀猪，快杀猪，我都快要馋死了！"但曾参的夫人却说："这一口猪顶咱家两三个月的口粮呢，哪能随便杀呢！"

孩子一听，知道美梦破灭，于是坐在地上号啕大哭起来。

曾参听到孩子的哭声，就从屋里出来了。一问事情缘由，什么也没说，转身又回到屋子里，取了一把菜刀出来。

曾参的夫人吓坏了，因为曾参一向严格教子，她以为曾参又要教育孩子，赶忙把孩子搂在怀里，不想让他受到一丝一毫的伤害。谁知曾参拎着刀，径直去了猪圈。

"你拎着刀去猪圈，要干什么？"

"杀猪！"曾参毫不犹豫地说。

妻子听到这里，笑了，说："这不过年不过节的，杀什么猪？"

"你不是说要给孩子杀猪吃的嘛！"

"我那就是为了逗他玩，骗他的，你还当真！"

"正因为是对孩子说的，所以就更应该做到了！不然，孩子就会认为你这个做家长的言而无信，这还怎么能教得好孩子！难不成你想看到自己的孩子在外面到处骗人？要是真到了那样的地步，你觉得你脸上很光彩吗？大人都说话不算话，还有什么资格教育孩子！"曾参严肃地说。

曾参的夫人听后，深感惭愧，便和丈夫一起把猪杀了给孩子吃，还宴请了周边的乡亲们，让他们也和自己一起享用，并且也借这个机会来告诉

他们，身为人父人母，教育孩子，必须以身作则，言出必行。毕竟，父母是孩子最大的老师，父母的一言一行，都会在孩子的头脑中留下深深的印记，这种印记会伴随孩子一生，亦会影响孩子一生。

曾参作为孔子"七十二贤"之一，不仅严于律己，更严于律人。曾参杀猪的行为虽遭到一些人的嘲笑，但不得不说，他严格的家庭教育，教育出了一个自小就懂得诚实守信的好孩子，这个故事也一直流传了千年，曾参的人品也一直被后人所尊崇。

身为家长，必须要处处以身作则，既然答应了孩子，无论多么艰难都要做到，家长的一言一行，都会被孩子看在眼里。孩子对任何事物都会感到新鲜，既然感到新鲜，就会有学习的欲望，想要把它学会，这个时候，作为家长，应该时刻注意自己言行，如果有一丝一毫的错误言行，都可能被孩子所记住并学会，这对孩子的成长来说，是一件极其不好的事情。

所以，身为父母，必须要给孩子做一个好的榜样，要让孩子以父母为傲，以父母为标杆，向父母看齐，这样一来也有利于培养父母在孩子心目中的威信，有利于进一步教导。时间一长，孩子自然就会明白什么是对、什么是错，什么事情该做、什么事情不该做，为自己制定行为准则，在正路上大步前行。

第三章　君子之道，贵在修心

　　为君子者，必先修心。心正，方能处事。心若正，行为便会端正，做事自然会有条理。我们在社会中，会处在不同的角色之中，无论我们处在哪种角色之中，都要去做符合那种角色的事情：身为子女，要懂得尽孝；身为朋友，要懂得诚信……

君子之道，孝德为一

【原典再现】

"君子之道四①，丘②未能一焉：所求乎子，以事③父，未能也④。"

【重点注释】

①君子之道四：君子之道有四点，即孝、忠、弟、信四个方面。

②丘：即孔子，孔子名丘。

③事：侍奉。

④未能也：此处为省略句，全句为"（吾）未能（行）也"，意为"我没有做到"。

【白话译文】

君子之道有四点，而我孔丘却连其中的一点都没有做到。用我所要求子女侍奉父亲的标准来孝顺父亲，我没有做到。

【鉴赏评议】

俗话说："万恶淫为首，百善孝当先。"中国自古以来就是最为尊崇孝道的，在古代的帝王看来，如果一个人连最起码的孝顺父母都做不到，那还怎么指望他能够忠于自己，忠于自己的国家呢？孝，是一个人必备的美德之中，最为重要的一环，如果连最基本的孝道都不能做到，那也无法保证这个人的品行是有多么的端正了。

【深度解读】

崇尚孝德，人之根本

中国历来重孝，自舜帝时期就开始尊崇孝道。

阮籍，字嗣宗。是三国时期魏国人，为"竹林七贤"之一。曾任步兵校尉，世称"阮步兵"。阮籍常常独自驾车，漫无方向地走，直到车子行不到的尽头。他崇奉老庄之学，在政治上则有济世之志，曾登广武城，观楚、汉古战场，慨叹"时无英雄，使竖子成名"！

相传，有一次阮籍听到执法的人说有人弑杀自己的母亲，说道："唉，杀父还说得过去，何至于杀母呢？"闻者大惊，指责他竟敢说出如此有违大道的话，有的人直接说："弑杀父亲，这是大逆不道，是天下极端不容的恶行，你凭什么认为是可以说得通的？"阮籍说："禽兽只知认母而不知有父，杀父，正如禽兽之类啊，杀母，实则禽兽不如！"众人闻之，心觉有理。

乌鸦尚能反哺，羔羊亦可跪乳，为什么人就不能坚守孝道呢？

春秋时代，有个孝子叫闵子骞，是孔门弟子"七十二贤"之一。他的母亲去世比较早，父亲娶了后母，又生了两个弟弟。后母嫌他不是自己亲生的，对他不好，常常虐待他。一年冬天，后母给他的两个弟弟做了棉衣，给他做衣服用的却是芦花。芦花做衣服看起来很蓬松，但是不保暖。刚好他父亲带他外出，驾马车行至萧县车牛返村时，因为天气太冷，衣服又不保暖，所以他就冻得发抖。

父亲看了以后很生气，认为闵子骞衣服已经穿得这么厚了还在发抖，是不是有意要诋毁后母。一气之下，就拿起鞭子抽打闵子骞。结果鞭子一打下去，衣服破了，芦花飞出来，父亲这才明了，原来是后母虐待闵子骞，所以很生气。回到家里，当下就要把他的后母休掉。

可是闵子骞对后母并不记恨，反而有些同情后母。闵子骞觉得不能因为这么一件小事就休掉后母，于是他跪下来对自己的父亲说："父亲，请你不要赶后母走，因为毕竟还有两个小弟弟呀！有母亲在的时候，只有我一个人寒冷，如果母亲走了，我和两个弟弟都会挨饿受冻的。"

闵子骞甘愿自己挨饿受冻，也不愿意让父亲做出休妻的举动。他认为后母若在，也许就只有他一个人会挨饿，但如果后母走了，他的两个弟弟也会和他一起倒霉。他不忍心看到这种事情发生，于是便恳求父亲不要休妻。父亲被儿子的孝心打动，就连他的后母也被他感动了，从此将其视若己出，再也不曾慢待于他。

遵守孝道，是每个人必备的品德。父母倾尽心血养育我们，这种恩情是不得不报的。如果父母能够安享晚年，做儿女的心中也会得到一丝安慰，也会有一丝幸福。父母幸福，儿女才能幸福。

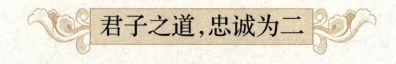

君子之道，忠诚为二

【原典再现】

"所求①乎臣，以事君未能也。"

【重点注释】

①所求：用（我）所要求的事情。求，要求。

【白话译文】

用我所要求的臣下侍奉君王的标准来尽忠，我没有做到。

【鉴赏评议】

身为人臣，理应忠君爱国。为家尽孝，为国尽忠，这是作为国民的本分，是作为国民的责任和义务。为国尽忠，就是要报答国家的恩。于朝中为官，为君主分忧，这是作为臣子来说最应该做到的事情，也是必须做到的事情。身为朝臣，持有官饷俸禄，理应忠君爱民。因为，君为主，民为本，忠君即爱民。辅佐君王把持朝政，使得国富民强，百姓安居乐业，一切行为都以国家为重；遇到君王有失之处，哪怕冒着被杀头的风险也要加以劝谏，这样的大臣才可以被称为忠臣。

君臣有义，"义"即"君仁臣忠"。"仁"是会意字，左边一个"人"，右边一个"二"，两个人。是哪两个人？自己跟他人，想到自己就要想到别人，所以处处要替他人着想。君仁，是处处替下属着想，甚至于不是只有替下属着想，还要替他的家人着想。当一个君主有这样的胸襟，这样的仁厚之心，那下属一定会很感恩他，一定会效忠他。所以"臣忠"的忠是忠于君主，忠于他的本分、他的职责，忠于他的团体。君臣关系是道，仁与忠就是德。

【深度解读】

人生自古谁无死，留取丹心照汗青

自夏朝开始，历经千年，我国古代涌现出一大批忠臣：诸葛亮、魏徵、寇准、包拯、文天祥、于谦、海瑞、史可法、郑成功、林则徐、李广、李靖、陆秀夫、屈原、萧何、夏完淳、苏武、介子推、关羽、周泰、岳飞、张骞、关龙逢等。他们当中的很多人，在国家处于危难之际时，挺身而出，为国家献出自己的一切，包括生命。

众所周知的宋末爱国将领文天祥，孩提时看到学宫之中祭祀的欧阳修、胡铨等人的画像，发现他们的谥号都为"忠"，羡慕不已，说："不成为他们那样的人，就不是男子汉！"后来，他在二十岁的时候，就考取了进士，于集英殿进行答辩。当时宋理宗在位已久，开始渐渐不理朝政。文天祥便以此为题发表议论，所作文章一万多字，且一气呵成，未打草稿。宋理宗阅后大为赞赏，亲选其为第一名。

开庆初年，元朝铁骑大举进攻宋朝，宦官董宋臣向众人提出迁都之议，没人敢于质疑。文天祥时任宁海军节度判官，请求斩杀董宋臣，却未被采纳。后来他逐渐升官至刑部侍郎，董宋臣又升为都知，文天祥再次上书列举他的罪行，但同样如石沉大海一般。也因此，文天祥离开京城，出任瑞州知州，后改迁江南西路提刑，升任尚书左司郎官，在此期间，曾多次遭台官议论罢职。

后来，贾似道托病请退，其实是以此来要挟皇上，但并没有被应允。文天祥代皇帝起草制诰，其中的所有内容，无一不是用来讽刺贾似道的。

在当时，起草圣旨诰命的内制沿袭要呈文稿审查，文天祥没有写，贾似道不高兴，命令台臣张志立奏劾罢免他。在此之前，文天祥已经被斥责了很多次，所以，他便援引钱若水的例子，向皇帝表明自己想要退休的意愿，当时他三十七岁。

咸淳十年，文天祥被委任为赣州知州。德祐元年，长江上游有外敌来犯，告急文书传至天下，诏令天下勤王。在家中，文天祥手捧着诏书，跪在地上痛哭流涕。他派陈继周率领郡里的英雄好汉，同时联络溪峒蛮，又令方兴召集吉州的士兵，各英雄豪杰群起响应，聚集兵众万人。此事报到朝廷，命令他以江南西路提刑安抚使的名义率军入卫京师。

他的朋友听闻他的行为，制止他说："元军三路南下，已经攻破京师城郊，现在你所率领的进军京师护卫部队，人数虽已过万，但却是乌合之众。你让这样的部队开赴京师护卫，这与驱赶着羊群去与猛虎搏斗，又有什么差别呢？"

文天祥答道："我也知道是这么回事。但是，国家花费了三百多年来抚养培育臣民百姓，而现在，京师有难，希望征集天下的兵丁，共同守卫京师，却没有一人一骑入卫京师，我为此感到遗憾。所以不自量力，以身殉国，希望天下忠臣义士将会有听说此事后而奋起的。仁义制胜可自立，人多可促事业成，如果按此而行，那么国家就有保障了。"

文天祥生性豁达，而且家境殷实，不愁吃穿，但到了这时，他痛心地自己责罚自己。他把家里的资产全部变卖，作为军费。并且每当与宾客谈到国家时事，就痛哭流涕，扶着书案说道："以别人的快乐为快乐的人，也忧虑别人忧虑的事情，以别人的衣食为衣食来源的人，应为别人的事而至死不辞。"

德祐二年七月，文天祥以同都督职出任江南西路，即将赴任之时，他

命士兵进入汀州。同年十月，文天祥派遣参谋赵时赏，建议赵孟溁率领一支军队攻取宁都，参赞吴浚率一支军队攻取雩都，而后，刘洙、萧明哲、陈子敬等人都从江西率兵来与他会合。邹沨以诏谕副使之名，在宁都招兵买马，此举招致了元军的进攻，邹沨兵败，与他一同起事率兵的刘钦、鞠华叔、颜师立、颜起岩也都死了。武冈教授罗开礼，闻此败绩后，起兵收复了永丰县，但不久之后即兵败被俘，并死于狱中。罗开礼之死给了文天祥不小的打击。文天祥为他穿起丧服，悲痛不已。

景炎二年正月，元兵攻入汀州，文天祥于是率兵迁移漳州，并向朝廷请求入卫。就在这时，文天祥派去的赵时赏、赵孟溁也率兵归来，唯独吴浚的士兵没有到。原来，吴浚已经降元，并在不久之后以说客的身份来到文天祥的军营，企图来游说文天祥。文天祥大怒，命人将吴浚绑起来，吊死在营门之外。四月，文天祥进军梅州，看到当地的都统王福、钱汉英等人专横跋扈，便将他们开刀问斩。五月，文天祥离开江南西路，转入会昌。

连年的征战，本就已使军心涣散，再加上多位将领被杀，致使宋军作战接连失利。景炎三年十二月，文天祥在五坡岭一战中被张弘范的军队俘虏。在被押至潮阳的路上，文天祥写下了著名的《过零丁洋》，并留下千古绝句："人生自古谁无死，留取丹心照汗青。"

公元 1283 年，文天祥就义。其实在当时，文天祥只要投降，便可和家人团聚，也许还会受到元朝廷的重用，但他为了国家，为了民族的气节，慨然赴死，留下了千古佳话。

君子之道，事兄为三

【原典再现】

"所求乎弟，以事^①兄未能也。"

【重点注释】

①事：做到。

【白话译文】

用我所要求的弟弟对哥哥的标准来做到恭敬，我没有做到。

【鉴赏评议】

家庭之中，要做到长幼有序。长为兄，幼为弟，兄爱弟，弟敬兄，兄宽弟忍，一团和气，不争不贪祖业之产，自然就可以做到长幼有序了。弟弟和哥哥在一起的时候，必须要时刻保持一种恭敬谦虚的态度，要时刻注意礼节，这是做弟弟的本分。

身为兄长，应该时时刻刻都想着弟弟，对弟弟悉心照顾，丝毫不敢懈怠；而弟弟也应该记住哥哥的恩情，因为哥哥自小就照顾自己，关怀备至，这份恩情不能忘掉，所以，弟弟必须要非常敬重哥哥。

兄弟应是同根而生，同气连枝。哥哥的行为若有过失，身为弟弟应该时

刻注意进行规劝，不能让哥哥走向歧途，这是身为弟弟有义务要做的一件事，而哥哥也应当听取劝诫，修正自身。当然，弟弟要是行为有过失，哥哥更有义务要进行规劝了。只有相互监督，相互规劝，才有成长的余地，才有和谐的余地。

【深度解读】

本是同根生，相煎何太急

兄弟之间，本应情同手足。然而，在宫廷之中，为了皇位，也为了权力，爆发了很多的手足相残的惨剧，如秦二世杀扶苏夺皇位、西晋八王之乱、唐太宗李世民玄武门之变、清康熙九子夺嫡等，为了皇位不惜举兵谋反，杀掉亲兄弟。皇位之争，总会伴随着强烈的腥风血雨，不仅劳民伤财，更是尸横遍野，无不令人叹惋。

曹植是东汉末年枭雄曹操的第三个儿子，也是东汉建安时期最负盛名的作家，世人称其"拥有八斗之才"，南朝诗人谢灵运称颂他说："天下之才共一石，曹子建独占八斗，我得一斗，天下共分一斗！"可见曹植才能之高。也正因其才之高，深得曹操喜爱，曹操曾认为曹植在诸子之中"最可定大事"，几次想立曹植为世子，然曹植在立储之争中行为放任，屡犯法禁，令曹操倍感失望，结果被其兄长曹丕占得上风。公元217年，曹丕被立为世子。

公元220年，曹操因病去世，长子曹丕继魏王位。但他害怕他的几个弟弟和他争夺王位。于是，他决定先下手为强——他先是夺了二弟曹彰的兵权，又逼着四弟曹熊上了吊。在对兄弟们进行连番迫害之后，最后的目标就是三弟曹植了。曹植拥有极高的文采，这招致了曹丕极大的嫉妒与愤恨，再加上曹植被其下属以醉酒打人的缘由屡次告发，又把曹丕派去的使者扣押起来。但曹丕心想，曹植并没有犯什么大罪，也没有招兵买马，要是以阴谋反叛之罪杀他，名不正言不顺，怕是没有办法服众。思虑再三，他觉得还是在其文采之上做文章，想一个刁钻的办法除掉他，才是万全之策。于是，在曹丕的精心思虑与谋划下，"七步成诗"之计应运而生。

一天，曹丕把曹植叫到了洛阳。在大殿上，曹丕指着一幅"两牛相斗于墙下，一牛坠井而死"的水墨画，要曹植在七步之内作一首诗，但诗中不许出现"二牛斗墙下，一牛坠井死"字样，要是做不出来，便要开刀问斩。曹植答应后，还没走完七步就将诗作出来了："两肉齐道行，头上戴凹骨。相遇块山下，欻起相搪突。二敌不俱刚，一肉卧土窟。非是力不如，盛气不泄毕。"面对这样的神速，曹丕和群臣无不感到吃惊。

曹丕想了想，又说："子建啊，以你的文采来看，七步成诗，实数小菜一碟。而我现在要你立刻做出一首诗！"曹植说："你出题吧！"曹丕说："我们是兄弟，那就以此为题吧，同样不许出现'兄弟'字样。"曹丕心想，成则罢了，不成便痛下杀手。

曹丕本以为，曹植要思索片刻方能作出。万万没想到的是，曹植想都没想，一首诗脱口而出："煮豆持作羹，漉菽以为汁。萁在釜下燃，豆在釜中泣。本自同根生，相煎何太急！"

此诗一出，令铁石心肠的曹丕动了骨肉之情，他面露惭色。但他害怕被世人所耻笑，所以为了保住名声以安天下，他将曹植贬为安平侯便作罢了。

曹植以他极高的文采，逃过一劫，但他以后的日子也没有好过多少，一直不得重用，郁郁而终。曹植看到兄长因皇位之争而对手足兄弟痛下杀手，震惊之余不禁悲从中来。毕竟，曹丕和自己是亲兄弟啊！为了皇位，

亲兄弟也舍得下毒手，这是让曹植感到悲痛的地方。

俗话说："家和万事兴"。家，是爱的港湾；家，是快乐的城堡。温馨的家庭之中，应该充满着亲情和爱，而不是充满着对利益的纷争。平心而论，虽说无论是谁，都会选择多为自己谋取利益，但为自己谋取到的利益，自己就真的能够完全拥有它吗？这不会有一个太完全的定论。毕竟，每个人为自己谋取利益的方式不同，有的人是通过正常的、合法的渠道来获得那份属于自己的利益，但有的人就是通过陷害他人，得到那份原本不属于自己的利益，这是不义之财，这样的利益，无论是谁都不会用得舒心。

君子之道，义气为四

【原典再现】

"所求乎朋友，先施①之未能也。"

【重点注释】

①施：施行。

【白话译文】

用我所要求朋友应该先做到的，我没有做到。

【鉴赏评议】

人们常说："在家靠父母，出门靠朋友。"朋友，是我们在为人处世的时候，最不可缺少的一环，如果我们没有朋友，在这个复杂的社会中，是很难立足的。

我们都知道"物以类聚，人以群分"这句话。确实，交什么样的朋友，自己也会成为什么样的人。人的朋友，有益者三友和损者三友。孔子说："益者三友，损者三友。友直，友谅，友多闻，益矣。友便辟，友善柔，友便佞，损矣。"就是告诉我们，好朋友有三种，即直率坦率的、宽容原谅的以及博学多才的，这三种是好朋友，是有益的；与之对应的，还有三种坏朋友，即脾气暴躁的、优柔寡断的以及谄媚奸佞的，在这其中谄媚奸佞的人最坏，这三种人断然不可交。

常言道："近朱者赤，近墨者黑。"我们必须要明白什么是益友，什么是损友。俗话说："患难见真情。"当你事业和地位如日中天之时，很多人都会和你称兄道弟；然而当有一天你滑到了低谷之中，就会发现，之前所谓的"朋友"，其实都是假的，只有在这种情况之下依旧对你保持不离不弃，或者助你一臂之力脱离困境的人，才是真正可交之人。

【深度解读】

交友不慎酿苦果

都说"人心隔肚皮"。对于他人内心之中的想法，我们永远无从得知。

相信大家都看过《水浒传》，对于里面的人物也都有一定的了解。其中，有一个看似不起眼的人，却成了人人唾弃的对象之一。那么，这个人

是谁呢？

　　要想知道他，就不得不提到另一个人——绰号为"豹子头"的林冲。林冲和这个人自幼便识，而林冲之后的道路，也与此人脱不了干系，可以说，正是此人造就了日后的林冲。这个人就是陆谦，陆虞侯。

　　陆谦与林冲是至交。只不过，在高俅当权之后，他为了荣华富贵，成为高俅的走狗。因高俅素与林冲不和，陆谦便自告奋勇，做了高俅陷害林冲的一把刀。

　　陆谦知道林冲的夫人生得美貌，为了讨高俅之子高衙内的欢心，他背弃了多年的友情，把林冲约到酒楼喝酒，同时，他又将林冲的夫人骗到自己的家中，此时的高衙内，正在陆谦的家中，等候着林冲夫人的到来。

　　可此事被林冲得知了。林冲大怒，大骂陆谦是个畜生，并疾步赶往陆谦的家中。高衙内得知林冲到来，翻墙便逃。林冲寻不得高衙内，便将陆谦的家砸了个粉碎，而后揣着一把尖刀，到酒楼去找陆谦。而陆谦，却早已躲进了太尉府，一连三天都没敢回家。

　　酒楼一事败露之后，陆谦便潜心思索另一计谋，终于计上心来：他向高太尉提到，希望太尉能差人卖一把刀给林冲，再命人到林冲家里去找他，让他带着刀来太尉府上。林冲并不知道这是一个阴谋，他带着刀来到了白虎堂。

　　白虎堂中，太尉大喝一声，左右便一同将林冲拿下，并押往开封府，准备给他安一个"手执利刃，擅闯节堂，杀害命官"的罪名。但开封府尹看了林冲的供词，认定林冲是个无罪之人，只以他"不合腰悬利刃，误入节堂"的罪名，打了林冲二十脊杖，并刺配沧州。

　　陆谦不甘失败。为杀死林冲，他买通两个监押——董超和薛霸，让他们在路上杀死林冲。但随着鲁智深大闹野猪林，两人直到最后也无从下手。到了沧州牢城营，陆谦又买通差拨和管营，准备陷害林冲。

在沧州，林冲从李小二那里得知，陆谦也来到了沧州，大骂道："那泼贼也敢来这里害我！别让我碰见他，否则定叫他死无葬身之地！"林冲怀揣尖刀，在沧州寻了数日，都没有找到。又被陆谦逃过了一劫。

然而，幸运之神并不是经常光顾于陆谦身上的。陆谦数次死里逃生之后，最终事发于山神庙，被林冲手刃。

陆谦表面上与林冲称兄道弟，暗地里却不断地向林冲的仇敌高俅等人献计，欲助其除掉林冲。他屡次献计，却屡次被林冲逃脱。林冲能将这样的人视为朋友，实在是交友不慎！不过，也正因为发生了这一切，使得林冲上了梁山，改变了林冲的一生。

言行兼顾，庸言之谨

【原典再现】

"庸德①之行②，庸言之谨③；有所不足，不敢不勉，有余不敢尽④；言顾行⑤，行顾言，君子胡⑥不慥慥⑦尔！"

【重点注释】

①庸德：平常的道德。庸，平常的。德，道德。

②行：此处意为践行，实行。

③谨：谨守。

④有余不敢尽：自己的长处不敢随便向别人夸耀。余，长处。尽，夸

耀，炫耀。

⑤言顾行：言行要相互兼顾。

⑥胡：怎么。

⑦慥慥：忠厚老实的样子。

【白话译文】

践行平常的道德，谨守平常的言论；即使是这样都觉得有不足之处，不敢不勉励自己继续努力。至于自己的长处，则不敢随便向别人夸耀。说话的时候要想到行动，行动的时候要顾及说话，君子怎么会不忠厚老实呢？

【鉴赏评议】

常言道："祸从口出。"如果一个人在说话和做事的时候完全不考虑其他人的感受，这个人也不会交到很多的朋友。在人际交往中，要懂得谦虚。正所谓"谦虚使人进步，骄傲使人落后"。如果一个人太过骄傲，会使得周围的人觉得这个人不可靠，从而渐渐疏远他，到最后连一个真正的朋友都收获不到，而且，骄傲的人会大肆地宣扬自己的那一点微薄的成功，他们会以自己的那点成绩作为宣扬的资本，这样下去，他们能够看到的也就只有那一点小小的成功，不思进取。而如果一个人时刻保持一颗谦虚的心，无论取得了什么样的功绩，都不会随随便便炫耀出来，别人若是提起会觉得不好意思，对于别人的意见也会进行采纳，这样的人常常会以成绩来勉励自己，以期望自己获得更高的成就，他们会找到成功的原因，并沿着它继续走下去，同样也会找到不足之处加以改正，随着时间的推移，会收获到越来越多的成功。这就是说，只有虚心听取别人的意见，改正自身的不足，才会进步。

【深度解读】

祸从口出招身死

在下级与上级对话的时候，必须要时刻注意自己的言行，尤其是君臣之间的对话。身为臣子，更应该时刻检点自己的言行，因为，稍有不慎便会触犯大忌，有招来身死的隐患。

公元 565 年，贺若弼的父亲贺若敦因口出怨言，为北周晋王宇文护所不容，逼令其自杀，贺若敦悔之晚矣。临死前，贺若敦嘱咐贺若弼说："我想要平定江南，然而现在看来已经不能实现了，你应该继承我的遗志。我是因为嚼舌根而招致杀身之祸的，你不能不好好想想啊。"并用锥子把贺若弼的舌头刺出血，告诫他要慎言。

这件事情对贺若弼的刺激很大。他发誓，以后一定要谨言慎行，决不再步父亲后尘。

当时周武帝宇文邕当政，周武帝对太子要求十分严格，太子德行不端，害怕父皇知情，于是矫情掩饰。周武帝深知自己的儿子品行不端，志大才疏，但没想到居然是如此恶劣。

上柱国乌丸轨曾对贺若弼说："太子一定不能身担大任。"贺若弼对此很是同意，劝乌丸轨去告诉武帝。乌丸轨便借机对武帝说："太子不是帝王人选，我也曾和贺若弼讨论过这件事。"武帝忙召问贺若弼，贺若弼知道太子的地位已不可动摇，且牢记父亲临终遗言，恐祸及其身，于是回答说："皇太子德行操守日有所新，我没有看见他有什么缺点。"武帝听后默然不语。事后，乌丸轨指责贺若弼出卖了自己。贺若弼却说："君主若

不有所隐藏就会失去臣服于自己的大臣，大臣若不有所隐藏就会失去自己的身家性命，所以我不敢轻率发表对太子的评议。"果然，后来太子继位，乌丸轨被诛杀，贺若弼却免受其祸。

公元581年，杨坚受禅登基，改国号隋，是为隋文帝。杨坚称帝后，就有吞并江南、统一中国之志。杨坚查访可胜任者戍镇江淮。尚书左仆射高颎推荐说："朝臣之内，文武才干，没有比得上贺若弼的。"杨坚很是赞同，遂向贺若弼询问灭陈之策。贺若弼为杨坚献出了"灭陈十策"。看到此计，杨坚欣喜若狂，当即拜贺若弼为吴州总管，镇江北要地广陵，委派给他平陈之事，经略一方，做灭陈准备。

公元589年正月初一，长江下游隋军乘陈欢度元会之际，分路渡江，一举灭掉南陈政权。隋文帝听闻贺若弼立功，很是高兴，下诏褒奖，晋王杨广却认为贺若弼先期决战，违反军命，于是把贺若弼交给了执行军法的官员。隋文帝杨坚召见贺若弼，很是赞赏，赐给御坐，进位上柱国，封爵宋国公，真食襄邑三千户，给予许多赏赐，又把陈叔宝的妹妹赐给他做妾。拜右领军大将军，不久转右武侯大将军。封赏之后，贺若弼地位更加显贵，他的兄长贺若隆做了武都郡公，弟弟贺若东为万荣郡公，并为刺史、列将。贺若弼家有珍玩不可胜数，婢妾都身穿绫罗绸缎，生活奢侈。

而此时，他身居高位，也开始渐渐将父亲的遗嘱抛诸脑后。他自恃功高，认为无人可比，便开始与韩擒虎争战功，接着又以宰相自诩。隋文帝任命了杨素和高颎为宰相，贺若弼知道后大为不满，时常表现出不满意的样子。此举招致了群臣的弹劾，之后贺若弼被免官。

隋文帝念及贺若弼之前的功劳，屡次宽恕于他，不追究其责任。可贺若弼仍不思悔改。隋炀帝杨广继位后，大兴土木，徭役繁重，高颎和贺若弼等人对此议论纷纷。此举传到了杨广的耳朵里，杨广遂以诽谤朝政之罪将二人处死，其家人皆被罚为官奴。一代名将，只是因为多嘴，就落得如此下场，可悲至极。

作为君子，时刻都会注重自己的一言一行，凡事三思而行，把事情的方方面面都考虑周全后再确定是否应该做。冒冒失失、不计后果的做法，只能给自己带来不良的后果，轻者身败名裂，重者失去生命。所以君子做事从来都是小心而谨慎的，不敢出现丝毫差错。

素位而行，在位谋政

【原典再现】

君子素①其位而行②，不愿③乎其外④。素富贵，行乎⑤富贵；素贫贱，行乎贫贱；素夷狄，行乎夷狄；素患难，行乎患难，君子无入⑥而不自得⑦焉⑧。

【重点注释】

①素：名词活用作动词，日常，平常。

②行：行事，做事。

③愿：希冀，希望。

④其外：本位之外的东西。

⑤行乎：做……应该做的事情。

⑥入：所处情况。

⑦自得：自适。

⑧焉：于此。

【白话译文】

君子安于现状，做的事也是现在所处地位应该做的事情，而不羡慕在此之外的事情。平常处于富贵的地位，就应该做富贵之人应该做的事；平常处于贫贱的地位，就应该做贫贱之人应该做的事；身为夷狄的人，就应该做夷狄应该做的事情；身处患难之中，就应该做处在患难时应该做的事情。对于君子来说，无论处在哪种状态之下，都是安然自得的。

【鉴赏评议】

既来之则安之。我们身处不同的环境之中，就要懂得入乡随俗，懂得变通。好比说同人打交道，和不同民族的人打交道，就必须要懂得民族禁忌，如回族人不吃猪肉、土家族忌食狗肉等，稍有不慎便会触犯民族禁忌。如果是陌生人，容易招致别人的反感；如果是朋友，则容易伤了和气，甚至失去友谊。

每个人都有其在社会上的地位，富贵之人有富贵之位，贫贱之人有贫贱之位。富贵之人若是做那些贫贱之人所做之事，则会被人认为是沽名钓誉，容易招致笑柄；而贫贱之人若想行富贵之事，则会被人认为是装模作样攀高枝。所以，身处何种环境之中，就要做相应的事情，不可以做东想西，做出不符合身份的事情。

【深度解读】

身在其位，自谋其政

身居帝王之位，理应亲政爱民，但并非所有的帝王都有这样的想法。有的皇帝即位后，不仅只知贪图享乐，丝毫不问政事，而且常行一些荒诞不经之事。纵观中国五千年历史，身为皇帝，却自降身份给自己封侯加爵的，恐怕只有明武宗朱厚照一人了。

公元 1505 年，朱厚照登上皇位，是为明武宗，年号正德。朝中大臣本以为朱厚照还可以像他的父亲孝宗一样，中兴明朝，然而武宗登基仅四个月，就经常微服出宫，自寻玩乐，对于朝中之事一概不过问。朝中大臣屡次劝谏，皆无任何作用。

当时的宫中，有一支以大太监刘瑾为首的私党，人称"八虎"。他们在武宗年幼时就横行于朝，利用皇帝的宠爱进行排除异己之举，并且终日向武宗进献各种玩物。年幼的武宗自然无法抵御诱惑，于是沉溺其中，连学业和政事都荒废不顾，可以说是玩物丧志了。后来，刘瑾又命人修建豹房，武宗整日在其中沉溺于女色，更加不思学业了。

武宗登基之后，在刘瑾引导下，玩得越来越离谱。先是在宫中模仿街市的样子建了许多店铺，让太监扮成老板、百姓，武宗则扮成富商，在其中取乐。又觉得不过瘾，于是又模仿妓院，让许多宫女扮成粉头，武宗挨家进去听曲、淫乐，后宫搞得乌烟瘴气，急坏了当朝的大臣们。由于弘治时期政治还算清明，给武宗留下了一套非常刚正廉洁的大臣班子，这些人不顾身家性命，联名上书请求严惩八虎，武宗刚刚即位，还缺乏驾驭群臣

的能力，见到如此声势浩大的进谏，有些支持不住，想与群臣妥协，除掉八虎。但就在这时，刘瑾在皇帝面前哭诉，使武宗心又软了下来，第二天他惩治了首先进谏的大臣，内阁成员谢迁、刘健以告老还乡相威胁，但是被武宗欣然批准，群臣失去了领头人，只好作罢。

1514年正月，乾清宫因玩灯而失火。乾清宫是宫廷重地，是国家的重心，武宗再贪玩，再不务正业，终归也知道这一点，所以他立刻命人去乾清宫灭火，而自己却回到了豹房。在豹房门前，武宗回首眺望乾清宫方向那冲天的火光，竟然笑着说："好大的一篷烟火啊！"

后来，他不再满足于在京城之中玩乐，他便和江彬等人到处寻花问柳，弃国事于不顾。为了寻求美色，他常常于夜间闯入百姓家去强令民家女子作陪，有时看到有姿色的，甚至直接要求将其带回宫去。如此荒淫无道，惹得百姓怨声载道。永平知府毛思义贴出告示，说今后若无官府文书，敢妄称皇上驾到，借故骚扰百姓的，一律严惩不贷。这本来是用来安抚民心的告示，竟触怒了武宗，于是武宗下令将毛思义逮捕入狱。

在路经清江浦之时，武宗见水上风景优美，顿起渔夫之兴，但由于捕鱼的时候捕到的鱼太多，武宗一时玩得兴起，竟使船体失去平衡，武宗不慎落水，染上肺炎。公元1521年，武宗驾崩于豹房，时年三十一岁。

身为皇帝，能做到武宗这般的，只怕前无古人、后无来者了。孔子说过，"不在其位，不谋其政"，如果不在那个职位上，就不去考虑那个职位上的事；但既然已经就任这个职位了，就应该认认真真地工作。君主素其位而谋其政，不应只贪图享乐，若以国事为重，那么皇帝也不会有思考那些荒诞之事的心思了。

我们现实生活中也有很多尸位素餐的人，一旦遇到公司裁员的时候，首当其冲的就是他们。所以我们还是要认真对待每一份工作，踏踏实实，以求上进。

下不援上，上不陵下

【原典再现】

在上位不陵①下，在下位不援②上，正③己而不求于人则无怨。上不怨天，下不尤④人。

【重点注释】

①陵：通"凌"，傲慢，轻视，侮辱。

②援：攀缘，指刻意去交好。

③正：端正。

④尤：抱怨，责怪。

【白话译文】

处在上位的人不要轻慢在下位的人，处在下位的人不要攀缘在上位的人，端正自己，不对别人处处苛求，就不会有怨言。既不要抱怨天命，也不要责怪别人。

【鉴赏评议】

君子对于自己所处的位置很清楚，对自己的下级以礼相待，也不会想着依靠奉承上级来获得额外的帮助或优待。君子秉性谦和，所以不会因为身份地位或者其他的原因就看轻别人，如果一个人经常看不起别人，用言语甚至

行动去侮辱别人，又怎么会获得别人的礼遇？君子为人正直，所以不会以谄媚之姿去求得别人的好感和恩惠，一个人先尊重自己，才有可能获得别人的尊重。

君子对于自己要做的事也很清楚，安分的完成自己的工作，也不对别人有很高的要求。自己的事都做不好，当然更不能对别人指手画脚；别人的工作做得不好，也不应该因此而有这样那样的偏见。做的都是该做的事，说的都是该说的话，这样就不会产生抱怨，一件事做不好可能有许许多多的原因，不能把现状简单归结于种种外部因素。君子不怨天尤人，尽力做自己该做之事，成固然可喜，不成也不会沮丧。

【深度解读】

身居高位而自知

居高位之人若仰仗自身权势，而欺凌百姓，凌驾于他们之上，胡作非为，终将招致怨恨，甚至是报复。而级别在下位的人或百姓，若是一味地攀附权贵，也会给自身带来巨大的危害。

五代时期，伪蜀国罗城兵马使，叫程彦宾，他是山东临淄人。当时他领兵攻打宁城，攻下城之后，他的左右在这个城中夺来三个年轻的处女，献给程彦宾，都是美貌的女孩子。当时程彦宾饮酒后有点酒醉，可是他是一位正人君子，对这些女孩子说："你们也不要害怕，我看你们就像我自己的女儿一样，怎么会侵犯你们？"说完之后，就命人把她们三位女子关到一个房间里面保护起来。到第二天就去找她们的父母，然后把女孩子平安地送还给她们的父母。她们的父母也非常感恩，拿出很多金钱来报答程彦宾，程彦宾一概不收。后来程彦宾升官了，在仕途上也很发达。他九十三岁寿终，临终跟自己的亲友告别后才去世。他的几个儿子都得到显贵。能够忍一时，得到的福分是绵长的。

身为百姓的父母官，理应处处为百姓着想，而且内心绝对不可以偏离正道。如果内心坚定，始终没有偏离正道，那么这个人终将会得到很好的回报；可一旦偏离正道，起了邪心，就会使自己陷入罪孽的沼泽地中，还有可能会殃及子孙后代。

清代的陈宏谋曾编写了一部教人心性的教材，名为《五种遗规》。这本书中有这样的一个故事：当时有一个叫刘自然的官员，他听闻当地有一个叫黄知感的人，有一个头发很美的太太。正因为如此，刘自然起了歹心。他对黄知感说："你要是能把你妻子的头发给我，我就可以免除你的兵役，否则，你就乖乖地上战场吧！"

要知道，在当时的社会，服兵役不仅极其辛苦，而且危险系数很高。因为当时的战争，单凭人力去零距离以冷兵器去硬碰硬，十个人上战场，也许只有一个人能够回来。所以，当黄知感听到这里，心觉有些进退两难了：把头发给他吧，有些不符合礼节，因为"身体发肤，受之父母"，哪能随随便便给人的！但不给吧，自己就要去服兵役，搞不好连命都会丢！

所以，黄知感郁闷地回到家，和妻子说起这件事。妻子说："如果我的头发，能换回你的平安，那我宁愿献给他！而且，如果可以，我连生命都可以献出来！"这令黄知感感动之至。尽管心里有十万个不愿意，黄知感还是把妻子的头发给了刘自然。

然而，刘自然却是醉翁之意不在酒。他想要的不仅仅是头发，而是人！黄知感还是被送去军营之中，并战死疆场。

说来也巧，黄知感死的当年，刘自然也莫名其妙地死了。后来，在

黄知感的一个亲戚家里，一头母驴生下一头小驴。人们看着这头小驴，发现它的肋下有字。定睛一看，居然是"刘自然"三个字！消息一出，大家争先恐后地观看这一奇观。传播得这么广，自然逃不过刘自然夫人的耳朵里。

刘自然的夫人心想：这里出现了自己丈夫的名字，不管怎么说，都有损丈夫的名誉。想到这里，她便打算花钱买下这头驴。她对她的儿子说："你父亲生前喜欢喝酒吃肉，你拿点酒肉去供养这头驴，看它吃不吃！"儿子就带着酒肉去供养驴子。

驴子看到酒，真的就开始尽情地喝，也吃了很多很多的肉。吃完后仰天长鸣一声，还流下了许多的眼泪。刘自然的儿子便要用重金赎买这头驴。但黄家的亲戚自然不会答应的。他们天天鞭打下这头驴，让它去做那些非常辛苦的劳力活。不久，这头驴就因为过度劳累而死，而刘自然的儿子也因为悲痛过度，追随父亲而去。

人们常说："善有善报，恶有恶报。"这句话说得一点不假。多行善事，到晚年自然就有诸多喜报；若是作恶多端，还会殃及子孙后代，就像刘自然一样。

多行善事福广至，多行不义必自毙。如果广积善行，那么不但会有善终，子孙后代也会因此得福。有一段话讲道："种下什么，就会收获什么。播种一个行动，收获一个习惯；播种一个习惯，收获一种个性；播种一种个性，收获一个命运；播种一个善行，收获一个善果；播种一个恶行，收获一个恶果。"

乐天知命，君子居易

【原典再现】

故君子居易①以俟②命。小人行险以徼幸③。

【重点注释】

①易：本应作"平坦"之意，因与后文"险"相对，故此处指安定。

②俟：等待。

③徼幸：即"侥幸"。

【白话译文】

所以君子安居现状去等待上天的使命，小人则铤而走险希望总是侥幸。

【鉴赏评议】

君子要做到"居易以俟命"。子曰："吾十五而有志于学，三十而立，四十而不惑，五十而知天命，六十而耳顺，七十而从心所欲，不逾矩。"何谓知天命？人之一生，五十岁已过大半。此时的人生经验和阅历都已非少年人可比，他们已经了解了要完成人生理想的艰难。少年人倘能更早体会到这一点，人生当省去许多曲折了。那么我们就什么也不要做了吗？当然不是，这句话是说，我们不要抱着必然成功的希望去做一件事，只要安安分分，尽

自己的能力去做了，内心就可以获得满足，正所谓"谋事在人，成事在天"。纷纷繁繁的世界，其中的奥秘如何探索得尽？然而一代又一代地探索不还是在进行吗？

小人"行险以侥幸"，其实这是大多数人的想法。如果有不劳而获的可能，便很可能不愿为此付出更多的努力。如果成功了，便为自己的"侥幸"而沾沾自喜；一旦失败在微小的可能中降临，便又要抱怨自己的运气。生活就在这样不断地感叹与抱怨中度过。能做到居易俟命，"上不怨天，下不尤人"，才能始终以平和的心境对待事情的成败。

【深度解读】

司马迁与《史记》

社会，不是完全公平的。我们没有能力去改造它，只能去适应它。正所谓"适者生存"。如果我们只是一心抱怨，抱怨社会的不公平，而不去思考如何去适应社会，那我们终将为社会所淘汰。

《史记》是众所周知的二十四史之首，被誉为"史家之绝唱，无韵之离骚"。然而，又有谁能知道，就是这样的一部巨著，包含了作者多么大的心血！

它的作者司马迁，出生在黄河龙门的一个小康之家中，司马迁的祖父司马喜在汉文帝诏入粟米受爵位以实边卒的政策下，用四千石粟米换取了九等五大夫的爵位，因此全家得以免于徭役。

后来，司马迁渐渐长大，他离开了故乡龙门，去往京城，来到父亲身边。此时的司马迁已经学有小成，司马谈便指示司马迁，让他去游历天下。

数年后，司马迁游历结束，回到京城，因为父亲的缘故，他得以仕为郎中。

汉武帝元封元年春，汉武帝于泰山举行封禅大典。作为参与制定封禅礼仪官员的司马谈却因病留滞在周南未能继续前行，更因此而心中愤懑以致病情加重。奉使西征的司马迁在完成任务后立即赶往泰山参加封禅大典，行到洛阳却见到了命垂旦夕的父亲。司马谈在弥留之际嘱咐司马迁，要他完成自己未完成的编纂历史的计划。司马迁含泪接受了。

汉武帝天汉二年，武帝想让李陵为出击匈奴右贤王的贰师将军李广利护送辎重。李陵谢绝，并自请步兵五千涉单于庭以寡击众，武帝赞赏李陵的勇气并答应了他。然而，李陵行至浚稽山时却遭遇匈奴单于之兵，路博德援兵不到，匈奴之兵却越聚越多，粮尽矢绝之后，李陵最终降敌。武帝愤怒，群臣皆声讨李陵的罪过，唯有司马迁说："李陵侍奉亲人孝敬，与士人有信，一向怀着报国之心。他只领了五千步兵，吸引了匈奴全部的力量，杀敌一万多，虽然战败降敌，其功可以抵过，我看李陵并非真心降敌，他是想活下来找机会回报汉朝的。"但公孙敖迎李陵未功，谎报李陵为匈奴练兵以期反击汉朝之后，武帝族灭了李陵家，而司马迁也以"欲沮贰师，为陵游说"被定为诬罔罪名。诬罔之罪为大不敬之罪，按律当斩。

但司马迁认为，一死虽可保名节，然书未成，名未立，这一死轻于鸿毛，毫无意义。于是，他想到周文王拘于囚室之中而推演《周易》，孔仲尼困厄之时著作《春秋》，屈原放逐才赋有《离骚》，左丘失明乃有《国语》，孙膑遭膑脚之刑后修兵法，吕不韦被贬属地有《吕氏春秋》传世，韩非被囚秦国作《说难》《孤愤》及《诗》三百篇，这大概都是贤士圣人发泄愤懑而作。

终于，司马迁毅然选择了以腐刑赎身死。至此，司马迁背负着父亲穷尽一生也未能完成的理想，面对极刑而无怯色。在坚忍与屈辱中，完成那

个属于太史公的使命。在此期间，他也曾想到过自尽，但当他思虑再三后，打消了这个念头。因为他认为"人固有一死，或重于泰山，或轻于鸿毛"，如果这个时候自尽，无异于鸿毛一般，毫无价值和意义所在。于是，靠着顽强的意志和信念，他开始发愤著书立说。

公元前91年，《史记》全书完成。这一部宏伟巨著包含一百三十篇，五十二万六千五百余字，包括十二本纪、三十世家、七十列传、十表、八书，对后世的影响极为巨大，被称为"实录、信史"，被鲁迅先生誉为"史家之绝唱，无韵之离骚"，列为前"四史"之首，与《资治通鉴》并称为"史学双璧"。

司马迁遭遇如此之大的困境，但他没有自暴自弃，没有怨天尤人，而是坚持不懈地完成自己的理想，这难道不值得我们学习吗？

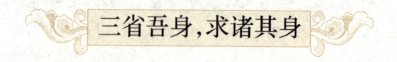

三省吾身，求诸其身

【原典再现】

子曰："射有似①乎君子，失诸②正鹄③，反求诸其身。"

【重点注释】

①似：相似，此处指相似的地方。

②诸：兼词，意为"之于"，后面的"求诸其身"亦同。

③正鹄：正和鹄都是指箭靶子，画在布上的叫正，画在皮上的叫鹄。

【白话译文】

孔子说："射箭有和君子的行为相似的地方，射箭射偏了靶子，要反过来在自己的身上找原因。"

【鉴赏评议】

射箭射不准靶心，只能怪自己射艺不精。问题出在自己的身上，而不在靶子上。君子的处事也是这样，事不成才知道自己的不足，能更好地检查自己，督促自己多下功夫。君子对自己严格要求，正如曾子所言："吾日三省吾身，为人谋而不忠乎？与朋友交而不信乎？传不习乎？"时时刻刻不忘检查自己的言行，反省自己的作为。这样精益求精，才能使自己德行更圆满。不仅如此，君子还能做到"闻过则喜"，听到别人说到自己的缺点反而高兴，并不为自己有不足的地方而感到羞耻或者难堪，而是高兴自己又可以改正错误。

然而，在生活中有些人并不能像君子这样勇于反省自我和改正完善自我，而是将过错推给别人，岂不是像无端去猜测"正鹄"一样可笑吗？能做到闻过则喜的人就更少，更有闻过则"怒"的，就更加不如了。如是这般，只会让人以为胆小怕事或者好面子。君子勇于改正，时时反省自己的作为，乐于看到自己的缺点，才更让人由衷的敬佩。

【深度解读】

反躬自省，自我提升

在遇到挫折的时候，很多人都会不禁怨天尤人，对社会各种埋怨，却

从未学会先去寻找自身的原因。人只有学会克服怨天尤人的心理，懂得找自身的原因，才能改过自新，提高自己。

在孔子生活的时代，有一个叫高柴的人。高柴是齐国人，身高不足五尺，受业于孔子门下，是孔门弟子之中从政次数最多、时间最长的一个。

公元前480年，卫国发生政变。高柴见状逃离卫国，并劝子路不要回去。然子路不听，执意回宫，结果遇害。高柴素以尊老孝亲著称，拜孔子为师后，从未违反过礼节。任卫国狱吏时，不徇私舞弊，按法规办事，为官清廉，执法公平，有仁爱之心，受到孔子的称赞，民众的赞扬。

高柴逃出卫国后，依旧被卫国挑起政变的人所追杀。要知道，高柴乃一介书生，怎么可能跑得过追兵！跑到东门的时候，追兵已经近在咫尺，这令高柴焦头烂额，不知如何是好。这时候，他突然发现守门的人是个瘸子，还有点面熟，只是一时未曾想起，就问这个守门人，这附近是否有可以藏身之处。

守门人说这里有个墙洞可以进去躲躲，但高柴觉得自己是个有身份的人，不能钻墙洞，就苦着脸拒绝了。守门人又想了想，把高柴藏进了自己的小屋之中，且从门外将小屋上了锁。

高柴在黑暗的小屋之中，想了很久，终于想起这个守门人是自己以前亲自审讯过的一桩案子的案犯。当时，他依照刑律，砍掉了这犯人的一只脚，并罚他看守城门。如今，自己落到这番田地，要是这人趁机报复自己，自己可是插翅难逃啊！

高柴正想着，追兵到了。只听门外有人厉声质问守门人："你刚才有没有看到一个人从这跑过去？"

"恕在下愚钝，在下不知大人所讲的是什么人。"

"就是那个假斯文的高柴！"

"原来是那个高柴啊！苍天有眼，现如今连他也犯法啦！我要是看见他，绝对饶不了他，就是他害得我现在成了残废，不把他剁成肉酱我誓不为人！"守门人指天发誓，表明自己以前确实和高柴有仇。

追兵看也问不出什么来，便策马扬鞭出了城。守门人等追兵走远了，打开屋门，让高柴速速逃命。

高柴听到守门人与追兵的对话，心里既感动又愧疚，便问道："我从前执法砍了你的脚，想必你一定记得我吧。是我害你成了残废，你怎么能不记恨我呢！今天我落得此般田地，正好你可以复仇啊，为什么你非但没这么做，反而还助我逃命呢？"

守门人看着高柴一脸愧疚，说："大人不必挂念从前之事。我是被您砍了脚，但我是因为醉酒伤人在先，我是罪有应得啊！而且，我也知道您在量刑的时候不仅同情我，为我减轻刑罚，还在我受刑的时候，心中动了恻隐之心，把脸背过去不愿意看我受苦。只有仁德的人才有这样的同情心啊！这就是我今日搭救您的原因。追兵已经远去，但我怕他们因为找不到人，又折返回来，所以我劝您还是尽快逃离吧！"说罢，守门人指了一条与追兵方向相反的小道，让高柴从这里逃脱了。

守门人遭到刑罚，脚被砍掉，这是一件非常痛苦的事情，但他丝毫没有记恨别人，反而思索自身的不足，寻找自身的原因。如果人们都可以学会先从自身寻找错误和不足，我想，这个社会必然会和谐得多。

很多人为求自保，常常会将一切失误尽数推至他人之身，以洗清自身。这种做法从一开始就是令人唾弃的。人非圣贤，孰能无过？谁都会有犯错误的时候，那些勇于承认错误、勇于率先寻找自身不足的人，终会获得进步，取得成功。

孔子也说过，"吾日三省吾身"，表明时刻自我反省对于一个人的成长与进步是有多么重要。因为，只有做到时刻自我反省，才能及时发现自身的错误，才能及时改正错误。

一步一步，脚踏实地

【原典再现】

君子之道，辟如行远必自①迩②，辟如登高必自卑③。

【重点注释】

①自：从……开始。

②迩：近的意思。

③卑：低的意思。此处自卑不是一个词。

【白话译文】

君子的道路，就好像走很远的路一定要从近的地方开始，就好像去很高的地方一定要从低的地方开始。

【鉴赏评议】

这里讲了一个很简单的道理，古代先贤们也多次谈及。老子《道德经》有："合抱之木，生于毫末；九层之台，起于垒土；千里之行，始于足下。"荀子《劝学》篇有："不积跬步，无以至千里；不积小流，无以成江海。"这就是君子之道，脚踏实地，不虚不浮。听起来很容易，然而先贤们如此强调，显然正是因为人们都没有认识到这一点；或者，虽明白确实如此，一旦做起事来，又忍不住去想那虚无缥缈的捷径。明知不可，为何还要做？若是希望

"碰巧"之类的东西，恰又是"小人行险以徼幸"了。

君子如果有遥远的目标，就不会希望一蹴而就，而是从最基本的地方踏踏实实开始做起。在当今这个一切追求快的时代，"登高必自卑，行远必自迩"就更显出它重要的思想意义。从开头做起，循序渐进不断接近目标，这是直线的走法，也是君子的选择。追求捷径，希望绕过困难，这是曲线的走法，走过的道路反而更长了。如果使用不轨的手段，即使更快达到，也必然要付出更大的代价。

【深度解读】

循序渐进可成事，急于求成反误人

从古至今那些获得成功的人，没有一个不是循序渐进的，人们可以在循序渐进完成事情的过程中，发现事情的真理，从而为自己的成功奠定基础。但并不是所有人都能够安下心来好好完成自己的事情，有的人为达目的，违背自然常理，急于求成，想于一朝一夕之间取得成功。这些急于求成的人，最终非但没有获得成功，反而赔得血本无归。

相信大家都听过这样一则寓言——拔苗助长。拔苗助长其实就是一个典型的急于求成的例子。

古时候有一个人，他看到自己的禾苗长得很慢，心里特别着急。他特别希望自己田里的禾苗能够长得快些，于是他天天跑到田边去看。可一连三天过去了，禾苗好像一点也没有长高。他就在田边焦急地踱来踱去，思考对策，嘴里还念叨："我得想个办法帮帮它们长高！"

终于有一天，他想到了一个办法。他赶忙跑到田里，把禾苗一根一根地往高处拔，从中午一直忙到太阳落山，搞得筋疲力尽。工作结束之后，

他在田边一望，心中大喜："嘿嘿，这一天的努力果真没有白费，禾苗还真长高不少啦！"当他回到家里时，兴奋地对儿子说："今天可把我累坏了，不过力气没白费，禾苗都长高了一大截！"他的儿子不懂是什么情况。结果转天跑到田里一看，发现禾苗都枯死了。

古人云："欲速则不达。"要想取得成果，一味图快，急于求成，是断然不可取的。凡事都要有一个发展的过程，只有循序渐进地发展，才能在日后收获成果。

相传春秋时期的赵国邯郸有一个善射之人，名为飞卫。飞卫起初跟随神射手甘蝇学习箭术，后来成为著名神射手，被尊称为"不射之射"。

有一个叫纪昌的人，久闻飞卫大名，便尊其为师，学习箭术。飞卫对纪昌说："你要先学会盯住一个目标，眼睛一眨不眨，然后才谈得上学射箭。"纪昌听闻，便回到了家，躺在他妻子的织布机下边，用眼睛由下至上注视着梭子来回穿梭。坚持两年之后，就算锥尖倒过来碰到纪昌的眼眶，他的眼睛都不会眨一下。

于是，纪昌又去找到飞卫，但飞卫说："这还差得远呢。你要学会用眼睛去看东西的技巧，如果你可以练到把小的东西看成大的东西，把细微的东西都看得清清楚楚的，然后再来找我！"

纪昌回到了家中，抓来了一只虱子，把一根牦牛尾巴的毛挂在窗户上，而自己每天都目不转睛地注视这只虱子。十天过去了，他发现虱子慢慢变大了；三年过去了，这只虱子居然已经像车轮一样大了，再看其他的东西，都大得像山丘一样！于是，纪昌弯弓搭箭，朝虱子射去。箭穿过了虱子的中心，而牛毛却并没有断。

纪昌欣喜万分，赶忙跑到飞卫那里去向他报告。飞卫听后大为高兴，拍着纪昌的胸口说："好小子，你已经把射箭的功夫都学会了！"

纪昌用自己的经历告诉我们，做事情必须要注意循序渐进，而且心必须要静下来，切记不可心浮气躁。因为，心浮气躁容易干扰人的心智，容易让人陷入迷茫，这样一来，就会让人产生急于求成的心理。一旦产生这样的心理，后果是不堪设想的。

在现在这种快节奏的社会之中，急于求成者不在少数。比如说，为了能够高效率地完成任务或工作，很多人置质量于不顾，只想尽快做完。如果只是文档，退回来按照标准改好即可，可要是生产的产品，那就会给工厂的资金和资源造成极大的浪费，也会使工厂承受极大的损失。

所以，万事不可急于求成，只有一心一意地去做事，才有获得成功的资本。

齐家之道，和乐宜家

【原典再现】

《诗》曰："妻子好合，如鼓①瑟琴。兄弟既翕②，和乐且耽③。宜尔室家，乐尔妻帑④。"子曰："父母其顺矣乎！"。

【重点注释】

①鼓：这里做动词，鼓动，就是弹琴鼓瑟。

②翕：和好，聚会。

③耽：爱，喜欢。

④帑：通"孥"，儿子。

【白话译文】

诗经上说："妻子和儿女感情和睦，就好像弹琴鼓瑟那样和谐美丽。兄弟相处快乐，又互相爱护。使你的家庭相处融洽，使你的妻子和儿女高兴快乐。"孔子说："父母就会称心如意了啊！"

【鉴赏评议】

同是四书的《大学》有云："古之欲明明德于天下者，先治其国；欲治其国者，先齐其家；欲齐其家者，先修其身……"这就是儒家"修身齐家治国平天下"的最高理想的由来。君子先修身，才能接着谈到齐家。这里用了《诗经·小雅》中的词句，从文字内容来看，就是描写了一家美满和谐的景象，正体现了齐家的情景。一个家庭的和谐，要有夫妻的相敬如宾，兄弟之间的和睦相处，子女的快乐成长。而作为父母，看到子孙后代能有这样舒适的生活，就可以称心如意了。使家庭和睦，充满快乐的气氛，也是对父母的孝顺。

中庸之道虽然被奉为最高的道德标准，讲的其实就是为人处世的道理，不一定非要在治国等大事上才能用，生活中说话做事，与家人朋友相处，点滴小事，也可见得中庸的智慧闪光。单就个人来讲，亦是修身之准则，记住，"欲修其身者，先正其心"。

【深度解读】

夫妻恩爱把家还

古人云："欲治国先齐家。"齐家，可以修身养性，可以锻炼心智，亦可以正其心。而且，夫妇感情融洽，兄弟相处和睦，儿女孝顺父母，懂得自立自强，这便是幸福了。

一段流传许久的黄梅戏《天仙配》中，董永和七仙女的爱情故事感动了无数的人，其中的那首"你耕田来我织布，我挑水来你浇园。寒窑虽破能避风雨，夫妻恩爱苦也甜……"也成了传唱度很高的一首歌。

当然，每个人看待婚姻的角度是不同的，标准也不同。若想令家庭和谐，那就是只有当夫妻二人都有一个共同的生活追求时，才能做到的一件事。

东汉时期，有一个叫梁鸿的年轻人，出身贫穷，但勤奋好学。人们鉴于他的才华，想推荐他去做官，却被他谢绝了。他宁可靠自己的双手和妻子一起赚取生活所需，过艰苦朴素的生活，也不愿意参与到污浊不堪的官场之中。

梁鸿的妻子，其实也是一个和他一样有个性的人。此女名为孟光，她的娘家和梁鸿同县。尽管孟光出身殷实人家，却没有娇小姐的习气，她热爱劳动，体态粗壮，不爱涂脂抹粉。

据说，孟家当初要为这个女儿找婆家嫁人，大费了一番周折，给她介绍的尽是一些富贵人家的子弟。然而孟光一点兴趣都没有，就只好这样拖下来。没想到，这一拖就拖到了她三十多岁。三十多岁还未出嫁，这在当时引起了不小的轰动，毕竟，古时候的人们普遍早婚，不到二十就都娶妻生子了。孟光之所以不愿意结婚，不是因为那些富贵人家的子弟瞧不上她，而是因为她瞧不上人家。她觉得那些富贵人家的子弟，因娇生惯养，看上去弱不禁风，而她想要的却是一个朴实无华的能陪她一起吃苦的男子。而梁鸿和她的要求是一样的，他也不愿意找一个好吃懒做的女子。所以，孟光听说梁鸿的情况之后，就自己提出要找个像他那样的男子。父母没有办法，只好去为女儿说媒。

孟光过门之时，带了不少的嫁妆，她作为新娘，不免穿戴得漂亮了些，

谁知梁鸿竟一连七天没有和她对话。孟光反思自己的行为举止，然而并没有发现自己哪里得罪梁鸿了，而且自己刚刚过门，不应该啊。于是，她鼓起勇气找到梁鸿询问原因。梁鸿见孟光很坦诚，便苦着脸说出了事情真相：原来，梁鸿想要的是一个能够和他一起隐居深山、过无争之日的夫人，没想到却娶来了穿绫罗绸缎、涂脂抹粉的夫人，这不是他想要的。

孟光瞬间明白了，原来是丈夫误会了自己。她本以为新媳妇刚过门，应该穿几天体面点的衣服，壮壮门面，谁知却被丈夫误会了。既然如此，孟光便摘下首饰，换上粗布衣服，开始熟悉家里和田里的工作。梁鸿见状大喜，赞道："这才是我想要的夫人呢！"

此后，两人互敬互爱，隐居在陕西灞陵的深山里，后迁居江苏的吴地。两人共同劳动，互助互爱，彼此之间相敬如宾。成语"举案齐眉"便是描述他们夫妻二人的幸福生活。

夫妻二人对幸福的理解相同，也有共同的理想，所以才能在艰苦的环境之中依旧可以做到不离不弃，恩恩爱爱。

第四章 做人做事，亦乎中和

凡事皆有度，做事不可过度，亦不可不及。为人处世，需学会谦虚，学会讲礼。但凡事都要讲究度。待人谦虚但不过谦，彬彬有礼但不过度，这才能给人留下最好的印象，一旦过度，便会给人一种轻浮的不良印象。掌控做事的度，其实也是一门学问。

孔子不语，怪力乱神

【原典再现】

子曰："鬼神①之为德②，其盛矣乎。视之而弗见；听之而弗闻；体物③而不可遗。使天下之人齐明盛服④，以承祭祀。洋洋乎⑤！如在其上，如在其左右。诗曰：'神之格思，不可度思，矧可射思⑥？'夫微之显⑦。诚之不可掩如此夫。⑧"

【重点注释】

①鬼神：鬼，古人认为，人死后灵魂不灭，称为鬼。神，古代神话和宗教传说的超自然、主宰物质世界的精灵。在古人看来人的命运和世间事件的发展进程一定程度上受鬼神的支配。

②德：功德效用。

③体物：体察、生养万物。

④齐明盛服：祭祀前沐浴斋戒，穿上合乎礼仪规定的华美服饰。齐，通"斋"，斋戒之意。明，洁净。盛服，参加隆重仪式的华美服饰。

⑤洋洋乎：流动充满的样子。

⑥神之格思，不可度思，矧可射思：出自《诗经·大雅·抑》，为卫

武公自我警惕的事。格思，来临。思，语气助词。度，猜度，猜测。矧，何况。射，厌倦不敬。

⑦微之显：指鬼神之事既隐微又明显。

⑧诚之不可掩如此夫：恭敬诚实地不可掩藏，竟至于此。

【白话翻译】

孔子说："鬼神的德行可真是大得很啊！看它也看不见，听它也听不到，但它却体现在万物之中，使人无法离开它。天下的人都斋戒净心，穿着庄重整齐的服装去祭祀它，无所不在啊！好像就在你的头上，好像就在你左右。《诗经》说：'神的降临，不可揣测，怎么能够怠慢不敬呢？'从隐微到显著，真实的东西就是这样不可掩盖！"

【鉴赏评议】

在中国古代，圣人孔子对鬼神敬谢不敏。孔子的信仰是礼乐，唯心之所向，意味虔诚，这是一种追求。天地造化谓之鬼神，它是大自然的规律，并不是那些怪力乱神的东西。

把鬼神从怪力乱神中脱胎出来，形成一种特有的功德和善的信仰，可以说这个信仰是人们内心所畏惧的教条和精神法律，是一种道德观和价值观。没有规矩不成方圆，我们可以规定世俗里的条条框框，却不能潜入每个人的精神世界制定规矩，所以信仰具有极高的教化意义，这与儒家的入世原则相得益彰。

【深度解读】

信仰与畏惧

人们常常说，"举头三尺有神明"。虽然这是封建迷信的思想，我们不能去相信这个世界上真的有鬼神的存在，但是这也不妨碍我们心目中有信仰的存在。信仰是一种植根在人们心灵深处的、看不见摸不着的东西，它可以是一种功德，也可以是每个人身上的某种高尚品格，比如忠诚、勇敢、谦逊等。谦逊代表的含义是虚怀若谷，认为自己还有可以进步的空间，一个人追求学问应当如此。

高山仰止，景行行止，无论你是站在哪个高度，都要知道前路多变，种种艰难困苦无法预测。当你遇见一座无法逾越的大山时，就知道拥有信仰是多么重要。红军二万五千里长征，在当时几乎是不可能完成任务，可是共产主义信仰，却鼓励支持着这些怀有赤子之心的战士们，完成了这个艰巨的任务。

到了科技高速发展的今天，我们已经不需要再"齐明盛服"去膜拜鬼神，只有保持内心的诚，就是所谓的赤子之心，才能有所成就有所发展，而不是瞻前顾后，始终没有所得。我们都要有一种信仰，内心一定要坚信信念。而正是我们坚信的某种东西，给了我们巨大的力量。

怀有赤子之心的人往往就是有所得的人。

阮孝绪，字士宗，陈留尉氏人。天性沉静，以孝行著称。

阮孝绪在钟山讲论经学，家中兄弟商量后准备派人去告诉他母亲忽患疾病，让他回家去看望母亲。而他们的母亲却阻止了他的兄弟们，母亲说："不用去，孝绪至性通灵，心里自然会有感应，他一定会很快回来的。"

果不其然，这天孝绪突然感到心慌意乱，便立即启程赶回家，这使得乡亲邻居都感叹惊异。

大夫给阮孝绪母亲所开药方中，主药是野生人参，当地的药铺中没有存货这样贵重的药材。有人告诉他，野生人参一般都长在山里。于是，阮孝绪进入钟山之中险要处寻找。他踏遍了高峰深谷，但是都没有找到。他的心里非常忧急悲伤，一边祈祷，一边更加急切地搜寻。这时忽然看见一只小鹿在前面奔跑，小鹿时不时地看他，阮孝绪心有所感，就跟随在小鹿后面，他们来到一个险峻的地方后，小鹿忽然不见了。孝绪正要去寻找，突然发现人参就在前面的山崖间。他得到人参，给母亲合药服用，于是他母亲的病很快痊愈了。正是怀着一颗虔诚的赤子之心，心中有所信仰，阮孝绪才能坚持着，不放弃地找到人参。

抛开里面神乎其神的记载，能够被认可的还是感人的孝道和不放弃的精神。为什么阮孝绪能找到人参呢？答案当然不是神明指引，而是他不怕困难险阻，勇敢的涉足山谷。人参就在山谷里，虽然山谷中危险重重，但是我们翻遍每一个角落，还怕找不到吗？

同样的故事还有很多，卧冰求鲤、愚公移山等一个个故事告诉我们，那些看似不可能做到的事情，往往都能被做到。就看人们的心中是否留着一个装着信仰、怀着畏惧的地方。

做人也要心怀畏惧。相信命运掌握在自己手中，才能规避内心设下的藩篱，更好开始自己的人生。

很多人都在说自己什么都知道，但他们却落入网罟木笼陷阱之中，而不知道躲避。这当然不是说落入真正的网罟木笼陷阱，而是说人们经常被欺骗而上当或者自己违法乱纪。这其实就是说人们已经偏离了中庸之道，走上了岔路、歪路、斜路。没有畏惧而变得贪心，这是最不能做的事情。

人们在做一些隐秘事的时候常说："天知地知，你知我知。"他们说这话的意思是：这件事只有我们两人知道，只要你我不说，别人是不会知道

的。我们得明白一个道理：要想人不知，除非己莫为。

明代著名学者方孝孺认为："有所畏者，其家必齐；无所畏者，必怠其睽。"不幸的是，物质文明高速发展的今天，人的敬畏心正在弱化。现如今，挥霍浪费，骄奢淫逸，缺少了对劳动果实的敬畏；只顾眼前，不计后果，大肆破坏环境，任意掠取资源，没有了对自然的敬畏；官员收贿赂，医生收红包，老师收礼物，缺失了对职业的敬畏；为一己私利，不惜伤天害理，丧失了对生命、道德和法律的敬畏。

生而为人，在追求现实功利的同时，应该对道德、法律、良心和生命的终极意义有所畏。肆无忌惮、为所欲为，"我是流氓我怕谁"，最终的结果，可能只会是"出来混的，迟早要还"。

"鬼神"说到底是不存在这个世间的，任何现象的存在都有其自然规律，区别只在于有些我们已经发现了，有些还在探索之中。与其求神拜佛，不如相信自己内心的追求，怀着一颗赤子之心，有道是有志者事竟成，失败了不气馁，成功了不骄傲，保持平和，这才是真正的中庸之道！

孝道典范，舜之大孝

【原典再现】

子曰："舜其大孝也与①！德为圣人，尊为天子，富有四海之内。宗庙飨②之，子孙保③之。"

【重点注释】

①与：通"欤"，语气助词。

②飨：通"享"，享有。

③保：保有，保持。

【白话译文】

孔子说："舜是最孝顺的人了吧！德行方面是圣人，地位方面是天子，财富方面有整个四海。宗庙里面祭祀着他，子子孙孙都保有他的功业。"

【鉴赏评议】

《孝经·开宗名义章》中有云："身体发肤，受之父母，不敢毁伤，孝之始也。立身行道，扬名于后世，以显父母，孝之终也。"就是说，保护父母赐予自己的身体不受伤害，这是孝的开端；修养自身推行道义，在后世扬名，使父母因此尊贵，这是孝的终点。舜自身道德高尚，贵为天子治理四海，人们世世代代都纪念他。再没有人能比得过他，孔子认为他是最能体现孝经思想的人，是最大的孝子。

行孝道是自然而然的事情，不需要过多地劝诫，也不需要刻意地雕琢，乌鸦反哺，羔羊跪乳，这是动物的本能，对父母的孝顺也应当是人类与生俱来的本能。无论古今，无论中外，这都是一种理所当然地用以评判人的标准之一。或许不是每个人都可以做到扬名于后世以显父母，但只要能在父母还在的时候好好侍奉，不落得"子欲养而亲不待"，让他们见到自己安身立命，立身行道，也算是尽孝了吧。

【深度解读】

百善孝为先

中华民族自古重孝，因为有孝才有德。那么，什么是孝呢？

一般来说，善事父母为孝。让父母衣食无忧是孝父母之身；让父母精神快乐是孝父母之心；让父母愿望实现是孝父母之志；让父母智慧增长是孝父母之慧。孝身是小孝，孝心是中孝，孝志是大孝，孝慧是大大孝。

而中国历史上，唯一可以作为大大孝的代表的，恐怕只有舜帝了。

要知道，孔子可是非常推崇舜帝之道的。据传舜是黄帝的第八代孙，拥有极其高贵的血统，不过经过八代人的血脉传递，已经沦为了一介平民。舜帝的早期生活十分艰苦，生母早逝，父亲瞽叟眼盲，而继母却经常和弟弟象一起对舜进行迫害，甚至于多次想置其于死地。

相传，舜在二十岁的时候，便以孝行闻名天下。对于虐待、迫害他的父母非但没有记恨，反而一心一意地服侍他们，坚守孝道，所以在青年时期就被无数人所称赞。十年后，尧向四岳征询继任人选，这四岳便是四方诸侯之长。四岳知道舜的孝举，就推荐了舜。尧为了考察舜的品行和能力，选择将两个女儿嫁给舜。

舜不但使二女与全家和睦相处，而且在各方面都表现出卓越的才干和高尚的人格力量，只要是他劳作的地方，便会兴起相互礼让的风尚；即便是自己动手制作陶器，也能带动周围的人一丝不苟地工作，杜绝粗制滥造的现象。无论他到了哪里，人们都愿意追随他，因而形成了"一年而所居成聚，二年成邑，三年成都"的繁荣景象。

　　尧得知这些情况很高兴，他不仅给舜赏赐了绨衣（就是细葛布衣）、琴和牛羊，还为他修筑了仓房。舜得到了这些赏赐，自然令瞽叟和象十分眼热，他们再次萌生了杀掉舜，霸占这些财物的念头。瞽叟让舜修补仓房的屋顶，而他却在下面纵火焚烧仓房。舜靠两只斗笠作翼，从房上跳下，这才幸免于难。后来瞽叟又让舜掘井，井挖得很深了，瞽叟和象却在上面填土，要把井堵上，将舜活埋在里面。幸亏舜事先有所警觉，在井筒旁边挖了一条通道，从通道穿出，躲了一段时间。

　　瞽叟和象以为阴谋得逞，象说这主意是他想出来的，分东西时要琴，还要尧的两个女儿给他做妻子，把牛羊和仓房分给父母。象住进了舜的房子，弹奏舜的琴，舜去见他，象大吃一惊，很不高兴，嘴里却说："我思舜正郁陶！"舜也不放在心上，一如既往，孝顺父母，友善兄弟；而且比以前更加诚恳谨慎。

　　经过多方考验，舜终于得到尧的认可。选择吉日，举行大典，尧禅位于舜，是为舜帝。

　　孝者，大德也。无论身居何位，皆不可将赡养父母之责弃之不顾。北宋的黄庭坚，纵使身居高位，夜夜不忘亲自为母亲洗涤溺器，一天都不曾将做儿子的职责忘记；陆绩六岁时便懂得给母亲带橘子回去吃……类似的孝举还有很多，这足以证明，一个人若是懂得什么是孝，懂得如何遵孝，是多么重要的事情。

　　知孝，懂孝，遵孝，守孝，这是人生的必修课，如果连这几点都做不到，很难保证这个人的前途是光明的。

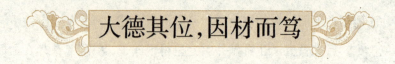

大德其位,因材而笃

【原典再现】

"故大德①必得其位,必得其禄,必得其名,必得其寿。故天之②生③物,必因其材而笃④焉。故栽者培之,倾者覆之。"

【重点注释】

①大德:指有大德的人。

②之:助词,无意义。

③生:产生。这里生物不是一个词。

④笃:厚待。

【白话译文】

"所以有很大的德行的人一定能够得到应有的地位和财富,名扬四海,享有很长的寿命。天地生一件事物,一定会根据它的材质来对待它。所以栽下去的要使它直着向上生长,倾斜着的要用土盖着(方便吸收土壤的营养)。"

【鉴赏评议】

一个人有多大的能力。就可以做多大的事情,就会得到多大的回报。"行人所不能行，忍人所不能忍"，这是很高的德行，会受到别人的敬重，得到上天的使命，同时也会得到"位""禄""名""寿"。不同的人本质不同，经历不同，所以能力和特长也不同。能担大任者，一定受过相应的磨炼。如果能力不足，却想着宏伟的目标，就是好高骛远，不能成功。所以我们要清楚自己的"材质"，欣然地去接受"打磨"，从根本上改变自己的材质，生铁百炼成钢，距离"大德"更进一步。

【深度解读】

善待众人，必得众心

周国原来只是商朝的一个附属小国，位于西部边陲，国君周文王在位五十年，仁政爱民，国力逐渐强大，只是周文王还没有看到商纣被灭就去世了。他的儿子武王姬发继承了他的王位。

此时，商纣王的暴虐统治使得商朝日渐衰败，但军事上仍存有较强的实力。尽管如此，武王已经断定商朝必将灭亡。他一方面积极备战，一方面等待时机。武王即位九年后，举行了著名的"孟津观兵"。两年后，武王起兵伐纣，于牧野之上，双方主力正式交手。商朝部队竟有十七万之众临阵倒戈，引导周军攻打纣王，最终攻破殷都，纣王登鹿台自焚，商朝灭亡。

灭商之战后，武王看到殷商的灭亡根源在于人心，因此，他吸取教训，对待百姓谦卑有礼，且以谦卑的态度向大臣们请教治国方略。武王在战后，向姜尚请教如何做善后处理："现在战事已结束，请您告诉我，该如何对待那些商朝的士人和百姓呢？"姜太公回答："俗话说，爱屋及乌，但如果

恨一个人，就连他家的篱笆都恨。以往灭了一个王朝，往往一个俘虏都不留，全部杀掉，以防日后谋反。您看，这主意怎么样？"

武王连连摇头，否定了这一说法。而后姜太公离开，邵公觐见。武王同样以这个问题请教，邵公说："挨个审查，有罪杀之，无罪释放。"武王还是不同意。

邵公离去，周公觐见，武王又以此问题相请教。周公说："他们原来住哪现在还住哪，该干什么还干什么，不应因为他们是前朝的臣民就歧视他们，大王应亲善爱民。如果前朝百姓有过错，请将责任加于我一人身上，请大王务必考虑我的建议！"

武王一听，倍感欣喜，感慨道："平定天下的人必须要有伟大的胸怀啊！"于是便依照周公的建议，对殷商留下的士人君子仁爱有加，还封纣王之子武庚为殷侯，继续治理殷民。他还下令释放被囚禁的百姓，修整比干之墓，又用原先商王搜刮的粮食和财物赈济百姓。此举无异于帮助武王收服人心，巩固新生政权。

由此可见，"大德必得其位，必得其禄，必得其名，必得其寿"确有必然性。对于立国来说，仁德是最重要的因素。有仁德的君主，才会得到人心，才会有所作为，才能令国家强盛。

在现实生活中，有德行的人永远比那些没有德行的人受欢迎，这就是得到人心。得到人心了，这些人自然就会支持你，你会将事情做得更好。

大德之人，受命于天

【原典再现】

"《诗》曰：'嘉乐君子，宪宪①令②德。宜民宜人，受禄于天，保佑命之，自天申③之。'故大德者必受命。"

【重点注释】

①宪宪：即"显显"，显明兴盛的样子。

②令：美好的。

③申：重申。

【白话译文】

"《诗经》上说：'高尚和善的君子，拥有美好的德行，能使人们安居乐业，从上天那里得到福禄，上天保佑他，赐予他重大的使命。'所以有高尚德行的人必定会承受天命。"

【鉴赏评议】

君子有高尚美好的德行，在生活中就会自然地体现出来。待人以礼，行事稳妥，这样就会让周围的人佩服和崇敬，慢慢地，人们就会主动地向君子

学习，效仿君子的作为，这个地方的风气就会越来越好。君子以一个人的行为改变了一地一时的习俗，这就承担了教化的使命，人们崇敬他，赞扬他，这就是上天借人民之手来保佑君子，赐予他福禄。

当上天有某种重大的使命要人们来完成时，一定会有一些征兆或者趋势使人们察觉到，这个时候君子就会勇敢地站出来接受这个使命，并且君子高尚的德行会使他获得人们的支持，成为承受天命的那个人。

这就是说，君子不经意间就具备了承担天命的条件，天命降临时也会在千万人中选出德行最高的人，这就是"大德者必受命"的原因。君子"居易以俟命"，平时则立德修身，等待天命。所以我们想要成为能够接受天命的那个人，就要在日常生活中严格要求自己，不断完善自己的德行。

【深度解读】

汤以德政国运昌

每个人来到世上，都有其存在的意义。天生我材必有用，只要自己不看轻自己，是金子总会发光的，尤其是生于逢时之际。适当的机遇是可以成就大业的。

商汤，子姓，名履。他原是夏朝藩国商国的君主，后在伊尹等人辅助下，陆续灭掉了周边的几个小国，为日后灭掉夏朝奠定基础。

此时夏王朝的统治者是桀。夏桀是历史上出了名的暴君。桀在位时，各国诸侯已经不来朝贺。夏王室内政不修，外患不断，阶级矛盾日趋尖锐，民不聊生，危机四伏。但夏桀不思进取，骄奢淫逸。据古籍记载，他"筑倾宫、饰瑶台、作琼室、立玉门"，还从各地搜寻美女，藏于后宫，日夜与妹喜及宫女饮酒作乐。据说酒池修造得大到可以航船，醉而溺死的事情时常发生，荒唐无稽，常使妹喜欢笑不已。

太史令终古看到夏桀这样荒淫奢侈，便进宫向夏桀哭泣进谏说："自古帝王，都是勤俭爱惜人民的力量，才能够得到人民的爱戴。不能把人民的血汗供给一人娱乐。这样奢侈，只有亡国。"夏桀听了很不耐烦，斥责终古多管闲事，终古知道夏桀已不可救药，心里明白夏一定要灭亡的，就投奔了商汤。

与夏桀相反，商汤在位时积极寻求治国之道。在伊尹辅佐下，他仁政爱民，布德施惠，重视商业，勤于政务，更加受到民众的爱戴。许多有志之士纷纷投入商汤帐下，为他效劳。当时的诸侯国之中有活人祭祀的传统，商汤感觉这种传统太不人道了，于是便废除掉，改用牲畜祭祀。商汤重视农业生产，同时也深知百姓疾苦，于是他多次减免黎民赋税。百姓见状，纷纷归附之。

商汤的仁德天下人皆知，各个诸侯国的国君也都纷纷归附于汤。

商汤以德服人，施行的仁政使得百姓和诸侯纷纷归附，壮大了自身的实力，使之有与强权相抗的能力。正是因为他的大德，所以他才能以七十里之地，率领诸侯灭夏建商，不仅自己荣登天子之位，坐拥天下，更在历史上享有盛名。

在现实生活中也是这样，我们生来就有使命，而这种使命感就是鞭策我们前进的动力之一。

宗庙飨之，子孙保之

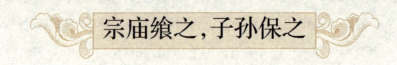

【原典再现】

子曰："无忧者其惟①文王乎！以王季为父，以武王为子，父作②之，子述③之。武王缵④大王、王季、文王之绪⑤。壹戎衣而有天下。身不失天下之显名，尊为天子，富有四海之内。宗庙飨之，子孙保之。"

【重点注释】

①惟：只有。

②作：创作。

③述：传述。

④缵：继续，继承。

⑤绪：前人遗留的事业。

【白话译文】

孔子说："（这天底下）没有忧虑的，恐怕只有文王了吧！王季是他的父亲，武王是他的儿子，文王继承了父亲的功业又把它传给子嗣。武王继承了曾祖父、祖父和父亲的事业，起兵推翻了商朝，成为天下的主人，自己在位时扬名于天下，拥有天子的尊贵地位，掌握四海，享受着宗庙的祭祀，子子孙孙保有他的功业。"

【鉴赏评议】

开篇说文王是最无忧的人，如何只提其父王季，其子武王，却对文王本人的功业只字不提呢？这里涉及一个传统的家族思想。后面的"父作之，子述之"讲的是一个传承，在精神、德行、信仰方面的传承。周朝的兴盛是从王季开始的，他秉承古公遗道，治理周宗，发展农业，推行仁义，使周逐渐强盛，成为西方霸主；周文王继承父业，在位期间，"克明德慎罚"，勤于政事，重视发展农业生产，礼贤下士，广招人才，使"天下三分，其二归周"，为武王灭商奠定了基础；武王会师孟津，于牧野大败纣王，建立周朝。一个家族一代又一代向着同一个目标不断努力，终于获得成功。

文王作为王季的儿子和武王的父亲，完整地看到了这个目标实现的过程，包括自己所做的努力带来的成果。在文王离世时，商朝已经是摇摇欲坠，西周则欣欣向荣，天下三分，其二归周，能亲眼见证伟大传承的实现，还有什么忧虑和遗憾呢？

【深度解读】

医者仁心，终得善报

孙思邈出生于一个贫穷的农民家庭。自幼聪慧过人，有过目不忘的本领，小小年纪便熟读老、庄及百家之说，被洛阳总管独孤信赞为神童。

因其体弱多病，十八岁立志行医，二十岁即开始悬壶济世。对于没有钱看病的人，他不但不收诊费和药费，而且还把房子腾出来给病人，亲自给病人煎药喝。救人如救火，人命关天，无论何时何地，只要有人请他看

病，他从不推辞，无论病人是谁，地位高低，他都一视同仁。

孙思邈的家乡生产药材。在他学习医书的时候，上面有些知识让他产生怀疑。于是，他翻山越岭，以采药之法一一进行验证。采药归来，他亲自加工药材，有时还亲自试用，感受其药性，辨识酸、甜、苦、辛、咸五味并加以准确注解。

孙思邈重视医德，"贵贱贫富，长幼妍蚩，怨亲善友，华夷愚智"皆一视同仁。声言"人命至重，有贵千金"。他认为，医生须以解除病人痛苦为唯一职责，其他则无欲无求，对病人一视同仁。

在孙思邈生活的那个年代，政治纷乱，天下不宁，疾疫盛行。很多人因得不到及时的救治，失去了生命。医生虽救死扶伤，但地位确实很低，所以当时的人都以行医为耻，而以升官发财为荣。

隋文帝鉴于其医术高明，曾请他出任"国子博士"，这是个很高的职位。但孙思邈不喜高官厚禄，托病不就，且继续隐姓埋名，游走于各地为百姓治病。

多年后，李世民率军在洪洞与刘武周进行决战，战斗中李世民负重伤，就连随军医生都束手无策。孙思邈听闻，不远万里来到前线，为李世民治伤。李世民登基后，想要表彰孙思邈之功，便将一个显赫的爵位授予他。但孙思邈推辞不受，继续在民间行医。唐高宗显庆四年，孙思邈奉召入京，为李治诊病。李治打算拜其为谏议大夫，但孙思邈又一次拒绝了。

他身体力行，一心赴救，不慕名利，用毕生精力实现了自己的道家医德思想，是我国医德思想的创始人，成为中国古代当之无愧的著名科学家、思想家、医学家。

孙思邈在唐永淳元年，也就是公元 682 年，以百岁的高寿去世。他的长寿，不得不说是一个奇迹。即使是现在这样科技发达的时代，百岁以上的老人都凤毛麟角，更何况是古代。究其原因，应该与他注重养生是分不开的，而且还和他仁义为怀的医者之心有关。所谓"圣德之人福寿长"，说的就是这个意思。

孙思邈因为他在药学领域的研究，被尊为"药王"，其高超的医术以及仁义为怀的医德，也成为后世之楷模，被后人永远铭记。

医者仁心，这句话不是一句口号。身为医生，必须以病人的生命为重。在电视剧《心术》之中，有这么一句话："作为一个医生，首先，你要有仁心，其次才是仁术。"这就是说，作为医生，必须要有医德，医术再高的医生，没有医德一样白费。

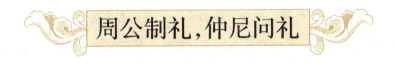

周公制礼，仲尼问礼

【原典再现】

"武王末①受命，周公②成③文武之德，追王④大王、王季，上祀先公以天子之礼。斯礼也，达乎诸侯大夫，及士庶人。父为大夫，子为士，葬以大夫，祭以士。父为士，子为大夫；葬以士，祭以大夫。期之丧达乎大夫，三年之丧达乎天子，父母之丧无贵贱一也。"

【重点注释】

①末：末期，就是武王晚年。

②周公：姓姬名旦，是周文王姬昌第四子，周武王姬发的弟弟，曾两

次辅佐周武王东伐纣王，并制作礼乐。因其采邑在周，爵为上公，故称周公。周公是西周初期杰出的政治家、军事家、思想家、教育家，被尊为"元圣"和儒学先驱。

③成：成全。

④王：此处作动词，以……为王。

【白话译文】

武王在晚年受命（掌管天下时间很短就去世了），周公成全文王和武王的德行，追认大王和王季为王，祭祀先人时用天子的礼节。周公制定的礼节，往上直到天子、诸侯和大夫，往下直到士和一般的平民百姓。如果父亲是大夫，儿子是士，那么送葬的时候用大夫的礼节，而祭祀的时候用士的礼节；如果父亲是士，儿子是大夫，那么送葬的时候用士的礼节，祭祀的时候用大夫的礼节。一年之期的丧礼，大夫都要遵守，三年之期的丧礼，天子也要遵守，父母的丧礼，不分贵贱，全部都是一样的。

【鉴赏评议】

这一节讲的是周公创制的礼法。礼节的历史可以追溯到更早，孔子说："殷因于夏礼，而有所损益，周因于殷礼，而有所损益。"可见至少在夏朝的时候已经有礼存在了。西周初期，在周公主持下，对以往的宗法传统习惯进行补充、整理，制定出一套行为规范以及相应的典章制度、礼节仪式，大到国家的政治制度，小到个人的日常行为，比以往更加系统和完善了。

周公为何要制礼呢？当今得到公认的说法是为了维护宗法等级制度以巩固周王朝的统治，这是统治者们必然的要求。但不可否认的是，它有效地推动了文明的发展。举例来说，西周初年，世风硗薄，婚俗混乱，为整饬民风，周公把婚礼从男女说亲到嫁娶成婚分纳采、问名、纳吉、纳征、请期、亲迎、敦伦七个环节，每个环节都有具体细致的规定，合称"婚义七礼"。类似的祭祀、朝觐、成人、丧事等，都有相应的礼节约束，使人们做事有据可循，有礼法可依。

【深度解读】

仲尼问礼

中国，自古以来便以礼仪著称，被誉为"礼仪之邦"。而中国的古代，也是一个礼法社会。礼法，融合了哲学家的思想、法学家的智慧以及政治家的实践。人与人之间的关系礼法，是为了稳定社会秩序，为了维护统治者的统治以及社会的安定。

据说，当初晋国想要"铸刑鼎"，遭到了孔子的反对，因为在孔子看来，这意味着重法而轻礼。一旦晋国"铸刑鼎"公布刑书，人们便会抛弃礼仪法度，这样一来传统的宗法等级秩序也就难以为继了，这令孔子十分担心。

孔子非常重视学习礼仪，还专门去拜访大思想家老子学习礼法。后来，孔子带着弟子南宫敬叔到周朝的太庙进行参观，忽然，南宫向孔子提问道："先生，周朝有郊祭和社祭，但为什么鲁国只有社祭而没有郊祭呢？"孔子支支吾吾，一时半会也没能回答。

第二天，孔子去找到老子，请教这个问题。老子说："当年周公制礼，规定郊祭独属于天子，而且郊祭祭天，社祭祭地；天子奉天承运，因此郊祭只属天子所有；社祭是祭祀地神，为了农事而祈祷。古礼说'天子祭天地，诸侯祭社稷'。而且社也分大小级，天子大社，祭九州之土；诸侯国社，祭一国之土；乡大夫置社，祭一乡之土。鲁国是周王朝的后裔，理应谨遵周朝之礼，故只行社祭不行郊祭。"孔子听闻，更加深了对于礼

制的认识。

中庸之道，主要的一个体现之处就在于谨守礼仪法度。尽管当今社会已进入法治社会，可无论在何时何地，我们都会受到礼制的影响，比如文明用语的使用、逢年过节时的一些习俗等，我们总能在这些行为之中看到悠久的礼制的身影。

古礼带给我们的影响是悠远的，它伴随着我们的人生，带给我们的文化底蕴是深厚的，我们有责任、有义务将其发扬光大。

行孝之法，善人之意

【原典再现】

子曰："武王、周公，其达①孝矣乎！夫孝者：善②继人之志，善述人之事者也。春秋修其祖庙，陈③其宗器，设其裳衣，荐④其时⑤食。"

【重点注释】

①达：达到。

②善：善于，擅长。

③陈：陈列。

④荐：进献。

⑤时：应时的。

【白话译文】

孔子说："武王和周公应该算是孝子了吧！所谓孝顺的人，就是善于继承先人的志向，善于传述先人的事迹的人。每到春天和秋天就打扫、修缮他们的祖庙，摆放好宗族的器物，把祖先们的衣物拿出来放好，把应时的食物进献给祖先。"

【鉴赏评议】

武王周公实现前人遗志并使先人扬名，孔子赞叹他们是孝子。那么，作为一个孝子，如何纪念先人呢？其实就是时时刻刻不忘先人，无论有什么事都先考虑先人。定期打扫他们的住处，把他们喜欢的东西、想见的东西都放在他们面前，得到什么珍稀物件也要先给祖先过目，子孙有出人头地者，也要及时告知祖先，这就是对先人的孝敬了。

古人相信神明和在天之灵的存在，所以时有祭祀，相信先人们可以感受到子孙的祭拜，可以接收到子孙们传达的信息。这样先人们就会在无形中保佑着家族，使家族人丁兴旺，运道昌隆。在古代，即使官员有罪，祭祀的产业也是不入官的，想是因为念及先人功德吧。现在虽然不信鬼神，但是祭祖仍是必行之事，一是表达对先人的孝敬和追忆；二是增强家族的荣誉感与凝聚力，激励子孙奋发向上，兴旺家族。

【深度解读】

承父遗志，完成大业

李存勖，是后唐的缔造者，为后唐庄宗。他是李克用的长子，自幼体貌出众，且聪慧过人，擅长骑马射箭，而且胆力过人，李克用十分宠爱这

个儿子。李存勖少年时便跟随李克用南征北战，十一岁就与父亲到长安向朝廷报功，得到了唐昭宗的赏赐和夸奖。因昭宗对李存勖说了一句"此子可亚其父"，遂得名"亚子"。

受到了如此高的评价，李克用自然对这个长子寄予了更大的厚望，而渐渐长大的李存勖也在逐渐证明自己，没有让他的父亲失望。他文武双全，不单善于骑马射箭，又精通《春秋》，而且喜欢音乐，懂音律，无论是听戏演戏，李存勖都是行家。他称帝后经常与伶人同台演戏，还给自己起了个"李天下"的艺名。李存勖最为擅长领兵。李克用的部将多年随李克用征战，经常受到赏赐，再加上李克用一味地姑息迁就，致使兵将骄悍，肆意扰民。李存勖非常担心这种情况，便请求父亲严肃军纪，但李克用却毫不理会，依旧听之任之。李克用死后，李存勖便立即整顿军队，这样一来，便将全军的战斗力大幅度提升了。

后梁开平二年正月，李克用病死，李存勖于同月继晋王之位。料理完李克用的丧事，他就设计捕杀了试图夺位的叔父李克宁，并率军解潞州之围。李存勖认为潞州是河东屏障，没有潞州会对河东不利，所以他立即率军从晋阳出发，直取上党，趁着大雾突袭围潞州的梁军，大获全胜。李存勖的用兵之奇使梁太祖朱全忠大惊，他说："生子当如李亚子，克用为不亡矣！至如吾儿，豚犬耳！"

当年李克用临死时，把三支箭交给李存勖，并叮嘱三件大事要他完成：一是讨伐刘仁恭，攻克幽州；二是征讨契丹，解除北方边境的威胁；第三件大事就是要消灭世敌朱全忠。李存勖把这三支箭供奉在家庙之中，每次出征之前，他就派人取来，放在精制的丝套里，带着它上战场，打了胜仗，乘胜而归后，又送回家庙继续供奉，以此向列祖列宗表示自己完成了任务。

公元 911 年，李存勖在高邑将朱全忠亲自统帅的五十万大军大败。接着又攻破燕地，活捉刘仁恭并押同太原。三年后，他又大破契丹兵，解除了北方的威胁。后梁贞明二年，河北各州县已尽归李存勖所有。

后梁龙德三年四月，他在魏州建国，国号为大唐，不久后将都城迁往洛阳，年号为"同光"，历史上称为后唐。同年十二月，李存勖率军袭取大梁，统一北方。经过十多年的艰苦作战，李存勖基本上完成了父亲的遗命。

李存勖时刻不忘父亲临终时的嘱咐，最终完成父亲遗志，统一中国北方，开创大业。他的功绩，想必也可以告慰其父的在天之灵了。

凡事有礼，做事有理

【原典再现】

"春秋修其祖庙①，陈其宗器②，设其裳衣③，荐其时食④。宗庙之礼，所以序昭穆⑤也。序爵⑥，所以辨贵贱也。序事⑦，所以辨贤也。旅酬⑧下为上，所以逮贱也。燕毛⑨，所以序齿也。"

【重点注释】

①春秋修其祖庙：每逢春秋两季举行祭祀的时候，要修整好祖宗的庙宇。春秋，本指季节，这里指祭祀祖先的时节。修，修整。祖庙，供奉祖先牌位的处所。

②陈其宗器：陈设着祭祀祖先时需用的器皿。陈，陈设。宗器，祭祀祖先需用的器皿。

③裳衣：祖先生前穿过的衣服。裳，指下装。衣，指上装。

④荐其时食：敬献出时令食品。

⑤昭穆：宗庙中神主牌位的序列，一般始祖居中，以下父子按左昭右穆顺序排列，这里指祭祀时排列出父子、长幼、亲疏的次序。

⑥序爵：祭祀时，参加祭奠的人员按官爵大小，以公、侯、卿、大夫四等顺序排列。

⑦序事：按照在祭祀时所担当的职务来排列次序。

⑧旅酬：众人举杯互相劝酒、酬唱。

⑨燕毛：宴饮时依照毛发颜色区分长幼。燕，同"宴"。

【白话翻译】

每逢春秋两季举行祭祀的时候，要修整好祖宗的庙宇，把祭器摆列好，铺陈祖宗曾经穿过的衣裳，把时鲜的果品陈设在供台上。宗庙的祭礼，是用来排列昭穆的次序的。按官爵排列次序，是用来区分贵贱的。按职务排列次序，是用来区分贤与不贤的。兄弟间按次序敬酒，是用来表明把祖宗的恩荣赐给年幼的人。按年龄大小安排宴会的座次，是用来排列长幼顺序的。

【鉴赏评议】

中华上下五千年，一直被世人认定为礼仪之邦。我们为人处世讲礼，治国以礼，孝道是礼。孔子将复兴周礼作为最高的精神追求，克己复礼是他的道德标准。

中国古代，一直处于人治社会，制定的法律以当权阶级利益为准则，"礼"这个字就是"理"，让我们规范自己的行为，一旦越过礼的道德标准，就会遭到惩罚和唾弃。所以当法律不健全的时候，"礼"的出现就弥补了这个缺陷。

古代官员想要违法乱纪的时候，虽然法律的空缺使得对他们制约的幅度不大，但是民众有着礼法的认识，但凡为政者不仁不义，不守孝道，都将会被诟病，对他们的政途有很大的影响。

所以，虽然前文对礼法的一些解释在现在的我们看来有些苛刻，但是在古代，却是人们的最高道德准则，上至王公大臣，下至平民百姓，都要追寻礼的约束，甚至可以说，最高统治者可以违法，但是绝对不能违礼。

礼的出现和对人做出的一系列约束，在古代利大于弊，因为它为维护社会的秩序安定做出了巨大的贡献。

【深度解读】

以礼为准，和谐安稳

说到"礼"这个字，多少鸿儒学者对此论题可以苦心研究一辈子，因为这是儒家的至高标准。荀子认为："人无礼，则不生；事无礼，则不成；国家无礼，则不宁。"他的意思是说：一个人如果不遵循礼仪，行为没有章法，为非作歹，那没他就会收到讲礼的人的排挤，因为人人都讲礼，就他不讲，那么他就不能在这个讲礼的社会生存。同样的，如果我们做事不遵循一定的常理，投机倒把，那么这些事情迟早都会败露，就没有成功的可能。从人生到社会，再从社会到国家，如果一个国家到处都是作奸犯科

的人，那么这个国家将永无宁日。

说到一个人要讲理，首先就想到了孔融让梨的故事。

孔融，字文举，东汉时期山东曲阜人，是孔子的第二十世孙，他是泰山都尉孔宙的第二个儿子。孔融七岁的时候，有一天，正好是他祖父六十大寿，来了很多客人。他的父亲在寿台上面摆了一盘酥梨。孔融的母亲叫他把梨分了。于是孔融就按长幼次序来分，最大的哥哥拿最大的，二哥次之，以此类推，每个人都分到了自己的一份，唯独留给自己的那一个是最小的。父亲奇怪地问他："为什么别人都分到大的梨子，你自己却分到小的呢？"孔融从容地答道："树有高的和低的，人有老的和少的，尊敬老人和长辈，尊敬兄长，爱护弟弟是做人的道理！"他的父亲听到这样的回答很是高兴。

做人讲道理，做事就要讲究规则。俗话说得好，没有规矩不成方圆。

战国时期，赵国税官赵奢执法严明，办事公正。有一次，他到赵惠文王的弟弟平原君赵胜家去收田税，遇到平原君的管家仗势欺人，带头抗税，于是赵奢就把他杀掉了。

平原君不服气，赵奢就给他讲法制对一个国家的重要性，说："君于赵为贵公子，今纵君家而不奉公则法削，法削则国弱，国弱则诸侯加兵，诸侯加兵是无赵也，君安得有此富乎？以君之贵，奉公如法则上下平，上下平则国强，国强则赵固，而君为贵戚，岂轻于天下邪？"赵奢的一番话感动了平原君，平原君就推荐赵惠文王重用赵奢。

其实赵奢的话说的道理很简单，他的意思就是说，平原君，你现在贵为赵国尊贵的公子，纵容家臣做违法犯罪的事情并且包庇他，这不是违法犯忌的事情吗？然后他把这个事情上升到国家的高度，既给了平原君以压力，又给平原君戴了一顶高帽子。平原君于情于理都要遵循规则。

同样，平原君也给了赵奢极高的评价，不计前嫌地举荐他。在一个国家里，统治阶层都遵循着礼法规矩，君臣相宜，何愁国家不强大？

平原君，不愧是当时有名的贤臣，从他行为中，我们可看到中庸之道。首先平原君为了家臣而问罪赵奢，这是他理亏，王子犯法与庶民同罪，赵国当时经过了公仲连变法，所以国家对法治的要求比春秋以前要严厉许多。然后平原君听了赵奢一番耿直的言论，低下高贵的头颅向赵奢道歉不说，还向赵王举荐赵奢。向民众塑造了一个谦虚知礼的统治者形象，扭转了庇护家臣的不利形象。

所以说，在古代社会，礼法就是一个国家的轨道，无论是统治者还是被统治者，人人都要遵守，国法乱了，天下也就乱了。到了明清两代，封建君主制到达顶峰，皇帝集权于一身，能制约他们、让他们不乱来的就只有礼法了。我们常常在影视作品中听到大臣向皇帝劝说，第一句话通常是："陛下，宗法不可违。"这里的宗法就是祖宗法制，也是礼法的一种。

"春秋修其祖庙，陈其宗器，设其裳衣，荐其时食"，是祭祀之礼；"序爵，所以辨贵贱也"，这是职位大小的礼；"序事，所以辨贤也"，这是做事的礼。到了现代社会，少了烦琐的礼节，多了精神的礼仪。现代的"礼"就是文明，尊老爱幼、孝敬长辈、兄友弟恭、爱国敬业等，这些都是"礼"。

孔子说过："不学礼，无以立。"人与动物的区别就在一个"礼"字上了，不学习礼，怎么能在人类社会立足呢？

当我们讲礼时，不要把礼只当成一种形式。比如晚辈对长辈鞠躬时，我们要从心里尊敬他们。讲礼又有什么不好呢？不需要花费任何金钱，又能提高自己的精神层面，拉近人与人之间的距离，我们何乐而不为？

礼是人们在社会交往中的行为规范和准则。它是德育的一个重要组成部分，是道德修养的外在体现，是一个国家文明的标志。作为古老而又文

明的中国人，我们更应该加强道德修养。中华文明，就文明在其源远流长的历史上，我们创造出许多有价值、有意义的文明，礼法在代代相传中发挥了其重大的价值，其中的精华也应给今人以启发和指导。

做人做事，恰到好处

【原典再现】

"践其位①，行其礼②，奏其乐，敬其所尊③，爱其所亲④，事死如事生，事亡如事存，孝之至也。"

【重点注释】

①践其位：各就各位，坐在与各人身份相称的位置上。

②行其礼：行先王遗传下来的祭祀礼节。礼，这里指祭祀的礼节。

③尊：敬重的（人）。

④亲：爱护的（人）。

【白话翻译】

"祭祀的人走到祖宗的牌位前，行先王遗传下来的祭祀礼节，演奏先王时代的乐曲，恭敬先王所敬重的，体恤先王所爱护的。侍奉死者就像侍奉活人一样恭敬；侍奉亡故的先人就像他们仍活在世间一样。能做到这些，便是最大的孝了。"

【鉴赏评议】

在中国古代，人们对死亡的态度是超然的，不是不怕死，而是他们相信轮回转世，相信死后其实是以另一种形式生存的。所以这句话中充分体现出一个观点，那就是生前和死后都需要祭奠。甚至人们非常看重死后的孝道，所以就有了宗庙之类的东西来缅怀先辈。

对待自己长辈，我们不仅要在他们生前努力尽孝，在他们逝世后，也要追思缅怀。同时我们也从中看出古人的一个想法：所有人都害怕被遗忘，都说人死如灯灭，但是若能流芳百世，倒也没有畏惧了。

孟子曰："养生不足以当大事，惟送死可以当大事。""养可能也，敬为难；敬可能也，安为难；安可能也，卒为难。"倘若死后，后辈不能尽到"慎终追远"的孝道，那么生前再如何孝顺都是没有用的。

孝是儒家理论的一个重点范畴，修身需要做到孝，因为这是一个品德；齐家需要孝，因为这是一种生存之道；治国平天下也需要孝，因为这是一个治国方针。从西汉始，就有以孝治国的方针政策。外戚之所以能肘制皇帝，原因就在一个孝字上了。

【深度解读】

为人处世，认清自己的地位

在现实生活中，我们常说在其位则谋其职，就是说，一个人要对自己的处境有所认识，才能对自己的事情有所作为。

人生在世，有些人终其一生都不能认清楚自己。自视甚高、自命不凡有之，妄自菲薄、过度自卑亦有之。这两者都是不可取的。一个人要是不

能认清楚自己所处的地位，就正如一个手无缚鸡之力的人要去战场打仗，结局往往是致命的，比如说杨修之死。以下他做的五件事情，让我们看起来都是确实聪明，却又是自作聪明。

第一件事情：阔园事件。

有一次，曹操造了一所花园。造成时，曹操前去观看，没有夸奖和批评，就叫人取了一支笔在花园门上写了一个"活"字便走了。大家都不了解其中的含义。杨修对工匠们说："'门'添活字，就是'阔'字，丞相嫌你们把花园门造得太大了。"于是重新建造园门。完工后再请曹操去观看。曹操很喜欢，问道："是谁知道了我的意思？"下人回答："是杨修！"曹操虽表面上称好，而心底却很嫉妒。这在无形中犯了曹操的大忌。

第二件事情："一合酥"事件。

有一天，塞北进贡给曹操一盒酥。曹操在盒上写了"一合酥"三个字放在案头。杨修见到了，竟然取勺子和大家将酥吃完了。曹操问其原因，杨修回答说："盒上明明写着'一人一口酥'，怎么敢违背丞相的命令呢？"曹操虽然大笑，而心里却厌恶杨修。

第三件事情也是曹操不得不杀他的事情：参与王子们的争斗。

曹操的三儿子曹植，欣赏杨修的才华，经常邀请杨修谈论，终夜不休。曹操与众人商议，想要立曹植为世子。曹丕知道这件事情后，秘密地邀请朝歌的长官吴质到他家里商议，因为怕有人觉察到，于是把吴质藏在大簏子中，只对外说里面是绢匹，运到曹丕府中。杨修知道这件事情后，直接来告诉曹操。曹操派人到曹丕的府中门口观察。曹丕知道后惊慌地告诉吴质。吴质说："不要担心，明天再用大簏子装上绢匹，还运进府中来迷惑他们。"曹丕按照吴质的话，又用大簏子载了一些绢匹运进府中。曹操的使者搜查簏子，果然是绢匹，就回报曹操，曹操因此怀疑杨修诬陷曹丕，更加讨厌杨修。

杨修此人真真犯了曹操大忌，作为一个臣子，应该时刻忠于自己的君上，而不是君上的子女。这是一个做臣子的本分。杨修看低了曹操的猜疑之心，也高看了自己的地位，曹操并不是非他不可的，这一点他没有想清楚。

第四件事情："梦中"杀人事件。

曹操害怕有人暗自谋害自己，常吩咐侍卫们说："我梦中好杀人，凡是我睡着的时候，你们切勿靠近我！"有一个晚上曹操在帐中睡觉，被子落到了地上，近侍慌忙取被为他覆盖。曹操立即跳起来拔剑把他杀了，然后继续上床睡觉。半夜起来的时候，他假装吃惊地问："是谁杀了我的侍卫？"大家都以实相告。曹操痛哭，命人厚葬近侍。人们都以为曹操果真是在梦中杀人，唯有杨修知道了他的意图，下葬时叹惜地说："不是丞相在梦中，是你在梦中呀！"

第五件事情："鸡肋"事件。

曹操聚集兵队想要进兵，又被马超拒守，欲收兵回都，又怕被蜀兵耻笑，心中犹豫不决，正碰上厨师进鸡汤。曹操见碗中有鸡肋，因而有感于怀。正沉吟间，夏侯惇入帐，禀请夜间口号。曹操随口答道："鸡肋！鸡肋！"夏侯惇传令众官，都称"鸡肋"。

行军主簿杨修，见传"鸡肋"二字，便让随行士兵收拾行装，准备撤兵。有人报告给夏侯惇。夏侯惇大吃一惊，于是请杨修至帐中问道："您为何收拾行装？"杨修说："从今夜的号令来看，便可以知道魏王不久便要退兵回都。鸡肋，吃起来没有肉，丢了又可惜。如今进兵不能胜利，退兵让人耻笑，在这里没有益处，不如早日回去，来日魏王必然班师还朝。因此先行收拾行装，免得临到走时慌乱。"夏侯惇说："先生真是明白魏王的

心思啊！"然后也收拾行装。于是军营中的诸位将领，没有不准备回朝的。

结果当天晚上，曹操要睡觉的时候恰好心烦意乱，想要出去走走，于是拿起刀斧去查营房，看到士兵们在收拾东西，感到很吃惊，连忙找来夏侯惇问他是怎么回事。夏侯惇老老实实地告诉曹操是杨修说的话。曹操大怒，说杨修造谣，动摇军心，于是就要刀斧手将杨修杀了，头悬挂在军营的辕门之外，以儆效尤，心中也算是出了一口气，除掉了杨修这个眼中钉。

杨修之死究其原因大约是这两点。

第一，杨修虽有才华，却没有大到能掩盖曹操想杀他的心。

第二，中庸讲究不显山不露水，为人谨慎，处事低调。但凡能做到其中一点，曹操都不会毫无留恋地杀了他。

当然，到了现在社会，这些处世法则换了。我们常常说要积极地表现自己，处事可以高调，但是做人还是要低调的，为人处世总是要恰到好处才好。

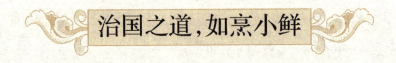

治国之道，如烹小鲜

【原典再现】

"郊社之礼①，所以事上帝也。宗庙之礼，所以祀乎其先也。明乎郊社之礼、禘尝之义②，治国其如示诸掌乎③！"

【重点注释】

①郊社之礼：周代，冬至祭天称郊，夏至祭地称社。统称祭祀天地神明。周朝时，在冬至这一天于南郊举行祭天仪式，称为"郊"；在夏至这一天于北郊举行祭地仪式，称为"社"。

②禘尝之义：禘礼与尝礼的并称，这里代指四时祭祀。周礼，夏祭曰禘，秋祭曰尝。古代常用以指天子诸侯岁时祭祖的大典。禘，乃是指天子宗庙举行的隆重祭礼，五年一次大祭，极为隆重，只有天子有权举办。尝，秋祭，为宗庙四时祭祀之一，每年秋季举行。

③如示诸掌：就像人们看到自己的手掌一般。示，同"视"。

【白话翻译】

"冬至时在南郊举行的祭天的礼仪和夏至时在北郊举行的祭地的礼仪，是用来侍奉天神和后土的。在宗庙举行祭祀礼仪，是用来祭祀祖先的。明白了祭祀天地的礼仪，明白了天子在夏季和秋季举行的盛大祭祀礼仪的含义，要治理好国家就像把东西放在手掌上来看那么清楚明白。"

【鉴赏评议】

前面一章说到孝道，这章讲述的是祭祀的礼仪，但是我们依然能从其中看到为人处世的章法。孔子也把"祭祀"的一些章程和治理国家做了比较。

要想治理国家，就必须先了解这个国家。没有调查就没有发言权，如果对一个事情没有具体的认知，如何能去摸清它的规律？

孔子之所以做这样的比较，也有他的道理。

先秦时代的政治还是"嫡长子继承制"，但是如果这个嫡长了没有能力

继承，他底下的兄弟们不服从他时，祭祀的作用就显现出来了。每逢祭天，他们该站的位置，该做的事都有详细的说明。

所以祭祀其实是与政治挂钩的，这就是孔子为何要做这样的比较的原因。

谈到治国，却也是一门大的学问。治理一个国家，并不单单需要一个杰出的君主，还需要在一旁默默辅助的贤官们，更要有一群爱国信国的人民，君主就相当于烹饪中必需的油，而贤官们则是不可少的佐料，人民就是要精心控制的火候，这三样当中，若一样没做到位，那这盘菜也就无法色香味俱全了，这不单单是留下了遗憾，也使国家得不到更好的治理。

【深度解读】

创新务实，改革进取

如何治国，是一个永不褪色的谈论热点，无论何时何地，治国思想始终是学者口中津津乐道的话题，因为只有把国治好，人民才能过上丰衣足食的日子，才能国泰民安。

百家争鸣时期，儒家孔子提倡"仁""德治"，就是说统治者要爱民，拥有一颗仁慈的心，对人民施以宽厚的政策，这样才能得到民心，从而巩固国家统治。而孟子发展了孔子关于"仁"的思想，提出"仁政"和"民贵君轻"的治国理念。

道家老子崇尚自然，倡导无为，这一思想在西汉初年被汉文帝所采纳，通过无为而治取得了"文景之治"的成效。法家的韩非子主张以法治国，强调法的作用，认为法是治国的不二法门，提出"刑过不避大臣，赏善不遗匹夫"的思想观念，这句话是说：惩罚罪过不避让大臣，赏赐善行不遗忘百姓。指惩罚和奖赏应一视同仁，不应因人的地位不同而区别对待，法律面前人人平等，没有地位高低之分。

秦国重用法家思想，以法为教，进行改革，通过商鞅变法，逐渐走向强大。其变法内容详备，面面俱到。它将法渗透到各个方面，使人民遵纪守法，官员依法行事，国家大小事物有法可依，按法办事，从而使原本弱小的秦国强大到灭了六国，创建了统一的多民族国家。

而北宋时期的统治者却是反道而行，只注重政治而忽视农民生活，土地兼并严重，压榨农民，导致农民无法过上温饱的日子，久而久之，造成了积贫的现象。宋太祖重文轻武，将地方武将收归中央，派文官担任地方长官，虽然加强了中央集权，但地方势力太过弱小，武将得不到重视，日复一日，年复一年，便形成了积弱的现象。

秦国和北宋，就实力而言，秦国在初期是比不上北宋的，但弱小的它能崛起，一步一步成为吞并六国的强国，除去它本身的优势，一个关键的原因是它进行了适合自己的改革，正确找到了自己的方向与出口。就像烹饪一样，如果你的水不够滚烫，如何煮熟食物；如果你的盐放多了或少了，那菜的味道不是咸了便是淡了；如果你的火候把握得不对，那不是糊了就是生的。北宋则是把火候调得太大了，超出了菜所能承受的极限，白白地将一盘上好的菜给浪费了，最后北宋因国力不支败于金。

国家的兴衰与本国所实施的政策密切相关，和人民也是密不可分的，孟子曾说"民贵君轻"，荀子也主张"君舟民水"，他们都认为人民比君主更为重要，想要稳定国家，必先稳定民心。治国首要先使人民得以安居乐业，才能使国家富强。

说到治国，应先理解何为国？在古人眼里，国即是君主所占领的土地，也是自己生活的地方，自己的故乡。在自己所属的国中，若生活幸福，每

个人便会有一份爱国之心，当自己国家受到威胁时，会义不容辞地站出来，例如当秦王要灭掉燕国时，荆轲挺身而出，留下一句"风萧萧兮一水寒，壮士一去兮不复还"的名句。

在现代人的眼中，对于国有了更深的理解，它不再是君主所占领的土地，而是属于人民的土地，人民当家做主，每一个公民都要对国负责，都有维护国家的安全与荣誉的义务。

治国是一门学问，从古至今，治国理念在不断更新发展，今后亦是如此，这门深奥的学问将伴随历史发展的潮流逐渐完善。

第五章　哀公问政，何以治国

　　为政者，上到统治阶级，下到老百姓，都对一个国家的繁荣昌盛和长治久安起到了重要作用。到了现代社会，这个道理同样适用，哀公问政，先贤之德，值得我们好好学习。

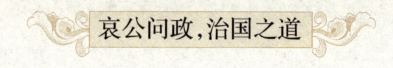

哀公问政，治国之道

【原典再现】

哀公问政。子曰："文武之政，布在方策①。其人存②，则其政举；其人亡，则其政息③。人道敏政④，地道敏树。夫政也者，蒲卢⑤也。故为政在人，取人以身⑥，修身以道，修道以仁。"

【重点注释】

①布在方策：记载于方册之中。布，陈列。方，书写用的木板。策，书写用的竹简，古时候用木板竹简记载政事。方策即"方册"之意。

②其人存：倡导某项政治措施的人处于相应的位置。其人，指文王、武王。

③息：灭，消失。

④人道敏政：人对政令的反应是敏锐的。人道，人的天性。敏，迅速，敏锐。

⑤蒲卢：即蒲苇。

⑥取人以身：意味着要得到贤臣的辅助，君王就要加强自身的道德修养。

【白话翻译】

鲁哀公问为政的道理。孔子回答说："周文王和周武王的施政，都记载在竹简和木牍上面。当他们在位的时候，他们的教化就能施行；他们死了，他们的教化也就灭亡了。以人来施政的法则，是希望政教能快速推行，而利用土地种树的法则，是使树木快速生长。施政的道理，是希望如同蒲卢一般快速滋长。所以为政之道，在于得到人才，而得人才的方法，在于领导者能修养自身，以德行感召人才。"

【鉴赏评议】

纵观《中庸》全篇，哀公问政，是整篇文章的重点内容，讲述了当政者的为政之道。该怎样治理国家和人民，这是历来所有政治家们探寻的问题。

孔子将施政比作种树，将施政过程比作"蒲苇"，蒲苇是一种柔韧且生长快速的植物，施政也是这样，推行政令的时候一定要迅速，做好一系列的准备方案，因为时机不待人，一旦更换了统治者，就会有新的政令出来。孔子向哀公提出了这个问题的应对方法。将一种治国理念传承下去，需要为政者"为政在人，取人以身"，统治者以身作则，加强自身的修养。孔子认为，上行下效中，关键是在"上"。

当然，这里孔子所阐述的中心实际上还是在个人的修养上，而非政治。他所提倡的是"人的本身"而不是行为的本身。这两者是有区别的，内心和行为的步伐有些时候并不相同。比如说，一个人内心中想着某种恶念，做的却是善事。当然这种比喻只是一个极端的说法。

哀公问政这篇的关键就在于"上"，我们可以把全篇看成是一则劝谏君王的谏疏，是一篇集合了儒家修身与治国辩证关系的精华的文章，被历代明君推崇。

【深度解读】

为政在人，取人以身

在论述施政理念的时候，孔子提到了一个尖锐的问题："其人存，则其政举；其人亡，则其政息。"这是政权交接所带来的一系列的复杂且矛盾的问题。

封建政治的继承原则是：父死子替，兄终弟及。第一重矛盾是，当一位皇帝死亡后，大多由其儿子即位。当他的政令不再符合当时国情需要，他的儿子要推行新的政令时，会受到巨大的阻碍。这些阻碍来自于前文所说的孝道，我们常听到一些"祖宗之法不可违"的封建言论。第二重矛盾是，如果皇帝推行的政治方针是正确的，符合国情，但是他死后，他的继任者要改变这些方针，又该如何？所以，这些问题是非常矛盾的，让人不得不深思。

当年汉武帝要启用儒家理念来作为治国指导思想时，受到了来自于以窦太后为首的黄老思想的拥护者的反对，改革不了了之。

汉武帝登基之初，汉朝建立已经有六十多年了，天下安定，朝廷大臣们都希望天子举行祭祀泰山和梁父山的封禅大典，改换确定各种制度。而汉武帝也崇尚儒家的学说，就通过贤良方正的科目招纳贤士。赵绾、王臧等人想要建议天子按古制在城南建立宣明政教的明堂，作为朝会诸侯的地方。他们所草拟的天子出巡、封禅和改换历法服色制度的计划尚未完成，正赶上窦太后在推崇信奉黄帝、老子的道家学说，不喜欢儒术，于是派人私下里察访赵绾等人所干的非法牟利之类的事情，传讯审查赵绾、王臧，赵绾、王臧自杀，他们所建议兴办的那些事情也就废止了。

乱世要统一，需用法家；统一初期要运用黄老思想，休养生息；而到了太平年代，则要运用儒家来开创盛世。

西汉初期，民生凋敝，百废俱兴。不得不推行无为而治的思想，汉文帝和汉景帝也继承其意志，不敢有所违背。所以老庄思想经过三代帝王的推行，早已深入人心，汉武帝的变革是非常困难的。这就到了我们所说的，第一重矛盾。当汉武帝终于完成"罢黜百家，独尊儒术"，也就完美地解决了这个矛盾。

而第二重矛盾，简单来说就是乱改革的问题。

历史上最著名的乱改革"王莽新政"，是新朝皇帝王莽为缓和西汉末年日益加剧的社会矛盾而采取的"托古改制"。包括土地改革、币制改革、商业改革和官名县名改革。

初始元年，王莽接受孺子婴（刘婴）的禅让后称帝，改国号为"新"，改长安为常安作为新朝都城，王莽开始了全面的社会改革。

王莽仿照《周礼》的制度推行新政，屡次改变币制，更改官制与官名，以王田制为名恢复"井田制"，把盐、铁、酒、币制、山林川泽收归国有，耕地重新分配，又废止奴隶制度，建立五均赊贷（贷款制度）、六筦政策，以公权力平衡物价，防止商人剥削，增加国库收入。刑罚、礼仪、田宅车服等仪式，均恢复到西周时代的周礼模式。

但王莽的改制不仅未能挽救西汉末年的社会危机，反而使各种矛盾进一步激化，由于政策多有不合实情处，百姓未蒙其利，先受其害，朝令夕改，使百姓官吏不知所从，不断引起各贵族和平民的不满。到了天凤四年，全国发生蝗灾、旱灾，饥荒四起，各地农民纷起，最终导致新朝的灭亡。

王莽所谓的托古改制，不过是为了让自己改革来的名正言顺，让自己的篡权夺位变得冠冕堂皇一些。他不明白国情民生，生活在理想中的乌托

邦，最后这个乌托邦被现实打碎，而他自己也得到了应有的惩罚。

哀公问政，问出了孔子的理想政体，孔子在这段话中强调了统治者是政治清明的根源所在。确实，一个成功的统治者，自己本身的德行是不能有所欠缺的，他们给自己加载了许多光环，把自己塑造成神之子，在民众们看来他们是万民的表率。于是，中国古代的帝王们，都纷纷追求"天人合一"的理想状态。中庸的理想状态也是"天人合一"。

从古至今，儒家的思想发展都是与时俱进的，每个时代都有其本身所带着的时代特性。为人和为政也有其互通的地方。

所以说，哀公问政，虽说是一篇政治策论，但是我们从中也能得到为人处世的中庸之道。

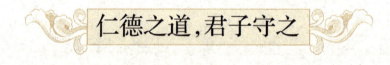

仁德之道，君子守之

【原典再现】

"仁者人也，亲亲①为大；义者宜也，尊贤为大；亲亲之杀②，尊贤之等，礼所生也。在下位不获乎上，民不可得而治矣③！故君子不可以不修身；思修身，不可以不事亲；思事亲，不可以不知人；思知人，不可以不知天。"

【重点注释】

①亲亲：前者为动词，做相亲相爱解释。后者是名词，指亲人，父母兄弟。

②亲亲之杀：指相亲相爱的血缘亲族根据血缘关系的远近而有所分别。杀，等差，分别。

③在下位不获乎上，民不可得而治矣：处在下位的人，得不到上级的信任，百姓就不可能治理好了。

【白话翻译】

所谓仁，就是人性，以爱自己的亲人最为重要。所谓义，就是事事合宜，以尊敬贤德的人最为重要。亲人之爱有亲疏等差之别，贤能之士也有等级，礼节就是因此而产生的。处在下位的人，得不到上级的信任，百姓就不可能治理好了。所以作为君子，不能不注意自我修养。想要提高自我修养，就不能不侍奉双亲。想要侍奉双亲，就不能不了解人性。想要了解人性，就不能不了解上天。

【鉴赏评议】

儒家用"仁、义、礼、智、信"来评论一个人是否是一个合格的君子，其中"仁"，排在第一位，足以说明儒家的大气普世价值观。孔子也将"仁"作为儒家的最高道德标准。一个"仁"包含了很多意思，胸怀宽广、心地善良这些说的都是"仁"。一个人只有心存善念，才能成为一个方端君子。同时孔子又将"仁"推及统治者身上，这就是"仁德之政"的必要条件。前面已经说过了上行下效的道理。当上层阶级施行仁德之政时，那么下层阶级自然而然也会民风淳朴、路不拾遗。

在易经中，也对"仁"做出了三种解释。

第一，它代表数目字，复数。指不仅是我一个人，还有除我以外的很多人；老吾老以及人之老，幼吾幼以及人之幼，要将心比心对待每一个人。

第二，代表天、地，指做人要效法天地。"三"代表天、人、地三才。"仁"字从二不从三，即要化掉人心，只怀天地心，以天性善良、地德忠厚的心来为人处事，即有博爱心、包容心，自会产生仁爱心。这是个人自我提升之道。

第三：作"丄"字用，为上，代表崇尚、提升、升华。

儒家对"仁"的重视是毋庸置疑的，仅在《孟子》一书中，就出现很多次。

【深度解读】

仁德之政，仁术为重

同为儒家圣人，在仁的看法上，孔子和孟子是有一定区别的。孔子死后一百多年，孟子才出生。孟子出生后战乱频繁，各国展开了兼并战争，导致民不聊生。所以孔子的"仁"重在修心，不仅统治者要施行仁德，民众也要仁德。因为生存环境的差异，孟子所讲的"仁"重在政治上，也就是《孟子》的一大重点——施行仁政。他不停地规劝统治者，不要好逸恶劳，穷奢极欲，要爱护他们的子民。而仁德之政中最重要的是"仁术"。

孟子和梁惠王有一场非常有意义的对话。

齐宣王问孟子说："齐桓公、晋文公称霸的事，可以说给我听听吗？"

孟子回答说："后世失传了，因为孔子的弟子之中没有讲述齐桓公、晋文公的事情的人。所以我没有听说过这事。如果您一定要我说，那么还是说说行王道的事吧！"

齐宣王说："要有怎样的德行，才可以在天下称王呢？"

孟子说："要使人民安定才能称王，只有这样，才没有人去反抗他，也没有人能抵抗他的进攻。"

齐宣王说："像我这样的人，能够做到安抚百姓这件事吗？"

孟子说："可以。"

齐宣王说："怎么知道我可以呢？"

孟子说："我从胡龁那听说，您坐在大殿上，有个人牵牛从殿下走过。您看见这个人，问道：'牛牵到哪里去？'那人回答说：'准备用它来祭钟。'您说：'放了它！我不忍看到它那恐惧战栗的样子，这牛太可怜了，明明没有罪过却要被杀死。'那人问道：'大王您这样做，那么是废弃祭钟的仪式吗？'您说：'祭钟的仪式怎么可以废除呢？用羊来代替它吧。'大王，不知道有没有这件事？"

齐宣王说："有这事。"

孟子说："有这样的仁慈之心就足以称王于天下了。百姓都认为大王吝啬。可我知道您是于心不忍。"

齐宣王说："是的。的确有这样对我误解的百姓。齐国虽然土地狭小，我怎么至于吝啬一头牛？就是不忍心看它那恐惧发抖的样子，没有罪过却要被杀害，因此用羊去换它。"

孟子说："您不要对百姓认为您是吝啬的这件事情感到奇怪。您用小换大，他们不知道您的想法也很正常！您如果痛惜牛无罪却要被杀死，那么我问您一句，牛和羊又有什么区别呢？"

齐宣王笑着说："我也说不清楚这究竟是一种什么想法，我以羊换掉牛的原因的确不是吝啬钱财，但是按照您这么看来，老百姓说我吝啬，是应该的了。"

孟子说："没有关系，这也是体现了仁爱之道。您这样做，原因在于您看到了牛而没看到羊。有道德的人对于飞禽走兽其实是这样一个想法：看见它活着，便不忍心看它死；听到它哀鸣的声音，便不忍心吃它的肉。正是因为这样，君子不接近厨房。"

接下来孟子口风一转，说："您这么做，用羊替换牛来祭祀也可以，这样说明您仁德。"

这样的做法在我们现在看来，可以当成是一次政治作秀。但是效果却是非常好，可以让百姓们看到他们的君王"仁德"的一面。这就是"仁术"。术是行为方法论的一种，也就是说，可以利用这个术来达到自己想要的目的。儒家的仁政，就是统治者用广施恩惠的方法来达到"政通人和，国家安定，民心归顺"的目的。

孟子的仁德就是"仁政"，也就是说，施行了仁德之政就是"仁者"，不是说个人的品德非常好，而是尽管统治者个人的品德不是彻彻底底的完美，但是行为是仁德的，就能够收买人心，也就算是一个"仁人"。这也是孟子以后儒家的一个重要的观点——"引仁如政"。孔子认为"仁"是德，是修心，到了孟子这里"仁"就延伸到政治层面了。

历史上我们熟知的明君，唐太宗李世民和清圣主康熙就是实施"仁术"的典范。

李世民本身是一个杀兄逼父，抢占弟妻，个人的道德品质有瑕疵的人。但是这并不妨碍他成为孟子所说的"仁人"。

李世民称帝之后，积极听取群臣的意见，对内以文治天下，虚心纳谏，厉行节约，劝课农桑，使百姓能够休养生息，国泰民安，开创了中国历史上著名的"贞观之治"。对外开疆拓土，攻灭东突厥与薛延陀，征服高昌、龟兹、吐谷浑，重创高句丽，设立安西四镇，各民族融洽相处，被各族人民尊称为"天可汗"，为后来唐朝一百多年的盛世奠定了重要基础。

而清圣主康熙在一面强化皇权的同时，也积极施行仁政。这里有一个他治吏亲民的小故事。

康熙亲政后，着手整顿吏治，恢复了京察、大计等考核制度。为了防止被臣下蒙蔽欺骗，康熙还亲自出京巡视，了解民情吏治。

其中最著名的是六次南巡，此外还有三次东巡、一次西巡，以及数百次巡查京畿和蒙古，南怀仁记载他巡视时，努力亲切地接近老百姓，力图让所有老百姓都能看见自己，他谕令卫兵们不许阻止百姓靠近。所有的百姓，不管男女，都以为他们的皇帝是从天而降的，目光中充满异常的喜悦。为一睹圣容，百姓不惜远涉跑来此地，因为对他们来讲，皇帝亲临此地是从不曾有过的事情。康熙也为此感到非常高兴。此举极大地促进了康熙对民情的了解，他还亲自巡视黄河河道，督察河工，并下令整修永定河河道。

《啸亭杂录》这样评价他："仁皇天资纯厚，遇事优容，每以宽大为政，不事溪刻。"

"仁"是儒家思想史上的一个重要的范畴，随着时代的发展，延伸出了许多广泛的含义。到了《中庸》里面"仁"就成了用途，结合孔孟的思想来阐述施行的难度，扩展思维范畴，使它成为一个系统的儒家哲学范畴的基本范式。

到了现代，我们其实一直在提倡"仁"的学习，他不仅包含个人的修养，还涵盖了一个国家的精神层面。一个国家充满着"仁"，那么这个国家就是安定平和的大国。

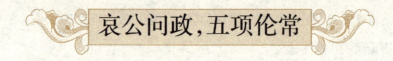

哀公问政，五项伦常

【原典再现】

天下之达①道五，所以行之者三。曰君臣也，父子也，夫妇也，昆弟②也，朋友之交也：五者天下之达道也。

【重点注释】

①达：实现。

②昆弟：同昆仲，指兄和弟。比喻亲密友好。

【白话翻译】

天下可以实现仁道的途径有五个，可以实行的修养有三个。君臣、父子、夫妇、兄弟、朋友之间的交往，这五个是实现仁道的途径。

【鉴赏评议】

这章讲述了传统意义上的道德伦理规范，即君臣、父子、兄弟、夫妇、朋友，都有一套必须要遵循的伦理规范，而且这种规范被认为是天经地义、无可否认的。这共有的五项伦常关系，除了因我国废除了君主制而再无君臣关系外，其他几项关系都依然是与我们血肉相连而不可分割的，也都是需要我们正确处理而不可忽视的。

中庸将"君臣"关系放在首位，这与儒家的三纲五常有关，"三纲"指"君为臣纲、父为子纲、夫为妻纲"，而"五常"即"仁、义、礼、智、信"，是用以规范君臣、父子、兄弟、夫妇、朋友等人伦关系的行为准则。

在封建王朝，君臣关系是一门大学问。对于君王来说，驾驭好臣子，就等于将国家治理好了一半。对于臣来说，要处理好与统治者之间的关系，做到君臣相得。所以在所有伦常中，这些关系都是相互的，是儒家不能不研究的一门入世学问。

对于我们现代社会来说，所谓的处理好人际关系，无非就是这五项，只是将君臣关系转成上司和下属的关系罢了。

【深度解读】

处理好人际关系是一门大学问

无论是现代还是古代，一个人想要不脱离社会，有一个好的发展，必须面对生活中和职场上所有的人际关系。如何处理好这些人际关系，是我们不得不研究的问题，这也是一门极大的学问。有一句话说得好："人情练达即文章，世事洞明皆学问。"说的就是这个道理。

在古代，人际关系无非就是五种：君臣、父子、夫妇、兄弟、朋友。我们暂且把这五种关系分成两类，一种是对内的关系，包括父子、夫妇、兄弟，还有一种就是对外的关系，包括君臣、朋友。对内关系包含了一个人生活上的所有事情，对外关系包含了一个人事业上的所有可能性。在古代，其核心是从于正理或无条件服从于上下关系，三纲立足于上下关系下

的服从，都该依正理，尽本分。其实在儒家学者来看，这几种关系都是相互的，没有绝对服从和遵从。

《封神演义》中对三纲做出如下理解："君为臣纲，君不正，臣投他国。国为民纲，国不正，民起攻之。父为子纲，父不慈，子奔他乡。子为父望，子不正，大义灭亲。夫为妻纲，夫不正，妻可改嫁。妻为夫助，妻不贤，夫则休之。"

董仲舒、朱熹等儒家杰出之辈所理解的三纲五常，是依照统治者的意图出发的，故而其思想中的忠君成分很大。而许仲琳的理解方才符合我们现实生活中的解释，所以正确的理解应该是：君主应该成为臣下的表率，父亲应该成为儿子的表率，丈夫应该成为妻子的表率。身处某种位置，就要承担相应的责任，正人先正己，它非但不是奴役压迫，反而是对上位者的约束，它并非是为臣、子、妻定的，而是给君、父、夫定的！

在中国古代，有许多相处得宜的君臣，例如刘备和诸葛亮、唐太宗和魏徵等。

刘备和诸葛亮君臣相宜的故事值得我们学习，他们初识于三顾茅庐，最后建立天下，三分政权。刘备是上位者，他是汉家天子的后裔，无论他如何落魄，都是皇室贵胄。当时他三番五次来找诸葛亮，说明他认为诸葛亮值得他如此谦虚求教，值得他临终托孤。再者，在当时，刘备只是一个落魄的贵族，而孙权、曹操已经声名鹊起，诸葛亮选择刘备，卧龙择主，此主必然是人中龙凤。关羽和张飞很不服气，但在很短的时间内，诸葛亮无论是在为人处世上，还是在治理国家上，都令他们折服。

诸葛亮值得刘备完全相信、礼遇有加，而刘备也值得诸葛亮尽力辅佐。这就是一段好的关系的开端。在一段坏的关系中，开始往往是好的，可惜结局是坏的，那么很有可能是你让其中的人认为不值得。跟着明太祖朱元璋一起打天下的刘伯温，和诸葛亮其实是很相像的人。

中国民间广泛流传着"三分天下诸葛亮，一统江山刘伯温；前朝军师诸葛亮，后朝军师刘伯温"的说法。他以神机妙算、运筹帷幄著称于世。

同样是跟着开国皇帝打天下，但是他和诸葛亮的结局却很不相同。

在太祖登基后，刘伯温最后结局是这样的：刘基抱病觐见朱元璋，婉转地向他禀告胡惟庸带着御医来刘伯温家探病，但刘伯温度服食御医所开的药之后更加不适的情形。朱元璋听了之后，只是轻描淡写地说了一些要他宽心养病的安慰话，这使刘基相当心寒。三月下旬，已经无法自由活动的刘伯温，由刘琏陪伴，在朱元璋的特遣人员的护送下，自京师动身返乡。回家后，刘伯温拒绝亲人和乡里为他找来的一切药石，只是尽可能地维持正常的饮食，最后病死。也有传闻说他是被太祖毒死，《史记》中有"飞鸟尽，良弓藏；狡兔死，走狗烹"这句话，很好地说明了某些上位者的思想，在这些上位者心中只有权势，一旦他们得势，眼中便只有他们自己了。这样的人到底值不值得去辅佐，需要好好思量。

处理好人际关系，除了要看那个人值不值得以外，最重要的一点就是把握有度。识人是先决条件，这就是我们所说的值不值得的问题，而把握有度是说，即使这个人不值得你和他处理好关系，但是你却不能和他交恶。这是中庸的处世之道。

前面我们说了两位军师的例子，现在我们来说谏臣的例子。唐太宗与魏徵的故事。

魏徵对度的把握也是非常好的。在李世民还没发动玄武门之变时，魏徵曾经几次劝谏李建成把李世民安排到别的地方去，到了李世民登上皇位后，听说这件事情，于是就派人把魏徵带来问道："你为什么要离间我们

兄弟？"魏徵回答说："太子要是按照我说的去做，就没有今日之祸了。"李世民见魏徵说话直爽，没有丝毫隐瞒，于是赦免魏徵，并用魏徵为詹事主簿。李世民得到了自己想听的话，虽然这话不好听，但是这何尝不是魏徵的退路呢？只有把最耿直的话说出来，才能消除君主的猜忌。

之后的相处中，魏徵曾多次对李世民的某些不合理的政事直言不讳，言辞犀利，但是李世民发得最大的火，也不过是早朝后私下发发脾气。

在世为人，不论是对内对外，要想处理好一系列的关系，那么在做所有的事情时，都必须把握好尺度。能够在处理上司、父子、夫妻、兄弟、朋友这几项关系上做到恰如其分的人，被称为今日社会的圣人毫不为过。我们在研究这门大学问时，一路上会磕磕碰碰，可能到最后也达不到圣人的标准，所以在做好自己的本职工作的时候，对人对事无愧于心就好。

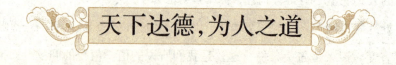

【原典再现】

知、仁、勇三者，天下之达德也，所以行之者一也。或生而知之①，或学而知之②，或困而知之③，及其知之一也。或安而行之④，或利而行之⑤，或勉强而行之⑥，及其成功一也。

【重点注释】

①生而知之：常用来形容天资聪颖的人，不用学习就能领悟。

②学而知之：指通过学习而求得知识、学问。

③困而知之：指因产生困惑后才知道的人。

④安而行之：指安然去做，顺天由人，无为而为。

⑤利而行之：指在利益的诱惑下欣然地去做。

⑥勉强而行之：被迫勉强地去执行。

【白话翻译】

智慧、仁德、勇敢这三项德行是用来处理这五种关系的德行，这三种德行和五项大道的实施，就在于诚恳笃实，道理都是一样的。有的人生来资质好，就知晓大道，有的人通过刻苦学习才知道它们，有的人要遇到困难后才知道它们，但只要他们最终都知道了，那他与别人的收获就是一样的了。对于这些大道和德行地实施，有的人自觉自愿去实行它们，有的人为了某些好处才去实行它们，有的人勉勉强强去实行，但只要他们最终都实行起来了，他与别人的成效也就是一样的了。

【鉴赏评议】

孔子把"智""仁""勇"这三种品质称为"君子道者三"，认为这是一个品行高尚的君子必须具备的三种美德。所以这章的重点就在这三个字的理解上，能够做到这三点，基本上就达到了君子的要求。

"知"通常也写作"智"，是指对事物具备深刻的解读能力，即洞察力。要想解读人、洞察状况、预测未来，都必须具备"知"。的确，如果具备了这个，不管遇到怎样的情况，都能够做出正确的判断。

"仁"是指同情心，也可以说成是发自内心的仁慈。曾经有人说过："人要坚强才能生存，要和善才有生存下去的资格。"而和善的母体即是"仁心"。

"勇"是指勇气。也就是要把某件事干到底的挑战精神，还包括由此衍生出的决断力。如果不具备这些，就无法达成工作目标。

所以，喜欢学习，就能接近智慧；努力行善，就能接近仁义；知道羞耻，就能接近勇敢。知道了这三个方面，也就知道了怎么样来修养身心。这是为人处世的方法。

【深度解读】

后天努力最为重要

孔子在这章中讲到了一个先天和后天的问题，先天与后天是两个对应词，先天是生下来就决定的特性，而后天是通过努力形成的。有些人生下来就聪明，这是由基因决定的，属于先天的范畴。而通过我们的努力，勤奋好学，虚心求教，使自己成为一个学识渊博的人，这就是后天努力。

先天我们不能决定，唯有后天努力，才能让自己发生改变。在中国历史上，天生聪颖的人，不知几何，但是只有天资却不注重后天努力的人，结局都是一生平庸。

北宋王安石曾写过一篇《伤仲永》的文章。

金溪有个家中世代以耕田为业，叫方仲永的人。仲永长到五岁时，还不曾认识书写工具。忽然有一天仲永哭着闹着索要这些东西。他的父亲对仲永此举动感到诧异，就到邻居那里借来那些东西给他。仲永立刻写下了四句诗词，并题上自己的名字。这首诗的主旨是人们应当赡养父母和团结同宗族，给全乡的秀才观赏。从此，指定任何事物让他作诗，方仲永都能立刻完成，并且诗的文采和道理都有值得让人欣赏的地方。人们对此都感到非常惊奇，渐渐地都以宾客之礼对待他的父亲，有的人花钱求取仲永的诗。方仲永父亲认为这样有利可图，就每天带领着仲永四处拜访同县的人，给他们写诗。

王安石听到这件事很久了。明道年间，王安石跟随父亲回到家乡，在舅舅家见到已经十二三岁了的方仲永。王安石叫他作诗，诗词写出来，远远不能和从前相提并论。又过了七年，王安石从扬州回来，再次到舅舅家去，问起方仲永的情况，舅舅回答说："他和普通人没有什么区别了，他的才能消失了。"

王安石感慨：方仲永的通达聪慧，是他先天得到的，一生下来便已经注定好了。他比一般有才能的人要有天赋得多，但最终成了一个平凡的人，是因为他后天所受的教育还没有达到要求。他得到的是那样好的天资，没有受到正常的后天教育，尚且才成为平凡的人；那么，现在那些本来就平凡的人，不天生聪明，又不接受后天的教育，难道最终只是成为普通人而已吗？

古往今来，不乏过目不忘、聪慧异常的少年天才，而缺少的是勤能补拙的人。

而要做一个勤能补拙的人，孔子所说的三点就很重要了。智、仁、勇三者缺一不可。

基因中的智商我们改变不了，不妨多多读书，来增添自己后天的智慧。天下之大，所有东西都能成为自己的老师，正所谓"三人行，必有我师焉；择其善者而从之，其不善者而改之"。无论是坏的好的，我们都能从中吸取教训或者学到东西，在学习中提高我们的智慧。

一个人的体验是有限的，而人际交往能为人们提供互相学习、借鉴的机会。明智的人，应当利用这些机会，学习和借鉴各类人的长处与短处，扩大自己的视野，认识人生。

仁就更不用说了，心地善良，从本心出发，这是一切开始的必要前提。

勇，就是勇敢，勇敢地去尝试，还要有勇气坚持，这是一种无所畏惧的精神，一个人如果有勇气，做起事来必然是心无旁骛、勇往直前。有时候人会对一些未知的或者是难度高的事情望而止步，其实机遇就在那些难度高的事情上面，连尝试都不敢去尝试的人，怎么会成功呢？所以其实在这三者中，勇气起最重要的作用。

这里所说的勇也是一种方法论。

"夫战，勇气也。一鼓作气，再而衰，三而竭。"在战争中以弱胜强，靠的就是破釜沉舟，一鼓作气的勇。

以上所述的三点，是我们补足自己所缺乏的东西的手段。先天不足的人用这三者去弥补，后天不努力的人用这三者来鞭策自己。

一个人的成功与否，并不是取决于先天"出身"的资质，而是取决于他后天的努力。天才，只是一个误人和自误的名词，若单靠天资，不付出努力，则必失败无疑。

在现实生活中我们不能选择自己的出身，但可以通过努力来改变。就好像一块花岗岩，一开始是没有形状的，当我们将它刻上几刀变成一块方正的石头，就会有人将它作为基石；当我们再添上几十刀甚至几千刀，将它变成艺术品，那它的价值就高多了；当我们将它精心打磨，雕刻成一尊佛像，那它的价值就不仅是物质上了，还会延伸到精神上。

天下达德，为政之道

【原典再现】

子曰："好学近乎知^①，力行近乎仁，知耻近乎勇。知斯三者，则知所以修身；知所以修身，则知所以治人；知所以治人，则知所以治^②天下国家矣。"

【重点注释】

①知：智慧。

②治：治理。

【白话翻译】

孔子说："喜欢学习的品格接近于智慧，努力行善的品格接近于仁爱，知道羞耻的品格接近于勇敢。一个人懂得这三点，也就懂得如何修养自己点品德了，知道了怎么修身就会知道怎么去治理人民，知道如何治理人民就知道了怎么去管理国家。"

【鉴赏评议】

孔子所说的"好学近乎知，力行近乎仁，知耻近乎勇"是儒家对知、仁、勇"三达德"的一种阐发。上章我们讲到，天下达德，这章就是中庸基于为

人三德上，对政治领域的延伸。

我们一直在强调，中庸是修身和修心的学问。故而，一个人先要修身才能修心，为政者也要先修身才能治国。

修身的前提条件就是你要知道你到底有什么是需要改变的，或者说有什么是需要再加强的。这可以延伸到"自我反省"的命题上来。反省最大的优势就是可以改变一个人的心态。能够清楚地认识到自己的缺点的人，才是有进步空间的人，这也就是孔子所说的"知耻而后勇"。这里的"勇"除了理解成勇敢，也可以理解成奋发，只有知道自己的缺点，才能努力向上。

在古代，曾子给我们留下了自我反省的方法。《论语》中曾子曰："吾日三省吾身，为人谋而不忠乎？与朋友交而不信乎？传而不习乎？"古往今来，无论个人还是群体，知耻与不知耻的情形大不一样。纵览历代圣人贤哲，哪一位不是知耻惜荣的人杰？

所以，要修身和治国，不仅要知道自己为人所耻的地方，最重要的还要加以改正。否则毫无用处。

【深度解读】

统治者的自我反思

荀子在《劝学》中写道："故木受绳则直，金就砺则利，君子博学而日参省乎己，则知明而行无过矣。"荀子认为君子要广泛学习，并且每天不断地检查反省自己，这样就会使自己变得聪明机智，为人处世也就不容易出现错误。

"知耻近乎勇"的意思是说一个人只有懂得羞耻，才能自省自勉，奋发图强。有羞耻心的人，能勇敢地面对自己的错误，战胜自我，这是"勇"

的表现。常怀一颗羞耻之心，不仅可正身，养浩然之气，而且知进取，成千秋伟业，盖因知耻近乎勇也。

孟子"仰不愧于天，俯不怍于人"，作为儒家亚圣，将儒家思想融入政治理念中的人，孟子说这话的意思也针对统治者，他认为一个良好的统治者，做任何事情都要想到"天、地、人"这三个方面。在古代人们看重的是"天、地"其次才是"人"，但是到了现代，"人"才是政治的根本，当然孟子强调民本的思想，这也是仁政的基础。

在古代，皇帝是高高在上不容侵犯的天之子，他们很难认识到自己的错误。但凡一个帝王能够做到反思，则必然会开创一个太平盛世。众所周知，这很难。皇权至上不是说着玩的，在封建时代，这种权威外力根本不能撼动，所以只能靠统治者自我反省。退一步来说，如果统治者不能做到这一点，就得接受大臣们的谏言，别人指出的错误，要听从并且加以改正，一味地刚愎自用实在不可取。

说到明君，我们总能想到唐太宗，不论他个人德行怎样，在政治方面，他绝对是一个明君，非常能听从别人的谏言。

司马光所作《资治通鉴》中的一篇散文中，记述了唐太宗李世民和大臣魏徵的一段故事。"魏徵状貌不逾中人，而有胆略，善回人主意，每犯颜苦谏。或逢上怒，徵神色不移，上亦为之霁威。尝谒告上冢，还，言于上曰：'人言陛下欲幸南山，外皆严装已毕，而竟不行，何也？'上笑曰：'初实有此心，畏卿嗔，故中辍耳。'上尝得佳鹞，自臂之，望见徵来，匿怀中，徵奏事固久不已，鹞竟死怀中。"

这段话的大致意思是说：唐太宗曾得到一只很好的鹞鹰，放在手臂上把玩，看见魏徵前来，就藏到怀中。魏徵上奏故意久久不停，鹞鹰最终闷死在皇上怀中。

前文已经说过，一个统治者要反思自己很难，几乎是不可能的事情。他们是政治上的权威，能做到孔子所言的"君子"根本不实际，为政者，必须运用心术，所以统治者的自我反思应该是要接纳别人的建议。

当然，作为臣子的谏言也不能太直接了，毕竟不是每个皇帝都像唐太宗一样爱惜直言之臣，多数皇帝都是"天子一怒，伏尸百万"的人。

《中庸》之所以被朱熹从《礼记》中单独拿出来，成为四书之一，自然有很重要的意义。取其"中和之道"就是其中之一。

《战国策·齐策一》里面记载了一篇文章。叫《邹忌讽齐王纳谏》，这篇文章所讲述的故事可以称为古代谏臣上疏谏言的经典教案。

邹忌身高八尺多，而且身材容貌光艳美丽。有一天早晨他穿戴好衣帽，照着镜子，对他的妻子说："我与城北的徐公相比，谁更美丽呢？"他的妻子说："您美极了，徐公怎么能和您比较呢！他比不上您呀！"邹忌知道齐国的美男子是城北的徐公，不相信他自己会比徐公还要美丽，于是又问他的小妾说："我和徐公谁更美丽呢？"妾说："徐公怎么能比得上您呢？"第二天，有客人从外面来拜访，邹忌和他正说着话。邹忌问客人道："我和徐公相比，谁更美丽？"客人说："徐公远不如您美丽啊。"又过了一天，徐公前来拜访，邹忌就借此机会仔细地端详他，发现自己不如他美丽。晚上的时候，他就躺在床上想这件事，心里想着："我的妻子是偏爱我，才认为我美；我的小妾是惧怕我，才认为我美；客人是有求于我，才认为我美。"

于是，邹忌上朝拜见齐威王，对齐威王说："我自知不如徐公美丽。可是我的妻子偏爱我，我的妾惧怕我，我的客人对我有所求，他们都说我比城北大道徐公美丽，我以前也是这么认为的，但是现在知道了真相。如今的齐国，土地方圆千里，有一百二十座城池，宫中的姬妾和身边的近臣，他们都偏爱大王；朝廷中的大臣，他们都惧怕大王；国内的百姓，他们都对大王有所求。由此看来，大王受蒙蔽一定很厉害了。"

齐威王说："你说得真好。"于是他下了一道命令："所有的大臣、官吏、百姓，能够当面批评我的过错的，可得上等奖赏；能够上书劝谏我的，得中等奖赏；能够在众人集聚的公共场所指责、议论我的过失，并能传到我耳朵里的，得下等奖赏。"齐威王这政令刚一下达，所有大臣都纷纷前来给他提意见，宫门庭院就像集市一样喧闹。几个月以后，不再有那么多人，只是有时偶尔有人进谏。一年以后，即使人们想进言，也没有什么可说的了，因为都被人提完了，齐威王也一一改正。

燕、赵、韩、魏等国听说了这件事，都到齐国来朝见齐王，齐国也强大起来。这就是人们所说的在朝廷上战胜了敌国。

整篇故事讲述了一个高明的中庸之道，首先，邹忌向齐王提意见时，用自己做一个切入点，说自己常常犯这样一个错误，先深刻地剖析自己，在剖析自己的同时听众就会有代入感。说完之后，再转到统治者身上，这时统治者不仅能听得进去，还不会驳了他的面子，这才是谏言的高超手段。

在现实生活中也是这样，当一个人自我反省还不能改变自身错误时，我们也不能当众指责他，即使你是为了他好，但再好的出发点也会被你的尖锐给磨平了。

在职场上有这样一个命题：老板做错了，要不要告诉他。这就和邹忌讽齐王是一样的。如果做得好，就会加官晋爵，匡正国轨；做不好，则仕途毁于一旦，甚至招致杀身之祸。

屈原曾说"闭心自慎，终不失过也"，知人者智，自知者明。自知不仅要了解自身的优点，还要了解自身的耻辱所在。这对个人至关重要，对国家和民族更是有着深远的影响。

治国九经，行之者一

【原典再现】

凡为天下国家有九经①，曰：修身也。尊贤也，亲亲也，敬大臣也，体②群臣也。子庶民③也，来百工④也，柔远人⑤也，怀诸侯⑥也。修身则道立，尊贤则不惑，亲亲则诸父昆弟不怨，敬大臣则不眩⑦，体群臣则士之报礼重，子庶民则百姓劝⑧，来百工则财用足，柔远人则四方归之，怀诸侯则天下畏之。

齐明盛服⑨，非礼不动。所以修身也；去谗远色⑩，贱货而贵德，所以劝贤也；尊其位，重其禄，同其好恶，所以劝亲亲也；官盛任使⑪，所以劝大臣也；忠信重禄⑫，所以劝士也；时使薄敛⑬，所以劝百姓也；日省月试，既廪称事⑭，所以劝百工也；送往迎来，嘉善而矜不能⑮，所以柔远人也；继绝世，举废国⑯，治乱持危。朝聘以时⑰，厚往而薄来，所以怀诸侯也。凡为天下国家有九经，所以行之者一也。

【重点注释】

①九经：九条纲领、准则。

②体：体谅，体恤。

③子庶民：以庶民为子。

④来百工：招致各种工匠。

⑤柔远人：以柔婉之道安抚边地来的人。

⑥怀诸侯：对地方诸侯给予安抚和保护。

⑦不眩：没有疑惑。

⑧劝：劝勉。

⑨齐明盛服：斋戒沐浴，穿上干净的衣服。

⑩去谗远色：远离专门背地里说他人坏话的人，远离美色。

⑪官盛任使：官员众多，多到足够听人差遣。

⑫忠信重禄：厚养忠信之士。

⑬时使薄敛：役使百姓不误农时，并减轻其赋税负担。

⑭既廪称事：派发的利禄与工作业绩相称。

⑮嘉善而矜不能：嘉奖善行，体谅失误。

⑯继绝世，举废国：延续中断的家庭世系，复兴没落的邦国。

⑰朝聘以时：诸侯定期朝见天子，每年一小见叫小聘，三年一见叫大聘，五年一见叫朝聘。

【白话翻译】

大凡天下治理国家都有九条规律，即提升修养、尊敬贤者、亲近亲人、敬重大臣、体恤群臣、爱民如子、兴旺百业、怀柔四方、威慑诸侯。提升自身的修养，就能立道。尊敬贤者，就不会疑惑。亲近亲人，那么父母兄弟对你就不会有怨恨。敬重大臣，则不会被小人迷惑。体恤群臣，那么群臣就会勤勉以报答你的倚重。把平民都当成自己的子女，那么百姓就会爱戴你。使百业兴旺，那么财富就会充足。对四方怀柔，则四方都会归顺于你。对诸侯威慑，那么天下的人就会敬畏你。

内心虔诚外表端庄，不符合礼仪的事坚决不做，这才是提高自身品德

修养的方法；驱除谗邪的小人，疏远美丽的女色，看轻财物而重视德行，这才是劝勉贤人的最好方法；加升他们的爵位，给他们以丰厚的俸禄，与他们爱憎相一致，这才是劝勉人们去团结亲族的好方法；为大臣多设属官，让众多的官员供他们使用，使大臣不亲细务，集中精力考虑国家大事，这是为了敬重大臣；对待士人要真心诚意地任用他们，并给他们以较多的俸禄，这才是劝勉士人为国效力的好方法；役使百姓要适时，赋税征收要减轻，这才是劝勉百姓努力从事生产的好方法；天天省视工匠的工作情况，月月考察他们的技术本领，发给他们的粮米薪资要与他们的功效相称，这才是劝勉各种工匠努力工作的好方法；对于远方的客人，要盛情相迎，热情欢送，对其中有善行的人要给予嘉奖，对其中能力薄弱的人要给予同情，这才是招徕远方来客的好方法；延续已经绝禄的世家，复兴已被废灭的国家，整顿已经混乱的秩序，扶救处于危难之中的国家，让诸侯各自选择适当的时节来朝聘，贡礼薄收，赏赐厚重，这才是安抚四方诸侯的好方法。大凡治理天下国家有九条常规，但是，实行这些常规的方法只是一条，即诚实专一。

【鉴赏评议】

如果说哀公问政是整个中庸的政治核心，那么本章便是哀公问政的核心。我们知道，古代的政治体制，说到底还是"人治"，最终目的还是为统治阶层服务。举一个很简单的例子，如果一个人犯了很大的罪，要被判刑，但是如果当时的统治者心情好，赦免他也是很简单的事情，一道命令就能更改法律的裁决。所以我们现在谈到九经治国，根本还是在"修身"上。这也就是我们前面所谈到的中庸的核心。

修身、尊贤、亲亲、敬大臣、体群臣、子庶民、来百工、柔远人、怀诸侯，这些其实就是《大学》中所讲到的修身、齐家、治国、平天下的道理，只不过九经比四纲更具体化了。不管是九经也好四纲也罢，修身仍是根本。

现在的社会已不再是君臣的国度了，那些繁文缛节也要在现代生活中做出修改，但是这里面体现出来的修身、尊贤、亲亲这三条却是可以继续保持发扬的。因为无论是什么样的社会，都需要不断修养自身品德，尊重贤德之人，亲近爱护自己的家人。

这里虽然说的是治国，但是我们也可以从政治的领域学到做人的道理，或者说从治国的领域学到做人的道理，任何学问都是相通的，只要研究透彻。

【深度解读】

治国九则，行为可用

如何理解治国九则，首先我们来对治国九则做一个系统的分类。

第一条是修身，其价值是"修身则道立"，方法是"齐明盛服，非礼不动"。就是说我们要着装得体，比如说上班的时候穿职业套装。

第二条是尊贤，其价值是"尊贤则不惑"，方法是"去谗远色，贱货而贵德，所以劝贤也"。到了现代社会值得学习的地方便是尊师重道。

第三条是"亲亲"，其价值是"亲亲则诸父昆弟不怨"，方法是"尊其位，重其禄，同其好恶，所以劝亲亲也"。这就是说我们在现实生活中要和家人搞好关系。

第四条是敬大臣，其价值是"敬大臣则不眩"，方法是"官盛任使，所以劝大臣也"。这本来是驭下之道，在现实生活中我们要对别人经常赞美。

第五条是体群臣，其价值是"体群臣则士之报礼重"，方法是"忠信重禄，所以劝士也"。也就是尊重别人。

第六条是子庶民，其价值是"子庶民则百姓劝"，方法是"时使薄敛，

所以劝百姓也"。也就是我们要宣传养老敬老的思想。

第七条是来百工，其价值是"来百工则财用足"，方法是"日省月试，既廪称事，所以劝百工也"。到现代就是一个解决增员的问题。

第八条是柔远人，其价值是"柔远人则四方归之"，方法是"送往迎来，嘉善而矜不能，所以柔远人也"。这就要求我们崇尚礼节。

第九条是怀诸侯，其价值是"怀诸侯则天下畏之"，方法是"继绝世，举废国，治乱持危。朝聘以时，厚往而薄来，所以怀诸侯也"。这条其实是前面八条的最终目的，有扭转乾坤之能。

子思上承曾参而下启孟子，在先秦儒家思想的传承中具有承前启后的重要地位，而《中庸》的治国九经思想也成为具体化、系统化、纲领化地表达儒家政治伦理思想之文本。其实这整段内容梳理下来，就是一个精神理念和要达到目的的方法论，也是对哀公问政的系统总结，并从九经之目、九经之效、九经之法三个维度，对其政治伦理思想的逻辑来源、治世理想、德治方法进行探究。

儒家的政治核心是"仁"，我们先前说到了孔子和孟子对"仁"的中心的阐述是不同的。虽然重点和中心不同，但是其最终目的一样，都是为了国家的发展。

孟子见梁惠王最先说的就是给民众一份工作，让他们不至于食不果腹。春秋战国是一个分裂的时代，所以大大小小的兼并战争不断。这也是一个君不君、臣不臣、父不父、子不子的荒唐的时代，所谓礼崩乐坏不过如此。

在卫国有这样一段历史。《史记卷三十七·卫康叔世家第七》载：

三十八年（公元前498年），孔子来到卫国，卫给他同他在鲁国时一样多的俸禄。后来，孔子与卫国国君发生矛盾，便离去了。不久，又周游到卫国。

三十九年（公园前497年），太子蒯聩和灵公夫人南子有仇，想杀掉南子。蒯聩与他的家臣戏阳遫商议，等朝会时，让戏阳遫杀死南子。事到临头，戏阳后悔，没有动手。蒯聩多次使眼色示意他，被南子察觉，南子十分恐惧，大呼道："太子想杀我！"灵公大怒，太子蒯聩逃奔到宋国，不久又逃到晋国赵氏那里。

这段史实际上就是说卫灵公妻子南子生性淫乱，与宋国公子朝私通。卫灵公不加阻止，反而纵容南子，召公子朝与其在洮地相会。卫灵公的太子蒯聩知道南子私通之事后，非常愤怒，便和家臣戏阳遫商量，在朝见南子时趁机刺杀她。结果戏阳遫反悔没有行动，被南子所察觉，蒯聩于是逃亡宋国，卫灵公将蒯聩党羽全部赶走。

南子是蒯聩的母亲，儿子要杀母亲，却被父亲逐出家门。这段国家历史或者说家族史非常混乱，也是君不君、父不父、子不子的真实写照。

孔子在当时是亲身经历过这件事情的人，儒家早期的精神理念也有一部分来自于孔子对此事的看法和总结。

在中国古代，儒家思想一直是主流思想，而治国九则是儒家里一个很重要的政治成果，发展到今天，在行为论上，也值得我们学习。

事豫则立，不豫则废

【原典再现】

凡事豫①则立，不豫则废。言前定则不跲②，事前定则不困，行前定则不疚，道前定则不穷。

中庸
全评

【重点注释】

①豫：同"预"。

②跲：说话不通畅。

【白话翻译】

任何事情，事先有预备就会成功，没有预备就会失败。说话先有预备，就不会中断；做事先有预备，就不会受挫；行为先有预备，就不会后悔；道路预先选定，就不会走投无路。

【鉴赏评议】

伟大领袖毛泽东在《论持久战》里写道："'凡事豫则立，不豫则废'，没有事先的计划和准备，就不能获得战争的胜利。"

这章讲述的道理其实就是做事要有准备。我们不能只是为了有路可走，盲目地进行选择，抱着走不通再换的想法。到那时，我们只能碰得头破血流，最后输掉的是年轻的资本。我们应该对未来要有一个充分的规划和预期，每一步应该怎样走，心中都要有一个明确的计划。要知道，成功往往不是站在自信的一方，而是站在有计划的一方。这就是这章教给我们的道理。

【深度解读】

计划是成功的必要条件

"不管做什么事，事前有个计划，就可以少走很多弯路。"不管是在生活中还是在工作中，处处需要计划。无论是国家、集体还是个人，每时每刻都需要计划，都在实施着计划。有计划，可以让事情做得更好；无计划，则容易失去方向。

中国古代的经典战役不少，但是所有大获全胜的战争，都是做好了"豫则立"的前期工作。毛泽东曾经说过："不打无准备之仗，不打无把握之仗，每战都应力求有准备，力求在敌我条件对比下有胜利的把握。"

马谡想要立功，就向孔明立军令状，孔明就派马谡去守街亭，后来因马谡自以为是，不听劝告，不在事先做好防偷袭准备，只是驻扎在山上，被司马懿断了水源，围了山，王平和镇守柳州的高翔一起把他救了出来。马谡又想夺回街亭，结果又失败了。按照军令状上的内容，诸葛亮只好斩了马谡。这是反面的例子。

我们再来看看正面的例子——阴晋之战。

周安王十三年（公元前 389 年），秦国再次调集五十万大军，进攻秦国东进道路上的重要城邑——阴晋。秦军在阴晋城外布下层层营垒，魏国边陲形势危急。

魏国在河西有一队精锐，由郡守吴起带领。西河郡守吴起为了使军队保持高昂的士气，请国君魏武侯来给将士们举行庆功宴会。他是这样安排的：立上功者坐前排，使用金、银、铜等贵重餐具，猪、牛、羊三牲皆全；立次功者坐中排，贵重餐具适当减少；无功者坐后排，不得用贵重餐具。

他按照功劳大小安排了三个层次，使得将士们感到公平公正。宴会结束后，他在大门外论功赏赐有功者家属。对死难将士家属，每年都派使者慰问，赏赐他们的父母，以示国家不忘怀这些有功劳的人。此法令一直延续了三年，当秦军进攻的时候，魏军立即有数万士兵不待命令自行穿戴甲胄，要求作战。

面对秦军大规模进攻，吴起请魏武侯派五万名没有立过功的人作为步兵，由自己亲自率领，反击秦军。武侯同意，并加派战车五百乘、骑兵三千人。吴起安排好士兵后，在战前一天，又向三军发布命令说："所有士兵都要听从上级的命令去和敌人战斗，无论车兵、骑兵和步兵，如果车兵不能缴获敌人的战车，骑兵不能俘获敌人的骑兵，步兵不能俘获敌人的步兵，即使打败敌人，都不算是有功劳。"然后，吴起率领魏军在阴晋向秦军发起反击。这一天，魏军人虽少，却个个奋勇杀敌，以一当十。魏军经反复冲杀，将五十万秦军打得大败，取得了辉煌战果。

吴起在战前考虑到士气，在战争中身先士卒，连战后的安抚工作都安排得十分细致。种种行动有条不紊，准备得详细充分，虽然双方兵力悬殊，但是这对兵力处于弱势地位的魏国来说，是一场有准备的战争，他们有胜利的理由。

在《孙子兵法》作战篇中，孙子这样说："凡用兵之法，驰车千驷，革车千乘，带甲十万，千里馈粮；则内外之费，宾客之用，胶漆之材，车甲之奉，日费千金，然后十万之师举矣。"意思是：凡是要兴兵打仗，一般的规律就是要出动战车千辆，辎重车千辆，军队十万人，还要运粮千里；这样一来，前方后方的花费，外交使节往来需要的开支，物资的不断供应，武器装备的补充保养，每天都会耗费巨额资金，大军才能够出动。

孙子在这里又一次清楚地表达了他的慎战思想：不打没有把握的仗。

在我们的现实生活中，只有把准备做好，才能成就大事，否则心中有所迟疑，怎么能拿出一往无前的气势呢？

性之本善，诚身有道

【原典再现】

在下位不获乎上，民不可得而治矣①。获乎上有道：不信乎朋友，不获乎上矣；信乎朋友有道：不顺乎亲②，不信乎朋友矣；顺乎亲有道：反诸身不诚③，不顺乎亲矣；诚身有道：不明乎善，不诚乎身矣④。

【重点注释】

①民不可得而治矣：不能得到人民，并将其治理好。

②顺乎亲：顺从父母的心意，使父母高兴。

③反诸身不诚：反省自己的不真诚。

④不诚乎身矣：对自身就不可能诚实了。

【白话翻译】

处在下位的人，得不到上级的信任，百姓就不可能治理好了。要得到上级的支持是有方法的：交朋友要讲信用，得不到朋友的信任，就不会得到上面的信任；要得到朋友的信任也有方法：对父母要孝顺，不孝顺父母，就得不到朋友的信任；孝顺父母也有方法：要使自己诚实，对自己不真诚，就不能孝顺父母；使自己真诚也有办法：不明白什么是善，就不能够使自己真诚。

【鉴赏评议】

我们都知道这样一个道理：做好事福至，干坏事祸来。公开做了好事，会有人来奖励他的操行；暗中做了好事，天地会报应他的德行。不论贵、贱、贤、愚的人，他们都相信这个说法。不是不报，是时候未到。人都会以行善得福，为恶遭祸。如果有两种观点摆在世人面前：性善论和性恶论，你选择哪一个？相信我们都会选择相信性善论。当然这两种观点都是历来备受争议的哲学议题，没有明确的回答。但是我们还是相信这个世界的本质是美好善良的。

【深度解读】

人性本善

在这个世界上，无论是在位者还是百姓，都必须有一颗从善之心，正所谓"诚身有道，不明乎善，不诚乎身矣"。或许你有这样那样的缺点，但是性本善是做人的前提，是一个人的本质。本质坏了，就是一个徒有其表，实则内里脏污不堪的人。这样的人不论表现得有多完美，都是有害的人。

无论你的权力有多大，都要记得本着为善的良心做事。历史上的雄主楚惠王就是这样一个人，他为救人而吃蚂蟥的故事令人感动。

楚惠王吃凉酸菜时发现有蚂蟥，于是就吞食了，之后腹部得病不能吃东西。令尹问安道："君王怎么得这病的？"惠王回答说："我吃凉酸菜发现有蚂蟥，如果责备厨师而不治他们的罪，这是破坏法令的做法，会使自己威严建立不起来，我也是怕被老百姓发现，才这样做的。按照法令，那些不小心的厨师都应该被处死，但是我实在不忍心。我害怕左右的人看见，于是就吞食了。"令尹听完后大概明白是什么事情了，于是离开自己的座位再次叩拜并恭贺说："我听说天道是没有亲疏的，只帮助有德行的人。君王具有仁德，靠天的帮助，病不会造成伤害。"果不其然，这天晚上，惠王去后宫厕所排出了蚂蟥，同时病了很久的心腹积块也全都痊愈了。正应了令尹说的话，天道都是爱护有德行的人，不会让这些有德行的人做了善事而受到惩罚。

惠王宽恕小罪，使地位低微的人保全了性命，自身也会平安而不生病。圣人的道德纯厚，做出怜悯人的德行，宽容人过失的事，一定很多。

还有人会说，做了好人却没有得到好报，为什么还要做一个本质善良的人呢？真正的好人，做好事是不求回报的。

1963 年，一位叫玛莉·班尼的女孩写信给《芝加哥论坛报》，因为她实在搞不明白，为什么她帮妈妈把烤好的甜饼送到餐桌上，得到的只是一句"好孩子"的夸奖，而那个什么都不干、只知捣蛋的弟弟戴维得到的却是一个甜饼。

她想问一问无所不知的西勒·库斯特先生，上帝真的是公平的吗？为什么她在家和学校常看到一些像她这样的好孩子被上帝遗忘了。西勒·库斯特是《芝加哥论坛报》儿童版"你说我说"栏目的主持人，十多年来，孩子们有关"上帝为什么不奖赏好人，为什么不惩罚坏人"之类的来信，他收到不下千封。每当拆阅这样的信件，他心里就非常沉重，因为他不知该怎样回答这些提问。正当他对玛莉小姑娘的来信不知如何回答是好时，一位朋友邀请他参加婚礼。也许他一生都该感谢这次婚礼，因为就是在这次婚礼上，他找到了答案，并且这个答案让他一夜之间名扬天下。

西勒·库斯特是这样回忆那场婚礼的：牧师主持完仪式后，新娘和

新郎互赠戒指，也许是他们正沉浸在幸福之中，也许是两人过于激动，总之，在他们互赠戒指时，两人阴差阳错地把戒指戴在了对方的右手上。牧师看到这一情节，幽默地提醒："右手已经够完美的了，我想你们最好还是用它来装扮左手吧。"西勒·库斯特说，正是牧师的这一幽默，让他茅塞顿开。

右手成为右手，本身就非常完美了，没有必要把饰物再戴在右手上了。同样，那些有道德的人，之所以常常被忽略，不就是因为他们已经非常完美了吗？西勒·库斯特得出结论，上帝让右手成为右手，就是对右手最高的奖赏，同理，上帝让善人成为善人，也就是对善人的最高奖赏。

第六章　诚在于心，明在于德

　　真诚的原则是无愧于心，做任何事情，我们最先要问的是自己：可以做吗？会不会违背自己的本心？人生在世，我们却也不能完全由着自己的性子做事，本心就是在一步一步修炼中，变得越来越赤诚，越来越强大。从心出发，修身修德，是由内而外的变化，也是最值得提倡的行为论。

真诚原则，从容中道

【原典再现】

诚者，天之道也[①]；诚之者，人之道也[②]。诚者不勉而中，不思而得，从容中道[③]，圣人也。诚之者，择善而固执之者也。

【重点注释】

①诚者，天之道也：意味着天道的通行是真实无妄的。

②诚之者，人之道也：人生活在天地中，应当努力遵循诚实的天性。

③从容中道：言行举止自然得体，合乎中庸之道。

【白话翻译】

诚实是天道的法则，做到诚实是人道的法则。天生诚实的人，不必勉强为人处世合理，不必思索言语行动得当。从容不迫地达到中庸之道，这种人就是圣人。做到诚实的人，就必须选择至善的美德，并且要坚定不渝地实行它才行。

【鉴赏评议】

这章讲的是"诚"。一个"诚"字简简单单、坦坦荡荡，经过各朝各代人的推敲，形成了内涵丰富的"诚"之奥义。说到这个字，有人会想到"诚信""诚实""真诚"，等等。其实"诚"不仅是形容一个人品德的字，还是一种治国手段。

当然这章中重点讲的还是人的品格和对事情的认识。

如文中所讲，这种在圣人身上才能出现的"诚"，应该是"至诚"。因为人无完人，随着我们的成长，"诚"就会慢慢为世俗所改变。当然这种改变也是为了适应这个社会。

《易经》里说："天地感，而万物化生；圣人感人心，而天下太平。"这表示了"诚"的重要性，如果天地能够交感，则能使万物化生，如果圣人能感人心，那么天下一定会变得太平。

其实，《中庸》也提到过："诚者，自成也，而道自道也。诚者，物质之终始，无诚不物。"这说明"诚"作为一种精神力量，有着能使天地万物具有生命力和凝聚力的能力。

宋代理学家朱熹也表示："诚者，真实无妄之谓。"他肯定"诚"是一种真实不欺的美德。这说明了人要说真话、做实事，反对欺诈和虚伪。

"诚"之一字，已经成为中华儿女为人处世、立国安邦之根本，是一种代代相传的美德。

【深度解读】

真诚的重要性

"诚"字，由"言"和"成"两部分组成。"成"有百分之百之意，所以"言"与"成"在一起是指实实在在的言语，即说实话，说实在话。不过，"诚"的意义并不止于此，它还有其他引申含义。《说文》里说："诚，信也。"是指做人要有诚信。《列子·汤问》里说："帝感其诚，命夸娥氏

二子负二山，一厝朔东，一厝雍南。"是指处世要精诚、真诚，所谓"精诚所至，金石为开"，说的就是这个道理。孟子在《尽心》里也说："反身而诚，乐莫大焉。"是把反省作为自己最大的快乐，从而以达到"诚"的最高境界。

"诚"之精妙贯穿于中国的历史中，千年的变更，始终不能磨灭其历史的印记。诚信对于一个国家的确重要，它能使一个国家振奋，当然也能使一个国家灭亡。

周幽王有个宠妃名曰褒姒，可惜的是，这位美女生来不会笑，老是皱着眉头。周幽王为此伤透了脑筋，为博取红颜一笑，周幽王下令在都城附近二十多座烽火台上点起了救援的烽火，诸侯们见到烽火，率兵匆匆而至，却发现这是君王为博妻一笑的手段。褒姒看到平日威仪赫赫的诸侯们手足无措的样子，终于开心一笑。幽王见此很是高兴，多次点燃烽火，到后来诸侯均不相信君王。当西夷太戎大举攻周，烽火再燃却无人相信。最终导致幽王自刎，褒姒被俘，国家灭亡。

做人不仅要诚信，也要精诚，庄子曾说过："不精不诚，不能动人。"

古人也有过"程门立雪"的故事，提到时总让人想到尊师重教，其实这何尝不是一种真诚。这种单纯质朴的诚心，让人为之动容。这个耳熟能详的故事，说明了一个硬道理：唯有真诚最能打动人。

不仅要对别人"诚"，更要对自己"诚"。做到不管是对他人还是对自己的"诚"，才是真正的表里如一，真诚如一。

北宋词人晏殊，素以诚实著称。在他十四岁时，有人把他作为神童举荐给皇帝。皇帝召见了他，并要他与一千多名进士同时参加考试。结果晏殊发现考试内容是自己十天前刚练习过的，就如实向真宗报告，并请求改换其他题目。宋真宗非常赞赏晏殊的诚实品质，便赐给他"同进士出身"。

晏殊当职时，正值天下太平。于是，京城的大小官员便经常到郊外游玩或在城内的酒楼、茶馆举行各种宴会。晏殊家贫，无钱出去吃喝玩乐，只好在家里和兄弟们读写文章。有一天，真宗提拔晏殊为辅佐太子读书的东宫官。大臣们惊讶异常，不明白真宗为何做出这样的决定。真宗说："近来群臣经常游玩饮宴，只有晏殊闭门读书，如此自重谨慎，正是东宫官合适的人选。"晏殊谢恩后说："我其实也是个喜欢游玩饮宴的人，只是家贫而已。若我有钱，也早就参与宴游了。"这两件事，使晏殊在群臣面前树立起了信誉，而宋真宗也更加信任他了。

一个人做事，不一定要做给别人看，只有守住内心，把心中的准则作为为人处世的道理，才是真正的坦诚，这种"诚"没有功利，是一种赤诚，拥有赤子之心的人，才是最值得别人尊敬的人。

到了现代社会，我们虽然不能做到像圣人一样"至诚"，但是在适应社会的同时，在行为上也要做到真诚，这是真诚原则的最低底线。

而这种真诚原则不是说做人要像愣头青一样愣头愣脑，做事横冲直撞。我们不排斥处世圆滑，因为《中庸》本来就是一门入世的学问，就像善意的谎言一样，虽然撒了谎，但是有时候很可能会拯救一个人。我们常说做人不能自己骗自己，只有了解自己内心真正的想法，哪怕是错误的想法，我们才能及时知道并加以反思，"吾日三省吾身"不是个丢人的事情，自己骗自己才可怕，即使是权威的宪法，隔一段时间都会有修正案，更何况是人呢？而对一个国家来说更是如此，知道反思才能弥补缺漏，社会才能进步，否则一味地墨守成规，忽视本身存在的问题，那这个缺陷就会越来越大，近代中国就是这样一个例子。面对真实的自己，做对的事情，这就是《中庸》里教会我们的真诚。这是修养，也是底线。

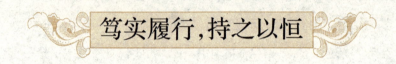

笃实履行，持之以恒

【原典再现】

博学之，审问之，慎思之，明辨之，笃行①之。有弗学，学之弗能弗措也；有弗问，问之弗知弗措②也；有弗思，思之弗得弗措也；有弗辨，辨之弗明弗措也有弗行，行之弗笃弗措也。人一能之己百之，人十能之己千之。果能此道矣，虽愚必明，虽柔必强。

【重点注释】

①笃行：笃实地履行。

②弗措：不停止，不罢休，不半途而废。

【白话翻译】

要广博地学习，要对学问详细地询问，要慎重地思考，要明白地辨别，要切实地力行。不学则已，既然要学，不学到通达晓畅绝不能终止；不去求教则已，既然求教，不到彻底明白绝不能终止；不去思考则已，既然思考了，不想出一番道理绝不能终止；不去辨别则已，既然辨别了，不到分辨明白绝不能终止；不去做则已，既然做了，不确实做到圆满绝不能终止。别人学一次就会，我要学一百次；别人学十次就会，我要学一千次。果真能够实行这种方法，即使是愚笨的人也一定会聪明起来，即使是脆弱的人也一定会坚强起来。

【鉴赏评议】

不管是学习课本知识，还是学习某种技能，都需要经过反复训练才能完成。

博学，审问，慎思，明辨，笃行。这五个词是为了告诉我们，学习首先要学会广泛涉猎，胸中有了知识，才会存有疑惑，存疑代表我们会有针对性地提问请教。长此以往，我们就学会了周全地思考问题，形成清晰的判断力，这样，才能通过学到的知识，指导我们日后的所作所为。

学习最重要的是端正态度，要有一颗孜孜不倦、坚持不懈的心。对于一件事情，不做则已，既然做了，就一定要做到最好。也许作为芸芸众生中的一人，并没有天才的能力。但是，天才一学就会，我们可以学习百次，天才十次就明白，我们可以做一千次。只要有这种钻劲，哪怕开始迟钝一点，可总会变得聪明；开始柔弱的人，也会变得强壮有力。

【深度解读】

持之以恒终有报

我们小的时候听过这样一个故事：伟大的诗人李白小的时候读书很不用功。有一天，他在山下小溪旁遇见一位白发老婆婆在那里磨铁杵，于是问其缘由。老婆婆回答说，她要把铁杵磨成绣花针。李白不相信，嗤笑了一声说："铁杵岂能磨成针？"可一段时间后，老婆婆果真做到了。她用行动告诉李白，只要功夫深，铁杵也能磨成绣花针。李白从中有了顿悟，从此发奋苦读，最后有了"诗仙"的美誉。

这个故事朴实易懂，却给人们传达了一个亘古不变的道理：做事情要持之以恒，才会有所成就。"持之以恒"一词，语出曾国藩《家训喻纪泽》："尔之短处，在言语欠钝讷，举止欠端重，看书不能深入，而作文不能峥嵘。若能从此三事上下一番苦功，进之以猛，持之以恒，不过一二年，自尔精进而不觉。"曾先生的家训，言语不华美，其中的教导，却值得每个人学习。

西汉时期，有个叫匡衡的人，家里很穷，却极爱读书。他白天要干很多活儿，只有晚上才有时间读书。可是他太穷，没有钱买蜡烛。有一天晚上，匡衡躺在床上背白天读过的书。背着背着，突然看到东边的墙壁上透过来一线亮光。他站起来走到墙壁边一看，原来从壁缝里透过来的是邻居的灯光。于是，匡衡想了一个办法：他拿了一把小刀，把墙缝挖大了一些。这样，透过来的光亮也大了，他就凑着透进来的灯光，读起书来。县里有个大户人家叫文不识，家中富有，有很多书。匡衡就到他家去做雇工，但不要报酬。主人感到很奇怪，问他为什么这样，他说："我想读遍主人家的书。"主人听了，深为感叹，就借给匡衡书来读。就是这样刻苦地学习，匡衡最后成了一个很有学问的人。

这个故事讲述了匡衡少年时读书的两件事：一件是凿壁偷光，一件是借书苦读。匡衡让人动容的除了他爱读书的外，就是那一份持之以恒的心。不管条件多么艰苦，机会多么渺茫，有了想做的事情，就尽力去做，做了就要做到最好。这样，才能以一颗坚定的心，面对世间的万般蹉跎。

滴水穿石，不是因其力量，而是因其坚韧不拔、锲而不舍。圣人孔子亦是如此，才有了"韦编三绝"的美谈。

孔子年轻的时候读书很用功。他花了很大的精力，把《易》全部读了一遍，基本上了解了它的内容。不久又读第二遍，掌握了它的基本要点。

接着，他又读第三遍，对其中的精神、实质有了透彻的理解。在这以后，为了深入研究这部书，又为了给弟子讲解，他不知翻阅了多少遍。他这样不停地读，把连接竹简的牛皮带子也给磨断了几次，不得不多次换上新的再使用。孔子还谦虚地说："假如让我多活几年，我就可以完全掌握《易》的文与质了。"

要真正弄懂一件事情，不是浅显地知道它，而是要深入地了解它。知道一件事情很简单，但通晓它的内涵并创造出新的东西，就不是一件轻而易举的事了。大部分人对于事情都是知其然，而不知其所以然。想要成为知其所以然那一小部分人，就要拥有锲而不舍的精神。

宋代词人苏轼说："古之立大事者，不惟有超世之才，亦必有坚忍不拔之志。"作为普通人，就算没有惊天的才能，也能成就大事，无非是因为有一颗持之以恒的心。

自诚则明，自明则诚

【原典再现】

自诚明①，谓之性。自明诚，谓之教。诚则明矣，明则诚矣。

【重点注释】

①自诚明：由于诚恳而明白事理。

【白话翻译】

由于诚恳而明白事理，这叫作天性；由于明白事理而做到诚恳，这是教育的结果。真诚就会明白事理，能够明白事理也就能够做到真诚了。

【鉴赏评议】

《中庸》里认为"自诚明"是一种天性，这种天性不是指明白事理，而是指由于诚恳而明白事理的这个过程，这个自然而然的自我反应过程才能被称为天性。在儒家思想中诸如此类的天性有很多。简单的有"性善论"和"性恶论"，而复杂的有像"自诚明"这种过程的天性。

人能够明白事理，就可以确定自己内心所向的目标，进而指导自己的行为。人也可反躬自省，自己的行为是否合于心中向善的本性，即真诚。如此一来，真诚与明白事理互为促进、相辅相成。"自诚明"是说由真诚而明理。"自明诚"是说由明理而真诚。不论是出于天性或是教育的结果，一个人处世立身的原则都应是为仁行善、自觉自愿、不为外在力量所促使，如若可以做到这样，人就能达到至真至纯、至善至美的境界。

【深度解读】

教育对一个人的重要性

儒家思想把人性分为两个方面：孟子坚持"人之初，性本善"，他认为人一生下来本性是善良的，但是如果后天不教育，那么他善良的本性就有可能会改变；而荀子则认为"人之初，性本恶"，他觉得人一出生本性是恶的，必须通过后天的教育引人向善。后来的心学又有人提出，人出生之始就像一张白纸，是在后天环境中因善从善，因恶从恶，所以要对人进行教育，让接受善的更加从善，让接受恶的弃恶从善。因此，不管人的本性如何，这些都说明了后天教育的重要性。

南朝的江淹，字文通。他年少的时候，就成为一个鼎鼎有名的文学家，他的诗和文章在当时都获得了极高的评价。可是，当他年纪渐渐大了以后，文章不但没有以前写得好了，而且退步不少。他的诗写出来平淡无奇，而且提笔好久，依旧写不出一个字来；偶尔灵感来了，诗写出来了，但文句枯涩，内容平淡得一无可取。于是就有人传说，有一次江淹乘船停在禅灵寺的河边，梦见一个自称张景阳的人向他讨还一匹绸缎，江淹就从怀中掏出几尺绸缎还他。自此，江淹的文章便不精彩了。又有人传说，有一次江淹在冶亭中睡午觉，梦见一个自称郭璞的人，走到他的身边，向他索笔，对他说："文通兄，我有一支笔在你那儿已经很久了，应该可以还给我了吧！"江淹听了，就顺手从怀里取出一支五色笔来还他。从此以后，江淹就文思枯竭，再也写不出什么好的文章了。

其实并不是江淹的才华已经用完了，而是他当官以后，一方面由于政务繁忙，另一方面也由于仕途得意无需自己动笔。久而久之，文章自然会逐渐逊色，缺乏才气。学习是不能停止的，有很多人仗着自己年少的才能，停止去学习，长此以往，却发现自己已经没有当初的才能了。这说明，不管先天多么聪慧，如果后天不学习的话也只会落得"泯然众人矣"的下场。

《论语》里面说："知之者不如好之者，好之者不如乐之者。"它说的是：懂得它的人，不如爱好它的人；爱好它的人，又不如以它为乐的人。热爱学习、自身想要学习的人才能做到事半功倍。培养一个人的"好学"才是学好知识的关键所在。如果一个人真心向学，那么他必然能够学得更好。

北宋时期，福建将东县有个叫杨时的进士，他从小就聪明伶俐，四岁入村学，七岁能写诗，八岁能作赋，人称神童。他特别喜好钻研学问，到处寻师访友。

一天，杨时同一起学习的游酢向程颐请教学问，却不巧赶上程颐正在屋中打盹儿。杨时便劝告游酢不要惊醒老师，于是两人静立门口，等老师醒来。一会儿，天飘起鹅毛大雪，越下越急，杨时和游酢却还立在雪中，游酢实在冻得受不了，几次想叫醒程颐，都被杨时阻拦了。直到程颐一觉醒来，才赫然发现门外的两个雪人。从此，程颐深受感动，更加尽心尽力教导杨时，杨时不负众望，终于学到了老师的全部学问。之后，杨时回到南方传播程氏理学，且形成独家学派，世称"龟山先生"。

我们现代的小学课本收录了"玉不琢，不成器；人不学，不知义"这句话，它的意思是：玉不打磨雕刻，不会成为精美的器物；人若是不学习，就不懂得礼仪，不能成才。对于一个人的成长，教育起着至关重要的作用。一方面，教育是为每个人的生活做准备，有利于掌握前人的经验，分享人类世代积累的知识财富；另一方面，它唤起了人类的潜力，不断自我改进和创新，从而打开人类发展的道路，为未来奠定了基础。

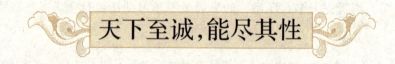

天下至诚，能尽其性

【原典再现】

唯天下至诚，为能尽其性①；能尽其性，则能尽人之性；能尽人之性，则能尽物之性；能尽物之性，则可以赞^②天地之化育^③；可以赞天地之化育，则可以与天地参^④矣。其次致曲。曲能有诚，诚则形^⑤，形则著^⑥，著则明^⑦，明则动，动则变^⑧，变则化^⑨。唯天下至诚为能化。

【重点注释】

①尽其性：充分发挥人之本性。

②赞：赞助。

③化育：化生和养育。

④与天地参：与天地并立为三。

⑤形：显露、表现的意思。

⑥著：显著，昭著。

⑦明：显明，昭明。

⑧变：变革。

⑨化：化育。

【白话翻译】

只有至诚恳切的人，才能尽力发挥他的本性；能尽他自己的本性，就能尽知他人的本性；能尽知他人的本性，就能尽知万物的本性；能尽知万物的本性，就可以赞助天地万物的化育；能赞助天地万物的化育，就可以与天地并列为三了。比圣人次一等的贤人致力于某一方面也能做到真诚。做到了真诚就会表现出来，表现出来就会逐渐显著，显著了就会发扬光大，发扬光大就会感动他人，感动他人就会引起转变，引起转变就能化育万物。只有天下最真诚的人能化育万物。

【鉴赏评议】

本段所谓人尽其性、物尽其性，就是儒家所讲究的穷理尽性。穷理尽性，就是充分发挥人的本性，穷究事理，以得其所。同时，人尽其性，也表达出儒家思想中追求人性自由、摆脱俗世束缚的意味。古往今来，在人们的固有观念中，儒家思想带有固有的刻板印象，一旦遇到重大的革新运动，第一个开刀的总是儒家思想。《中庸》是儒家至典，细细品味原文，会发现有些固化的印象，其实是为了统治需要所曲解，而今品读此章，可以看到儒学中对自由和人性的探讨。人性发展到极致就是自由。而在本篇中所表达的不仅仅是人尽其性，还有人尽其性的最高境界——达到天人合一。

【深度解读】

充分发挥自己的本性

在现实社会中，我们非常艳羡一类人，他们也许其貌不扬，也许没有高智商，但他们在一个领域内能将自己的才能发挥到极致，取得一定的成就。

那么，人尽其性是否就是人要发挥自己的天赋，在自己擅长的领域登峰造极？其然，也不然。能尽其性，有这一层的含义，但是更为深刻的思想还是探讨本性，其次才是功效论。

伟大的心理学家弗洛伊德曾经提过"自我""本我""超我"的理论。

"自我"就是本我，指的是最原始的我，是天然、自然之我，是生而有我之我。"本我"，是一切"我"存在的心理前提和物质基础。通俗地讲也可以理解为天性、本能、自然思维规律等。"超我"就是伦理道德下的自我，意味着束缚和责任。

能尽其性，所说的"性"，就是本我。在儒家理论中，我们可以理解成"天人合一"的境界，是对人的解放。解放后，就成为符合伦理道德一系列标准的"圣人"，这是儒家的哲学，是对"至诚"的追求。但在为人处世中，很难达到如此苛刻的要求，毕竟圣人不常有。

而在现实生活中，只要不违背事物发展的规律和本性，就足够让我们得到更多更好的发展空间。

在中国古代有这样一个例子。甘戊被派遣出使齐国，前面有一条深不见底的大河，必须乘船才能渡过去。

那渡船的船夫对他说："河水间隔很窄，你都不能靠自己的能力过河，怎样能说服齐王呢？"

甘戊说："话不能这样说，你要知道其中的道理。事物各有长处和短处，那种谨慎老实诚恳厚道的臣子，可以辅助君王，用兵打仗却没有用处；好马能够日行千里，而把它们放在家里，让它们去捕老鼠，还不如野猫；干将是闻名于世的绝世宝剑，可是工匠用它劈削木头，还不如斧子。现在用桨划船，进退自如，我的确不如你；说服有千万辆战车的君王，你就比不上我了。"

甘茂和船夫的对话有"术业专攻"的意思，但是，从其中用动物的类比，我们也可以看出有些东西的本性是不能违背的。猫能捉老鼠，无论如何也不可能耕地，更别说去日行千里了。

认识自己的"能"和"性"，既不妄自菲薄，也不狂妄自大。就像甘茂一样，他虽然贵为使臣地位高高在上，但是，他能清楚地认识到自己在

某个方面比船夫差。这就是人在社会哲学中收获的最宝贵的知识之一：充分发挥自己的本性，却又能认识到自己的本性有所缺漏。

有时候"自我"更需要"本我"的束缚，生活才能一帆风顺。

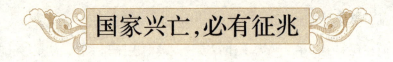

国家兴亡，必有征兆

【原典再现】

至诚之道，可以前知①。国家将兴，必有祯祥②；国家将亡，必有妖孽③。见④乎蓍龟，动乎四体⑤。祸福将至：善，必先知之；不善，必先知之。故至诚如神⑥。

【重点注释】

①前知：预先知晓。

②祯祥：吉祥的征兆。

③妖孽：在古代指物类反常的现象。草木之类称为妖，虫豸之类称为孽。这里比喻邪恶的人或事。

④见：同"现"，呈现。

⑤动乎四体：从人们的四肢举动上可以看出来。

⑥如神：如神一样妙不可言。

【白话翻译】

以极为诚恳的精神求告上天神灵，可以获得预先知道未来事件的能力。如果国家兴盛，一定会有吉祥的事情作为先兆；如果国家即将衰落，也一定会有妖魔鬼怪等怪事出现。所以说，至诚的心可以通灵预知。

【鉴赏评议】

人们常说：善恶有报，不是不报，时候未到。中国人的传统哲学观中总是流露着善恶终有报的思想，普通人不能做坏事，否则就会招来灾难，手握大权者不能做坏事，否则就会有亡国的祸患。

在传统的人治社会中，君王往往具有超凡的权力，他们决定这天下的兴亡，有时候他们的个人道德的高低直接决定这个国家的政治走向，所谓性灵方能预知未来的事件，不过是仁人志士通过君王的品行、作为去判断这个国家最终的前途。

当君王品行出众，并且具有相当的治世之才时，往往国泰民安，老百姓安居乐业，在这样的状况下，人们就会通过这种方式对君王进行歌功颂德，自然就会出现所谓的吉兆，事实上这反映了明君的人心所向。

如果君王的品行败坏，治理国家一无是处，在他们的统领下，国家一直走下坡路，老百姓居无定所，没有饭吃没有衣穿，在他们的心中就会将君王妖魔化，并希望通过神鬼妖怪来替天行道，这就是所谓的凶兆，反映了昏君的人心所背。

其实，简而言之，所谓国家兴亡的吉凶之兆不过就是反映了民心向背的问题，当权者应当时刻自省，看清楚人心，掌握民意，才能自然"性灵"，懂得如何治世方能长治久安。

【深度解读】

得道多助，失道寡助

说到"国家兴亡"，我们自然会联系到"匹夫有责"这句话，可事实上，在中国古代，决定国家兴亡的往往不是百姓，而是万人之上的君王。孟子认为君王治理国家就是："得道者多助，失道者寡助。寡助之至，亲戚畔之多助之至，天下顺之。以天下之所顺，攻亲戚之所畔，故君子有不战，战必胜矣。"他的意思是说能施行"仁政"的君主，支持帮助他的人就多，不行仁政的君主，支持帮助他的人就少。帮助他的人少到了极点，兄弟骨肉也会背叛他；帮助他的人多到了极点，天下的人都会归顺他。凭着天下人都归顺他的条件，去攻打那连亲戚都反对的寡助之君，所以，能行仁政的君主不战则已，战就一定胜利。

说到一个人昏庸误国，就不得不提到纣王帝辛了。

帝辛，子姓，名受（一作受德），谥号纣，世称殷纣王、商纣王，帝乙少子，商朝最后一个国王，他是中国历史上有名的暴君。他兴建琼楼瑶台，整日"以酒为池，以肉为林"，和爱妃妲己以及贵族们宴饮酒池。为了满足自己的享受，纣王加重赋税，使社会矛盾越来越尖锐。百姓起来反抗，他就用重刑镇压。他设置了"炮烙"酷刑，把反对他的人绑在烧得通红的铜柱上活活烙死。叔父比干规劝他，他竟凶狠地挖出了比干的心。纣王的残暴统治激起了人们的反抗，动荡不安的社会像烧开了的水那样沸腾。

这个时候，活动在渭河流域的姬姓周部落逐渐强大起来，首领周武王姬发积极策划灭商。他继承父亲文王遗志，重用姜尚等人，使国力增强。

当商的主力军队远在东方作战、国内军事力量空虚之时，周武王联合各个部落，率领兵车三百辆、虎贲（卫军）三千人、士卒四万多人进军到距离商纣王所居的朝歌只有七十里的牧野（今河南淇县西南），举行了誓师大会，列数纣王罪状，鼓励军队同纣王决战。

周文王在完成"翦商大业"前夕逝世，其子姬发继位，为周武王。他即位后，继承父亲遗志，遵循既定的战略方针，并加紧予以落实，如在孟津（今河南孟津东北）与诸侯结盟，向朝歌派遣间谍，准备伺机兴师。

当时，商纣王已感觉到周人对自己构成的严重威胁，决定对周用兵。然而这一拟定中的军事行动，却因东夷族的反叛而化为泡影。为平息东夷的反叛，纣王调动部队倾全力进攻东夷，结果造成西线兵力的极大空虚。与此同时，商朝统治集团内部的矛盾呈现白热化，商纣肆意胡为，残杀王族重臣比干，囚禁箕子，逼走微子。武王、姜尚等人遂把握这一有利战机，决定乘虚蹈隙，大举伐纣，牧野之战一战而胜，结束了商王朝的统治，开始了百姓安居乐业、统治稳定的周王朝。

熟悉《封神榜》的人们对纣王肯定有很深的印象，他荒淫无道，草菅人命，色胆包天到调戏女娲娘娘，终于人神共怒。

不过回到现实中，我们当然也知道这只是个神话故事，真实的成分有多少无法下定论，但可以肯定的是，一个违背人民意愿的君主终会亡国。只有真正忠于人民、为人民办实事的君主才能民心所向，稳定家国。

汉光武帝刘秀便是一个这样的明君。西汉末期，外臣王莽篡汉，西汉结束，改国号为新。后王莽改制失败，导致绿林赤眉起义爆发最终肢解新莽政权，汉景帝后裔刘秀趁机恢复汉朝，国号仍为汉。

史称刘秀才兼文武，豁达有大度。他长于用兵，善于以少胜多，出奇制胜。在昆阳之战中，他知人善任，中兴二十八将大都拔擢自小吏、布衣、

行伍之中。他对待臣僚开心见诚，不念旧恶，赏罚严明，虽仇必赏，虽亲必罚，如重用有宿怨的朱鲔。

刘秀在战争中之所以能够克敌制胜，还在于他注意讲求策略，具有敏锐的政治眼光。他在统一战争中，善于采用政治攻势，如宣布释放奴婢、刑徒，减免赋税刑法，用以瓦解敌军，壮大自己的势力。他还注意整饬军纪，早在他担任更始政权的将军时就注意约束部下遵守军纪，这就有利于取得更多的支持。在统一全国之后，刘秀仍能兢兢业业，勤于政事，"每旦视朝，日仄乃罢，数引公卿郎将议论经理，夜分乃寐"。他所实行的各项政策措施，既维护了东汉统治，也维护了国家统一。司马光说过："帝每旦视朝，日昃乃罢……虽以征伐济大业，及天下既定，乃退功臣而进文吏，明慎政体，总揽权纲，量时度力，举无过事，故能恢复前烈，身致太平。"他们对光武帝刘秀在统一全国后的政绩做了充分的肯定。

近世著名史学家范文澜评光武帝时说："这个以南阳豪强为主体的刘秀军，在政治上有优势，在军事上有谋略，再加上禁止掳掠，争取民心，这就决定了它的必然胜利。刘秀既是地主阶级的代表，自然是农民起义军的死敌；但是他也代表着社会的共同要求，完成了国家统一的伟大事业。他在推倒王莽的战争中，在削平割据的战争中，都起了极大的作用，因此，他是对当时历史有重要贡献的历史人物。"

一个圣明的君主可以在国家危亡之际号召百姓拯救国家，而一个昏庸的君主，哪怕将治理有方的国家交到他的手上也只会有亡国的下场。

只要一个统治者真正地励精图治，为自己的国家和子民着想，那么他一定会民心所向，治理好他的国家；但是如果他只顾自己享乐，不考虑国家和子民，那么他也一定会民心所背，受到应有的惩罚。这世上所有的因果报应，都并非妖魔所为，不过是自己种了什么因，便会得到什么果罢了。

自我完善，自我成全

【原典再现】

诚者自成①也，而道自道②也。诚者物之终始，不诚无物。是故君子诚之为贵。

【重点注释】

①自成：自我成全，自我完善。

②自道：自我引导，自我规划。

【白话翻译】

有诚心的人成就自我，而道路是自己找到的。诚心贯穿万物的始与终，没有诚心，万物的存在就没有意义了。所以君子看重诚心，有诚心的人并不仅限于成就自己，而是以成就万物为己任。

【鉴赏评议】

用心专一，恭敬于事，则能获得好的结果。正如《礼记》中所讲的正心、诚意、格物致知一样，只要虔心诚意，就能灵验；只要有坚定的信念，正确的心态，愿望就会实现，这就是心诚则灵。

怀着一颗永不放弃、至死不渝的真诚的心，就会给人带来永不言败、锲

而不舍的精神意念，好的结果自然水到渠成。"灵不灵"其实在很大程度上取决于个人的内心。尽管结果的好与坏存在着许多不确定因素，但总有一些因素是由心而定的。相信只要忠诚地对待自己的理想，真诚地对待自己的学业和事业，坦诚地对待自己的亲朋好友……好的结果就会出现，忠诚度、真诚度、坦诚度越高，好的结果就会越早出现。

人不诚无以立。商人做事不诚，生意就会一落千丈；文人做事不讲诚信，文章就会一文不名；统治者如果做事不诚，国家就会岌岌可危。诚不仅是一种品德，更是一种实力和信心的象征，所以只有做到心诚，才能做好人，做好事，管理好国家。

因此，以诚待人，不仅可以成就自己，还可以影响身边的人，引导他们做一个讲求"诚"的人，以自身品德影响他人，让他们在无形中改变自己。这也是君子所追求的一种道义吧。

【深度解读】

心诚交善友，人好遇知音

好马配好鞍，好船配风帆。有时候，我们遇见什么样的人，很大程度上取决于我们自身是个什么样的人。所以在生活中，我们常常说，看一个人交往的朋友，就可以看出他的人品。

在战国时期，齐国有一位著名的学者名叫淳于髡。他博学多才，能言善辩，被任命为齐国的大夫。淳于髡经常利用寓言故事、民间传说、山野轶闻来劝谏齐王，而不是通过讲大道理来说服他，却往往能收到意想不到的效果。有一次，齐宣王想攻打魏国，便积极调动军队，征集粮草补充兵源，使得国库空虚，民间穷困，有的百姓已经逃到其他国家去了。淳于髡对此十分忧虑，他就去求见齐宣王。齐宣王爱听故事，淳于髡投其所好，说："臣最近听到一个故事，想讲给大王听。"齐宣王说："好啊，寡人好久没听先生讲故事了！"淳于髡说道："有一条叫韩子卢的黑狗，是普天下跑得最快的狗。有一只叫东郭逡的兔子，是四海内最狡猾的兔子。有一天，韩子卢追逐东郭逡，绕着山跑了三圈，又翻山顶来回追了五趟，兔子在前面跑得筋疲力尽，狗在后面追得力尽精疲，双双累死在山腰。一个农夫看见了，没花一点力气，就独自得到了这个便宜。"齐宣王听出淳于髡话中有话，就笑着说："先生想教我什么呢？"淳于髡说道："现在齐、魏两国相持不下，双方的军队都很疲惫，两国的百姓深受其害，恐怕秦、楚等强国正在后面等着，像老农一样准备捡便宜呢。"齐宣公听了，认为很有道理，就下令停止进攻魏国。

齐宣王喜欢招贤纳士，于是让淳于髡举荐人才。淳于髡一天之内接连向齐宣王推荐了七位贤能之士。

齐宣王很惊讶，就问淳于髡说："寡人听说，人才是很难得的，如果一千年之内能找到一位贤人，那贤人就多得像肩并肩站着一样；如果一百年能出现一个圣人，那圣人就像脚跟挨着脚跟来到一样。现在，你一天之内就推荐了七个贤士，那贤士是不是太多了？"

淳于髡回答说："不能这样说。要知道，同类的鸟儿总是聚在一起飞翔，同类的野兽总是聚在一起行动。人们要寻找柴胡、桔梗这类药材，如果到水泽洼地去找，恐怕永远也找不到；要是到梁文山的背面去找，那就可以成车地找到。这是因为天下同类的事物，总是要相聚在一起的。我大概也算个贤士，所以让我举荐贤士，就如同在黄河里取水、在燧石中取火一样容易，我还要给您再推荐一些贤士，何止这七个！"

物以类聚，人以群分。我们在生活中总会不经意碰到与之趣味相投的人，正如当年的俞伯牙和钟子期一样，尽管两人身份相差悬殊，但是依然不能阻止他们成为知己。

春秋时代，有个叫俞伯牙的人，精通音律，琴艺高超，是当时著名的琴师。俞伯牙年轻的时候聪颖好学，曾拜高人为师，琴技高超，但他总觉得自己还不能出神入化地表现对各种事物的感受。伯牙的老师知道他的想法后，就带他乘船到东海的蓬莱岛上，让他欣赏大自然的景色，倾听大海的波涛声。伯牙举目眺望，只见波浪汹涌、海鸟翻飞、山林树木、郁郁葱葱，一种奇妙的感觉油然而生，耳边仿佛响起了大自然那和谐动听的音乐。他情不自禁地取琴弹奏，音随意转，把大自然的美妙融进了琴声，体验到一种前所未有的境界。一夜伯牙乘船游览，面对清风明月，他思绪万千，于是又弹起琴来，琴声悠扬，渐入佳境。忽听岸上有人叫绝，伯牙闻声走出船来，只见一个樵夫站在岸边。他知道此人是知音，当即请樵夫上船，兴致勃勃地为他演奏。当伯牙弹起赞美高山的曲调，樵夫说道："真好！雄伟而庄重，好像高耸入云的泰山一样！"当伯牙弹奏表现奔腾澎湃的波涛时，樵夫又说："真好！宽广浩荡，好像看见滚滚的流水，无边的大海一般！"伯牙兴奋极了，激动地说："知音！你真是我的知音。"这个樵夫就是钟子期。从此二人成了非常要好的朋友。后来子期早亡，俞伯牙知道后，在钟子期的坟前抚起平生最后一支曲子，然后尽断琴弦，终不复鼓琴。

伯牙子期的故事千古流传，高山流水的美妙乐曲至今还萦绕在人们的心底和耳边，而那种知音难觅、知己难寻的故事却世世代代上演着。世上如伯牙与钟子期的知音实在是太少了，孟浩然曾叹曰："欲取鸣琴弹，恨无知音赏。"岳飞无眠之夜也道："欲将心事付瑶琴，知音少，弦断有谁听？"苏轼自比孤鸿，写下了"拣尽寒枝不肯栖，寂寞沙州冷"的句子。

贾岛却道："两句三年得，一吟双泪流；知音如不赏，归卧故山丘。"知音难觅，知己难寻！

"士为知己者死"表现了一种人的至情至性，君子和而不同，小人同而不和，因为君子交友以诚，小人交友以利。往往不真正考虑别人的人，也不会得到别人的真心和回报，眼前的蝇头小利，不过是过眼云烟，转瞬即逝，真正难得的是细水长流的情谊，足以感天动地。我们要学着珍惜这样的朋友。

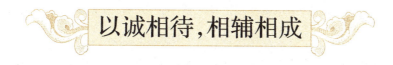

以诚相待，相辅相成

【原典再现】

诚者非自成己①而已也，所以成物也。成己，仁也；成物，知②也。性之德③也，合外内之道也，故时措之宜也。

【重点注释】

①成己：完善自己。

②知：同"智"，智慧。

③性之德：源自本性的德行。

【白话翻译】

真诚是人的自我完善，而道是人自己引导自己。真诚，贯穿于一切事

物的始终，没有真诚就没有万物，因此君子以真诚为贵。真诚，并非只是自我完善而已，还要用来成就万物。自我完善，是仁义的表现；成就万物，是智慧的体现。天赋的真诚品德，是结合了天地内外的道理，因此随时运用而无不适宜。

【鉴赏评议】

世上无难事，只怕有心人，只要专心诚意去做，什么疑难问题都能解决。人的诚心所至，能感动天地，使金石为之开。尽管有些夸张的成分，但是我们依然可以看出诚心的重要性。

俗话说，做事先做人。待人以诚要用心去换心，以真诚去缔造真诚，以友谊去缔造友谊。要想以诚待人，首先要学会做人，堂堂正正做人是为人的最基本准则，是一切道德之首，是人格品德的核心所在。它包含了丰富的内容：在事业追求中，视集体的利益和人民的利益高于一切，并以树立"诚信为本"的思想和精神去爱岗敬业、无私奉献。在这种前提下来谈待人，应该是谦虚谨慎，不骄不躁，说老实话，办老实事，做到言行一致，表里如一。在生活中要严格要求自己，以平常心处事，不与他人攀比。

【深度解读】

以诚相待，相辅相成

日本著名社会活动家和宗教活动家池田大作曾说过："一个诚实的人，不论他有多少缺点，同他接触时，心神会感到清爽。这样的人，一定能找到幸福，在事业上有所成就。这是因为以诚待人的人，别人也会以诚相见。"

在世人刻板的印象中，商人只要有利可图就会不择手段，但是古往今来，只有讲求诚信的商人才会获得成功，将事业越做越大，越做越好。一个企业如此，一个国家如果没有一个待人真诚的君王，同样难以维持。君主贤明，用人不疑，才会有下属真心为他做事。

汉末，黄巾事起，天下大乱，曹操挟天子以令诸侯，孙权在东吴拥兵自重，汉宗室豫州牧刘备听徐庶和司马徽说诸葛亮既有学识又有才能，就起了去请诸葛亮出山的念头。于是刘备就和关羽、张飞带着礼物到隆中卧龙岗去请诸葛亮出来帮助他匡扶汉室，统一全国。

但是他们来的这一天，很不巧，诸葛亮出去了，刘备只能有些失望地回去。过了不久，刘备又和关羽、张飞第二次去请。这时天气已经十分寒冷了，下着大雪，不料诸葛亮又出外闲游去了。张飞本不愿意再来，见诸葛亮不在家，顿时就不干了，催着要回去。

刘备也不知道诸葛亮什么时候回来，只得留下一封信，信里面写得十分诚恳，表明对诸葛亮十分敬仰，希望诸葛亮能出山帮助他。又过了一些时日，刘备准备再去请诸葛亮。关羽这次有些生气，说诸葛亮也许是徒有虚名，未必有真才实学，叫刘备不用去了。张飞也附和，说主公不用出面了，主张由自己去叫，如果诸葛亮不来，就算是用绳子绑也要把他绑来。刘备当然不会听张飞的，把张飞责备了一番，又和他俩第三次访诸葛亮。这一天，诸葛亮正在睡觉。刘备没有惊动他，一直站到诸葛亮自己醒来，才彼此坐下谈话。

刘备"三顾茅庐"于建安十二年襄阳隆中，问统一天下大计，诸葛亮精辟地分析了当时的形势，提出了首先夺取荆、益作为根据地，对内改革政治，对外联合孙权，南抚夷越，西和诸戎，等待时机，两路出兵北伐，从而统一全国的战略思想。这次谈话即是著名的《隆中对》。

刘备听完后真正意识到，诸葛亮是一个不可多得的人才。他一番精辟地分析，正中要害，针砭时弊，分析天下形势，针针见血，是一个有大见识的人；胸中怀有天下，却隐世而居，是一个有气节的人。刘备对诸葛亮更加真诚，诸葛亮遂出山辅佐刘备，最终正如诸葛亮自己所言，天下呈现三国鼎足之势。诸葛亮于危难之际出而辅佐刘备，联孙抗曹。大败曹军于赤壁，夺占荆州。建安十六年，攻取益州。继又击败曹军，夺得汉中。二十六年，刘备在成都建立蜀汉政权，诸葛亮被任命为丞相，主持朝政。间武三年，刘备病危，以后事相托。

在我们现实社会中，从来不缺乏人才，缺乏的是赏识人才的人，世有伯乐才有千里马，但是千里马从来不是庸才可以驾驭的，互相欣赏，互相理解的朋友就像鱼和水，二者不可缺其一。只有好好融合，才能发挥最大效用，改变世界。

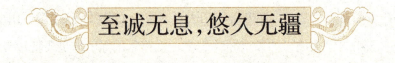

至诚无息，悠久无疆

【原典再现】

故至诚无息①。不息则久，久则征②；征则悠远，悠远则博厚，博厚则高明。博厚，所以载物也③；高明，所以覆物④也；悠久，所以成物⑤也。博厚配地⑥，高明配天，悠久无疆⑦。如此者，不见而章⑧，不动而变，无为而成。

【重点注释】

①无息：无休无止。

②征：征验，显露于外。

③载物：承载万物。

④覆物：覆盖万物。

⑤成物：成就万物。

⑥配地：与地有同等功效。

⑦无疆：无穷无尽。

⑧不见而章：虽不刻意显露，也会自然彰显出来。

【白话翻译】

因此，最真诚的德行是永不停息的，永不停息就能长久，长久就会通达，通达就可悠远，悠远就会广博深厚，广博深厚就会高大光明。广博深厚用以承载万物，高大光明用以覆盖万物，悠远用以成就万物。广博深厚与地相匹配，高大光明与天相匹配，悠远而无边无际。这样，不用表现却自然彰显，不用行动却能感化人物，无所作为却能自然成就万物。

【鉴赏评议】

生活变化的轨迹往往都是不以人的意志为转移的。但是我们在生活面前要保持一个基本的态度，那就是一个字："诚"。以"诚"来面对庸扰的尘世。其实再多的道理到了最后都可以归结到一个"诚"字。在艺术里面，"真"是第一位的。而在生活中，做人最为重要的品质则是"诚"。以"诚"做人做事，尽力而为，过后可以没有遗憾。

但是"至诚无息"其实是一个很难达到的境界。我们都是普通人，又都面临着社会上无数的诱惑。世界上的事情常常并不是以它的本来面目出现，充满各种假象，于是要至诚往往可望而不可即。

【深度解读】

至诚无息

从古至今，圣人们都在追求一种境界——至诚无息。那么什么是至诚无息呢？

至诚无息，我们可以把它看成是一个对"诚"这种行为的期望，严格一点来说就是要求了。它要求我们保持一辈子的"诚"，要求一个国家将它永久地发扬传承下去。古语有云："打江山容易，守江山难。"能够做到一件事情不难，难能可贵的是将这件事情坚持下去。

中庸所提倡的是天道中合，这是一种普世的价值观，并不是要我们去做绝对做不到的事情，而是中和我们做不到的和能够做到的事情。这样一来，品格就能有所提高，这样日积月累，不愁不能做到那些看起来很难的事情。

谈迁在编著《国榷》的时候，可谓是一波三折。明天启元年（1621年），谈迁母亲亡故，他守丧在家，读了不少明代史书，觉得其中错漏甚多，因此立下了编写一部真实可信、符合明代历史事实的明史的志愿。鉴于经史官员垄断了明历代实录，其中很多地方忌讳失实，而各家编年史书又多肤浅伪陋，谈迁到处寻访各种资料，广征博采，力求征信。在此后的二十六年中，他长年背着行李，步行百里之外，访书借抄，广搜资料，积二十六年之不懈努力，六易其稿，撰成了百卷四百万字的巨著《国榷》。清顺治四年（1647 年）全稿被窃，他又发愤重写，后经四年努力，终完成新稿。1653 年，他携第二稿远涉北京，在北京两年半，走访明遗臣、故旧，搜集明朝遗闻、遗文以及有关史实，并实地考察历史遗迹，加以补充、修订。以三十余年编成《国榷》一书，署名"江左遗民"，以寄托亡国之痛。

撇开这部书的史学价值不谈，单看谈迁写这部书的历程，呕心沥血尚不能形容。而这部书的结果也是命运多舛，由于书中对清廷颇多贬责，关于建州的记载较多，使这部书当时无法流传，谈迁死后仅有抄本传世，后经浙江海宁张宗祥据蒋氏衍芬草堂抄本和四明卢氏抱经楼藏抄本，以及崇祯一朝十卷本互相校补，加以标点，分为一百零四卷，又卷首别作四卷，共一百零八卷。

人的一生到底什么最重要，是钱吗？是权吗？都不是。追求心中所想的东西才是最重要的。能够写出这部巨作的人，一定不是庸碌无才之辈，那么为什么谈迁没有钱和权呢？要知道清朝入关后，曾对这些有才华的遗老遗少赠予高官厚禄来拉拢他们。如果谈迁这部书稍稍将清庭捧高一点，荣华富贵唾手可得。可是他没有。《国榷》这部书不一定有多么客观，只能说，谈迁要得到一些在我们世俗看来了不起的东西其实很简单，只是他坚守自己内心的"诚"，这个"诚"也许是亡国后的悲愤，也许是对真正史实的追求，到底是什么我们仍然需要去揣度。但是不妨碍他成为我们学习的楷模。

有时候如果我们偏离了自己内心的"诚"，不妨静下来思考一下，自己想要的到底是什么？功名利禄是一种追求，诗和远方也是一种追求，我们不能说功名利禄不好，如果你能做到为国为民鞠躬尽瘁，那么功名利禄

就是你该得的东西。虽然每个人的"诚"都是不一样的，但是能够做到
"至诚无息"的人却是一样的。

天道于诚，博厚高明

【原典再现】

天地之道，可一言而尽也：其为物不贰①，则其生物不测。天地之道：
博也，厚也，高也，明也，悠也，久也。今夫天，斯昭昭之多②，及其无
穷也，日月星辰系焉③，万物覆焉。今夫地，一撮土之多④。及其广厚，载
华岳⑤而不重，振⑥河海而不泄，万物载焉。今夫山，一卷⑦石之多，及其
广大，草木生之，禽兽居之，宝藏兴焉。今夫水，一勺之多，及其不测，
鼋鼍、蛟龙、鱼鳖生焉，货财殖焉。

【重点注释】

①不贰：忠诚如一，所以不二。

②斯昭昭之多：天由众多的小小的明亮积累而成。

③系：悬系，悬挂。

④一撮土之多：人们立足之地只是很少的一点土地。

⑤华岳：华山，古称西岳。

⑥振：通"整"，整治，引申为约束。

⑦卷：通"拳"，译为一拳头大小的石头。

【白话翻译】

天地的法则，简直可以用一个"诚"字来囊括："诚"本身专一不二，所以生育万物多得不可估量。天地的法则，就是广博、深厚、高大、光明、悠远、长久。今天我们所说的天，原本不过是由点点光明聚积起来的，可等到它无边无际时，日月星辰都靠它维系，世界万物都靠它覆盖。今天我们所说的地，原本不过是由土慢慢聚积起来的，可等到它广博深厚时，承载像华山那样的崇山峻岭也不觉得重，容纳那众多的江河湖海也不会泄漏，世间万物都由它承载了。今天我们所说的山，原本不过是由拳头大的石块聚积起来的，可等到它高大无比时，草木在上面生长，禽兽在上面居住，宝藏在上面储藏。今天我们所说的水，原本不过是滴滴聚积而成，可等到它浩瀚无涯时，蛟龙鱼鳖等都在里面生长，珍珠珊瑚等值价连城的东西都在里面繁殖。

【鉴赏评议】

前面我们说到的"至诚无息"，讲的是做人的道理，这章我们要讲的是天道运行的法则，也就是一个社会、一个国家运行的法则，中庸里说这是"诚"。这里的"诚"有多种解读，对自然界来说是规律，对国家来说是法律，对社会来说是规则。这三者只有具备这些东西才能运行。本章用了许多自然界的规律现象来做比喻，可以说这就是古人敬畏的天道。

我们这里不能拘泥于"诚"这个字的本身，不是将其概括为诚信、诚实、真诚等小的方面，而是将其概括成一种无限的领域，小到国家社会，大到宇宙万物，这就是古人说的天道。也可以看成古人对自然界的规律的一种窥测。

【深度解读】

浅谈古代盛世

虽然许多学者专家对古籍上记载的"天道"二字做了研究和解释，但是这两个字到底包含着什么，我们无从知晓，因为这是中华上下五千年直到现代都要探讨的涵盖哲学科技等领域的问题。

所以在这章，我们只能浅谈相对来说比较小的一个范围——国家。

前面一章，我们说到了做人要"诚无止息"，那么这章我们来谈一下一个国家其实也要"诚无止息"。对一个统治者来说，他毕生最大的追求就是开创一个让史书后人都称道的盛世。这也是很难的事情。

秦始皇统一天下后能被人们称道的盛世其实很少。"文景之治"到汉武帝中期算一个盛世，后来的"光武中兴"其实不算是盛世，只能说国家正在稳定地发展，没有出现什么大乱子。之后就是隋文帝杨坚统治时期，这个时期早期其实是一个盛世，国家没有战乱，经济和文化都有很大发展。到了唐朝，有两个盛世。但是真正意义上的盛世只有"开元盛世"，可也就是二十年左右。这是我国古代历史上最大的盛世，此后不再有。在往下细数晚唐，值得说道的君主是唐宣宗，有开元遗风，可惜回天无力。而两宋虽然文化和经济发展到了封建王朝的顶峰，但是政权不稳定，不能算为盛世。到了元明清，就只有一个"康乾盛世"，当然明成祖朱棣时期的政治经济也算有了一个不错的发展。

在两千多年的历史中，真正意义上的盛世不到五个，然而它们延续的时间在滚滚历史潮流中不过是浪花一朵。

这些盛世最让人称道的还是"开元盛世"，体现在这个时期的政治、经济、文化上，还有一点就是人口。据杜佑《通典》所记："至（开元）十三年封泰山。米斗至十三文，绢一匹二百一十文。东至宋（今河南商丘南）、汴（今河南开封），西至岐州（今陕西凤翔），夹路列店肆待客，酒馔丰溢。每店皆有驴凭客乘，倏忽数十里，谓之驿驴。南诣荆襄（今湖北江陵、襄樊），北至太原、范阳（今北京），西至蜀川（今四川成都）、凉府（即凉州，今甘肃武威），皆有店肆，以供商旅，远适数千里，不持寸刀。"可见当时粮食、布帛产量丰富，物价低廉，商业繁茂，道路畅通，行旅安全。到开元二十年，全国有民户七百八十六多万户（最多时逾千万），人口四千五百多万人。

对于以"小农经济"为经济主体的封建王朝来说，这个数目可以说前所未有。当然后来的"康乾盛世"在人口方面算是超过了"开元盛世"，但是在文化和政治上远远无法与其比拟，因为清朝在文化上最令人诟病的文字狱极大地压制了文化的发展。

研究盛世，首先我们要看开创这个盛世的君主自身。他们的文治武功都很好，治国手腕一流，然后我们要看他们从祖辈接到的国家是什么情况。汉武帝承接的是"文景之治"，唐玄宗承接的是"贞观之治"以及武则天对其的延续与高度发展，乾隆帝接到的是康熙、雍正治理下的一派大好前景。所以一些中兴之主回天无力的原因就在这里，开创一个盛世需要一个很好的基础，然而这些中兴之主所处的时间，都是盛世之后疲软的时代。

还有一点，就是盛世都是很短暂的，最长的是"康乾盛世"，而最辉煌、最短暂的是"开元盛世"。天下分久必合、合久必分，这是一种规律，而盛世后的疲软也是一种规律。

时代在发展，有时候我们面对浩浩荡荡的时代潮流，做不到人定胜天，

只有遵循这些规律，我们才能更好地生活在这个世界上。

作为一个国家最理想的状态——盛世，研究它是一个浩大的工程，这里只能浅析一二。

<h1 style="text-align:center">圣人之诚，于穆不已</h1>

【原典再现】

《诗》云："维天之命，于穆①不已！"盖曰天之所以为天也。"于乎不②显③，文王之德之纯！"盖曰文王之所以为文也，纯亦不已。

【重点注释】

①穆：肃穆，深远。

②不：通"丕"。

③显：明显。

【白话翻译】

《诗经》说："天命多么深远啊，永远无穷无尽！"这大概就是说的天之所以为天的原因吧。"多么显赫光明啊，文王的品德纯真无二！"这大概就是说的文王之所以被称为"文"王的原因吧。纯真也是没有止息的。

【鉴赏评议】

这章主要是吟咏圣人的"诚"，在我们前文评析的所有"诚"中，圣人的至诚是做人的最高境界。这章中我们提到了文王，要知道文王不仅是圣人，还是周朝意义上的第一位王。

周礼中讲天子七庙，意思是天子也只敬七代祖先，有庙号的就一代一代都保留着，没有庙号的，到了一定时间就不再保留他的庙，而是把他的神主附在别的庙里。

我们再来看周文王的"文"字，经纬天地曰文，道德博闻曰文，学勤好问曰文，慈惠爱民曰文，愍民惠礼曰文，赐民爵位曰文。周文王应该算是第一位使用谥号的天子，也是第一位使用"文"字为谥号的天子。这个字还是用得比较客观内敛。

【深度解读】

圣人之诚

谈到圣人的至诚，我们不能不提到周文王这个人。周文王，姬姓，名昌，商纣时为西伯，即西部诸侯（方国）之长，也称西伯昌。相传姬昌在位五十年，已为灭商大业做好充分准备，但未及出师便死去。周人谥姬昌为文王。

他继承后稷、公刘开创事业，仿效先人制定法度，实行仁政，敬老爱幼，礼贤下士，治理岐山下的周族根据地。在治岐期间，对内奉行德治，大力发展农业生产；对外招贤纳士，许多外部落的人才以及从商纣王朝来投奔的贤士，他都以礼相待，予以任用。岐周在他的治理下，国力日渐强

大。这引起商纣王的不安，因崇侯虎向纣王进谗言，姬昌被囚于羑里，后得释归。他在被商王囚禁期间在狱中写了《周易》一书。他拜姜尚为军师，问以军国大计，使"天下三分，其二归周"。就在即将成功之际，姬昌不幸死去。周文王在中国历史上既是一位明君，又是一位圣人，被后世历代所称颂、敬仰。

《诗经·大雅》的开篇就是《文王》。如果说缔造一个王朝就能成为圣人，那么中国的圣人就很多了。夏启、商汤为什么没有成为圣人，而文王却成为圣人？究其原因，其实和文王所著的《周易》有很大的关系。在中国早期的社会，由于生产力低下、科学不发达，先民对于自然现象、社会现象以及人自身的生理现象不能做出科学的解释，产生了对鬼神的崇拜。当人们屡遭意外、受到打击后，就萌发出借助于神意预知突如其来的横祸以及自己的行为所带来的后果的欲望，以达到趋利避害的目的。基于此，他们在长期的实践中发明了种种沟通人神的方法，其中最能体现神意的《周易》就是在这种条件下产生的。

文王到底是不是《周易》的作者，至今颇有争议，可他推演八卦却是真的，要知道先天八卦是伏羲所创，而后天八卦就是周文王所创。伏羲和周文王是放在一起比较的，而夏启和商汤是正统的天子，是政治家。文王是上天的代表，可以和祭司相提并论，所以这也就奠定了文王圣人的地位。所以在古代，要成为被认可的圣人，必须是对儒家做出划时代意义的贡献的人，还有一点就是和祭司预测有关系，因为古代自然科学落后，许多现象都超出人们认知的范围，所以人们把敬畏自然转移到一部分能够解释此类现象的人的身上。周朝以后，并没有古代先王能够被儒家称为圣人。

正所谓人无完人，在现实生活中哪有人能真正做到不犯错呢？我们并不是提倡犯错，而是要告诉大家，古代的圣人固然值得我们学习和敬仰，但是我们都是独立的个体，有着各种不完美，但只要活出精彩的自己，不是圣人、不是君子又有何妨？泰戈尔说过："完美是用不完美来装饰自己。"不用刻意追求至高的境界又何尝不是一种境界。

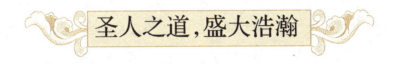

圣人之道，盛大浩瀚

【原典再现】

大哉圣人之道！洋洋乎①！发育万物，峻极于天②。优优③大哉！礼仪④三百，威仪三千。待其人⑤而后行。

【重点注释】

①洋洋乎：盛大浩瀚的样子。

②峻极于天：高峻到了极点。

③优优：平和宽裕，自然从容。

④礼仪：古代礼节的主要规则，又称经礼。

⑤其人：指圣人。

【白话翻译】

伟大啊，圣人的道！浩瀚无边，生养万物，与天一样崇高；充足有余，礼仪三百条，威仪三千条。这些都有待于圣人来实行。

中庸
全评

我们前面说了成为圣人几乎是不可能的事情，这章就谈到了圣人的仪态和威严，条条框框的规矩大约有三千条。圣人之道到底是什么，我们不可能了解得清清楚楚，正所谓大道三千，当然这里的三千是一个虚指，应该是千千万万，指的是无穷。

这里的圣人之道，与孟子的一段话有些相似，孟子说："故天将降大任于斯人也，必先苦其心志，劳其筋骨，饿其体肤，空乏其身，行拂乱其所为，所以动心忍性，曾益其所不能。"圣人与凡人相比就是天边云彩和地上尘埃的区别，所谓能力越大责任也就越大，所受的磨炼就越多，这些都是相互的，没有什么事情能够一蹴而就。我们孜孜不倦追求的圣人之道，其实是对前文中至诚的追求。

【深度解读】

行行出状元

圣人之道听起来离我们很遥远。孔颖达曾对三千圣人之道做过注释："贤人行道由于问学，谓勤学乃致至诚也。贤人由学能致广大，如地之生养之德也。致其生养之德既能致于广大，尽育物之精微，言无微不尽也。贤人由学极尽天之高明之德。又能通达于中庸之理也。贤人由学既能温寻故事，又能知新事也。以敦厚重行于学，故能尊崇三百、三千之礼也。若无道之时，则韬光潜默，足以自容其身，免于祸害。宣王任用仲山甫，能显明其事任，且又圣哲知保全其己身，言中庸之人亦能如此。"这里对圣人之道提出了很多要求和观点，其实三千圣人之道就和"三百六十行，行行出状元"是一个意思。只是前者讲究面面俱到，后者更人性化一点，一项出彩就可以了。

说到状元，我们就不得不提到一个人，他叫张謇。

1853年生在海门的张謇，十六岁就考中秀才，直到四十一岁才中状元，仕途并不顺利。其间跟过通州知州孙云锦、淮军"庆字营"统领吴长庆。张謇在支援朝鲜的政策上主张对日强硬，当时拥戴光绪皇帝的南派首领潘祖荫、翁同龢非常赏识他，但是在帝、后两党斗争最激烈的时候，张謇却因父丧必须回老家守孝，自此回到江南发展事业。

张謇在老家根据两江总督张之洞的指示，开始练兵、搞商务、办工厂，做了许多事，而对家乡的情感，估计也是这期间越发浓烈。中华民国成立之后，他还出任过实业总长等职，但眼见国事越来越难有作为，他便下定决心把心力用在建设家乡上。

张謇在南通所做的实业众多，大多是与民生相关的各类工厂，逐渐形成工业区，还建了码头、发电厂、公路，成为中国早期民族资本主义的基地之一。

为了培养科学等方面的人才，他又积极兴建师范学校，培养师资，他还创办了中国第一所师范学校——南通师范学校。今日复旦大学、同济大学、河海大学的前身也都与他有关。张謇的功业还包括建立中国第一所博物馆——南通博物苑。

据统计，张謇一生创办了二十多个企业、三百七十多所学校，许多学校与事业单位的兴办在当时都是全国第一。他为民族工业和教育事业做出了巨大贡献，被人们称为"状元实业家"。

张謇在当时对南通的建设已经有很清晰且前卫的规划理念，包括与西方建筑理念相结合的花园城市。这些理念的实践使得南通被现代建筑学家、

清华大学教授吴良镛誉为"中国近代第一城"。

张謇此人的政治背景有些复杂，他是晚清的状元，按理来说应该从政，但是他却毅然决然地选择了实业救国，中国士大夫阶层一向耻于经商，张謇弃官而从商，在一定程度上是他对儒家传统的背离。但是经商之后的张謇又从来没有放弃"尧舜之治""圣王之道"的儒家社会理想。张謇生活的时代对商人来说是一个艰难时代。此时的商人作为一个社会阶层，没有得到足够的社会权利，也没有好的融资环境和渠道，国家的经济政策仍未走出小农时代的框架，商业活动处处受到牵制。

就像当时的中国经济一样，张謇的实业救国也在风雨飘摇中前行，但是他从未放弃过自己的追求，如果说有什么理由让他去做与自己的思想观念背道而驰的事情，那么这个理由一定是爱国。

在现实生活中，我们往往会挑剔一些职业、嫌弃一些职业，除了眼高手低之外，还和固有观念有关。然而劳动是不分贵贱的，做一行就要爱一行，只要不是犯法或者违背道德的职业，只要是凭借自己的劳动获得报酬的职业，就是一条通向成功的道路。

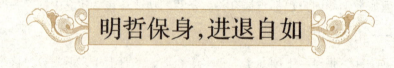

明哲保身，进退自如

【原典再现】

故曰苟不至德[①]，至道不凝[②]焉。故君子尊德性而道问学[③]，致广大而尽[④]精微，极[⑤]高明[⑥]而道[⑦]中庸。温故而知新，敦厚以崇礼[⑧]。是故居上不骄，为下不倍⑨，国有道其言足以兴⑩，国无道其默足以容⑪。《诗》曰："既明且哲，以保其身。"其此之谓与！

【重点注释】

①苟不至德：如果没有极高的德行。

②凝：凝聚，引申为成功之意。

③道问学：讲论学问。

④尽：达到。

⑤极：极致，达到最高点。

⑥高明：德行的最高境界。

⑦道：遵行。

⑧敦厚以崇礼：尊重厚道，崇尚礼仪。

⑨倍：通"背"，背叛，背弃。

⑩其言足以兴：他的话足以振兴国家。

⑪容：容身，这里指保全自己。

【白话翻译】

所以说："倘若不是那有最大德行的人，这完美的大道便不会成功。"所以君子尊崇道德修养而又精研知识学问。他穷尽最高远、最光明的大道，却又求证渺不可测的精微之处。他洞察最为高妙的真理，却又遵循中庸之道，不敢稍有偏离。他温习了过往的知识，从中获得新的知识。他加厚自己的德行来尊崇礼仪，言行举止中规中矩。能够做到这些，那么他身居高位也不会目中无人，身居卑位也不悖逆作乱。国家政治清明的时候，他依据大道献言献策，就可以使国人改过而振兴；国家政治昏乱的时候，他便保持缄默，这样便不会招来无道君主的憎恨，而可以保存自身。《诗经·大

雅·烝民》说道："既明智又通达事理，可以保全自身。"说的大概就是这个意思吧。

【鉴赏评议】

这章提到了我们一般意义上理解的中庸之道：不偏不倚，不背离不逾矩。其中透露出两个观点，分别是"问道"和"求学"。

明代张居正对这章的理解亦复如是："夫致广大、极高明、温故、敦厚，皆是尊德性的事。尽精微、道中庸、知新、崇礼，皆是道问学的事。君子能尽乎此，则德无不修，而道无不凝矣。"说到底，古代学者或者士大夫阶层对"道"的理解还是在研究学问和德行上。

贤者是既能够温故又能够知新的人，古人对这种"两面兼顾"的人很推崇。当然"温故"和"知新"都是一面，重点在于两面兼顾。这也就是我们知道的浅显的中庸之道。而深奥的中庸之道，只有在生活中去发现，每件事情不尽相同，具体情况具体分析。

我们要理解深奥的中庸之道，不如和太极图联系起来，要明白一个道理："盛极必衰，物极必反。"万事万物相生相克且千变万化，取"中庸之道"就是最大的智慧。

【深度解读】

聪明行事，保身为先

在明代的官场，最吃香的人不是忧国忧民、耿直如张居正的人，也不是趋炎附势、谄媚如严嵩的人，而是那些难得糊涂"和稀泥"的人。他们左右逢源，谁也不得罪，两边讨好，故而步步高升，位极人臣。明朝的官场是个很畸形的官场，皇帝常年在深宫，有时候官员一年半载也见不到一面。并且还存在主弱臣强的问题，有时候皇帝的政令会直接在内阁里被拦截。而最大的问题就是官场腐败，这是历朝历代都无法避免的问题，明朝的贪官很多，根本原因是归于官员的福利制度不够完善，换一句话说就是俸禄太少了。所以在明朝官场就滋生出三种人：贪官污吏、两袖清风的官员和难得糊涂的庸碌之辈。

就拿海瑞来说，他是政治上的"亡命之徒"，不在乎仕途前程，不稀罕升官加爵，视金钱富贵如粪土，并且连死也不惧怕。这样"忠孝不能两全"的儒家之士，在中国历代都不乏其人，但像海瑞这样"一根筋"的"极端分子"，实属罕见。他明明知道朝廷派人到浙江查案只是"点到为止"，"该查的查，不该查的就不能查"，把两个省级官员绳之以法就可以了，可这位海老爷偏偏要穷追不舍，把贪污受贿的案情连根挖出，一直挖到江南制造局、内阁和宫廷，直到嘉靖皇帝宣旨停止了这种可能把明朝国家机器推向瘫痪的"廉政风暴"。

在嘉靖时代，大明朝几乎是无官不贪。杭州丝绸商沈一石死后留下的账册里，每一笔行贿账目，都触目惊心地记载下了这个无官不贪的帝国的真相。

这个"亡命之徒"海瑞，更胆大包天的举动是冒死向皇帝进谏上奏疏，批评嘉靖皇帝"二十年不上朝，外用严党，内用宦奴。名为玄修，暗操独治。一意搜刮天下民财，以家奴治天下，置百官如虚设，置天下苍生于不顾"。呈上奏疏的海瑞，已经为自己买好棺材，随时准备取义成仁。

海瑞是明朝难得的一股清流，让后人敬仰不已。但是最后的结局却让人唏嘘不已。嘉靖皇帝死了，隆庆皇帝赦免了海瑞的罪名，从大狱中九死一生地出来，被新皇任用。但没过几年，因应天府官员对海瑞的改革群起

而攻之，又因和权臣张居正有矛盾，海瑞被解职回乡。从此他很少和人交往，陪着年过古稀的老母过着清贫的生活，直到生命的尽头。

之所以举海瑞的例子，是要告诉大家，在我们的人生道路上其实是有很多选择，可以壮士断腕，毅然决然地走完自己的一生，生命中没有妥协二字，但是这必将是一条孤独的路。也可以"进退有度，明哲保身"。

在现实生活中，我们更喜欢和耿直的人交朋友，因为这样的人不会在心中藏坏心思。但是太过耿直又不懂人情世故，就很容易得罪人。这也不符合我们的处世哲学，所以我们不妨学一学"和稀泥"的为人处世之道，这样在两头为难的时候，好有个可以让我们回旋的余地。这是两种不同的价值观，或者说是两种为人处世的方法。

第七章　人性天性，问道中庸

　　人性是百变的。我们人性有本善和本恶两种争论，同时在我们慢慢长大的过程中，人性会发生改变，有人变好有人变坏，只有明白道理，明白对错，才能在遗失自我中，找到自我，从而完善自我。

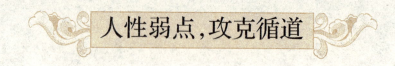

人性弱点，攻克循道

【原典再现】

子曰："愚而好自用①，贱而好自专②，生乎今之世，反③古之道。如此者，灾及其身者也。"

【重点注释】

①自用：自以为是、刚愎自用之意。

②自专：独断专行，听不进不同的意见。

③反：同"返"，回复的意思，引申为复兴、恢复。

【白话翻译】

孔子说："有的人本来是很愚笨的，却又爱自作聪明；有的人本来是很卑贱的，却又爱自作主张。又有一些人，本来是生活在当世，却要恢复古人的规范。这样的人，祸患是必定会降临在他们头上的。"

【鉴赏评议】

这章其实从侧面反映出孔子的另一个观点，就是虽然他提倡"克己复礼"，但不是盲目的"克己复礼"，有时候盲目地追求古代先贤的圣人之道，往往会招来大祸。从这里我们也可以看出孔子其实是一个善于变通的人，他并不迂腐，反而很开明。当然能够提出"因材施教"的人，他的思维一定非常开阔。

正如孔子所说，一个人还是要认清自己的能力，不要好高骛远。这是所有人都知道的道理，但是为什么会出现好高骛远的人呢？我们从外部找过原因，即他们没有自知之明，孔子又给我提供了一种新的思路：越是愚笨的人，越爱自作聪明，越是卑贱的人，就越容易自作主张。这也是我们人性的弱点，越是没有的就越想得到。

【深度解读】

看到自己所拥有的

美国的畅销书作家卡耐基写过一本叫《人性的弱点》的书，里面有一段话，让人记忆犹新。他是这样写的："如果你不能成为山巅的挺松，就做一棵小树生长在山谷中！但须是最挺拔的一棵。如果你不能成为一棵小树，就做一丛灌木吧！但须是最有生机的一丛。"作为一个普通人，我们都不是无坚不摧的物种，相反，我们有着这样那样的缺点。我们能够克制这些弱点的最好手段其实就是卡耐基的这句话：看见我们拥有的东西，把这些拥有的东西做得更好。这些弱点总结起来就是我们常说的七宗罪：贪婪、色欲、饕餮、妒忌、懒惰、傲慢以及暴怒。下面我们来一一解释这七个词语所代表的意思。

贪婪：失控的欲望，是七宗罪中的重点。其他的罪恶只是无理欲望的补充。

色欲：肉体的欲望，过度贪求身体上的快乐。

饕餮：贪食的欲望，浪费食物或者过度放纵食欲、过分贪图逸乐皆为饕餮一罪。

妒忌：财产的欲望，因对方拥有的资产比自己多而心怀怨恨（此处的资产并非限定于财产，更多指才能、才华）。

懒惰：逃避的欲望，懒惰及浪费所造成的损失为懒惰的产物。

傲慢：卓越的欲望，过分自信导致的自我迷恋。

暴怒：复仇的欲望，源于心底的暴躁，因憎恨产生的不适当的邪恶念头。

基本上我们所有的弱点都被涵盖进去了，但是这七个方面归结起来其实就是一个词语——"欲望"。有人会对饕餮这一罪提出异议，好吃东西为什么还成了罪过呢？吃东西不是罪过，但是过于贪食就是罪过了。

我们都听过小时候偷针、长大后偷金的故事。

古代有一户富裕的人家十分宠溺独生儿子。一天，他在对门玩，看到一个卖姜的，就把他的姜拿了一块回来。他的母亲问："姜从哪里来的？"他说："从对门的卖姜人那里拿的。"母亲又问："你拿他的姜，他没看见？"他说："我把姜放在膝盖弯里，一路跳回来的。"母亲说："你做得很好。"

第二回，他又在对面玩，把人家鸡窝里的一个鸡蛋拿回来，她母亲又说做得好。

第三回，他拿了一个姑娘的针回来，他母亲依旧没有责备。

这孩子长大了，到处偷，别人对他无奈何，族人也很恼火，把他弄到祖坟前，准备勒死他祭祖。桩钉起，绳子拿来，他说要见他的母亲。母亲来了，他咬掉了母亲一块肉，他母亲疼得晕死了过去。族人问："你怎么咬她？"他说："我小时候偷人家的东西，每回她都说我很好。若是她每回打我一顿，我就不会做小偷，也就不会丢了自己的命。"

这个故事除了说明一个母亲教育失败的问题，还说明了一个关于放逐欲望的道理。我们不反对追求自己想要的东西，但是我们反对不择手段，去得到东西，这是要付出代价的事情。

我们要依靠自己的决心和毅力战胜我们内心的洪水猛兽，弱化人性的弱点，从而做更好的自己。

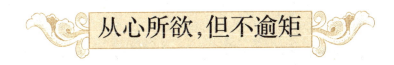

从心所欲，但不逾矩

【原典再现】

非天子，不议礼，不制度，不考文①。今天下车同轨，书同文，行同伦②。虽有其位，苟无其德，不敢作③礼乐焉；虽有其德，苟无其位，亦不敢作礼乐焉。

【重点注释】

①不议礼，不制度，不考文：不议论更改礼节，不制定法度，不考订通行的文字规范。

②车同轨，书同文，行同伦：车子两轮间的距离一致，文字统一，伦理道德相同。

③作：改作，改造。

【白话翻译】

如果不是皇帝，就不允许随便议论礼规的正当与否，不允许随便改变古制而新制定规章，也不允许随便考究文字去另造一种。现在天下一统，各地的车子两轮之间都一样宽，都用同一种通行的文字，伦理道德观念也一样。即便是有的人有天子的尊位，如果不具有圣人的德行，也不敢随便改造前人留下来的礼规和乐曲。即便有的人具备了圣人的德行，如果他没有天子的尊位，也不敢随便改造前人留下来的礼规和乐曲。

【鉴赏评议】

这章中所引的孔子的话否定了那种"生乎今之世反古之道"的人，这与通常认为孔子主张"克己复礼"的观点似乎有些冲突。其实，孔子所要复的礼，恰好是那种"今用之"的"周礼"，而不是"古之道"的"夏礼"和"殷礼"。正如孔子所说，夏礼已无法考证，而殷礼虽然还在它的后裔宋国那里残存着，但毕竟也难以为继了。所以，从本章所引孔子的一段话来评判，确实不能随便地给孔子戴上复古主义者的帽子。

【深度解读】

从心所欲却有规

子曰："吾十有五而志于学，三十而立，四十而不惑，五十而知天命，六十而耳顺，七十而从心所欲不逾矩。"孔子自述了他学习和修养的过程。这一过程，是一个随着年龄的增长，思想境界逐步提高的过程。就思想境界来讲，整个过程分为三个阶段：十五岁到四十岁是学习领会的阶段；

五十岁到六十岁是安心立命的阶段，也就是不受环境左右的阶段；七十岁是主观意识和做人的规则融合为一的阶段，这个阶段道德修养达到了最高的境界。在这个过程中，人的道德修养不是一朝一夕的事，而是一个慢慢积累、慢慢改变的过程，是从量变到质变的过程。这时人的主观意识和人生准则都融为一体，并在一定的框架内活动，这个框架已经成为人的潜意识，无论人们是否感知地到，都将在此范围内行事而不越界。

历史记载，阮籍有一项稀奇的本事，就是能"青白眼"。遇到不喜欢的人，阮籍就只瞪出白眼球；遇上他尊敬赞赏的人，他才露出黑眼珠。

阮籍的母亲去世，嵇康的哥哥嵇喜前来吊唁，阮籍就翻着白眼，致使嵇喜不愉快地离去。嵇康知道后，由于了解阮籍的性格，就干脆拿着酒坛和琴去看他，阮籍果然高兴。其豪放不羁、不拘俗礼的个性可见一斑。

才华横溢的阮籍深处政治黑暗的年代，抱负难以实现，内心异常苦闷。在司马氏和曹魏之间，阮籍选择了一条中间道路，他一方面巧妙地和司马氏周旋，不敢明显地顶撞，另一方又用嬉笑怒骂、利落锋利的笔调讽刺司马氏的阴险与虚伪。

阮籍在政治上本有济世之志，曾登广武城，观楚、汉古战场，慨叹"时无英雄，使竖子成名"。当时明帝曹叡已亡，由曹爽、司马懿夹辅曹芳，二人明争暗斗，政局十分险恶。正始十年，曹爽被司马懿所杀，司马氏独专朝政。

司马氏杀戮异己，被株连者很多。阮籍本来在政治上倾向于曹魏皇室，对司马氏集团怀有不满，但同时又感到世事已不可为，于是他或者闭门读书，或者登山临水，或者酣醉不醒，或者缄口不言。不过在有些情况下，阮籍迫于司马氏的淫威，也不得不应酬敷衍。他接受司马氏授予的官职，

先后做过司马氏父子三人的从事中郎，当过散骑常侍、步兵校尉等，因此被后人称为"阮步兵"。他还被迫为司马昭自封晋公、备九锡写过"劝进文"。因此，司马氏对他采取容忍态度，对他放浪佯狂、违背礼法的各种行为不太过刁难，最后他得以终其天年。

在竹林七贤中，阮籍是一个放浪形骸的人，但也是少有的通透之人，所以他才能在黑暗的乱世生存且留得一个好名声。

在现实生活中我们做不到归园田居、与世隔绝，人是社会性动物，脱离社会能存在的人可以说是凤毛麟角。所以要想在社会中生存，又要坚守自己的本性，做到儒家君子的高度，就要"从心所欲但是不逾矩"。

我们不提倡人在屋檐下不得不低头，但是我们也不建议为人处世不懂得看形势，一味以自己为中心，任性自私。作为一个不能脱离社会的人来说，君子有所为有所不为，做任何事情都不能太过于随性。

因地制宜，顺势而为

【原典再现】

子曰："吾说夏礼①，杞②不足征也。吾学殷礼，有宋存焉。吾学周礼，今用之，吾从周。"

【重点注释】

①夏礼：夏朝的礼制。

②杞：国名，传说周武王封夏禹的后代于此，故城在今河南杞县。

【白话翻译】

孔子曾说道："我讲论夏朝的礼规，但是夏王朝的后代，即现在的杞国的制度，是不可以作为证据的。我学习殷商的礼规，现在有殷商的后代宋国存在，但他们的遗礼却不合现代。我学那周王朝礼规，它是被今人所普遍使用着的，我便依从这周王朝的礼规吧。"

【鉴赏评议】

孔子兴办私学时，把"礼"作为教学的重点，他在《八佾》中赞赏周礼"郁郁乎文哉，吾从周"，又说"不学礼，无以立"（《季氏》）。在《论语》中更是有四十多章直接谈论到"礼"。由此可见，"礼"的重要性可想而知。

子思作为孔子的嫡系子孙，同样也是奉行"礼"。那么，"礼"到底指的是什么呢？有人会说："礼，即为周礼。"那周礼又是什么呢？孔子在《论语》中谈道："殷因于夏礼，所损益可知也；周因于殷礼，所损益可知也。其或继周者，虽百世，可知也。"这段话把礼法的演变过程清晰地表达出来了。简而言之，商朝的礼法制度是夏朝的继承与发展，而周朝的礼法制度是商朝的继承与发展即我们所说的周礼。那孔子为什么要复兴"周礼"呢？它的存在与发展是有根可寻的，正是因为"周礼"有根可寻，又顺应时代，因此，我们可以由此预见王朝百世的发展。这样的礼法才是一个国家生存

发展的前提。

值得一提的是，孔子所说的礼，是"今用之"的"周礼"，而不是"古之道"的"夏殷礼法"。本章中的"夏礼"与"殷礼"，已经不能顺应当时的国情。而周礼经过历史的变迁与发展，顺应了时代的潮流。

【深度解读】

顺势而为，善于变通

上一章我们谈到了"车同轨，书同文，行同伦"，这既是一种惠民的思想，也是我们所说的"势"。一个国家能得以运行与发展，必须是大势所趋，这样天下才可以达到"大同"。不仅是国家，一个人亦是如此，只有会顺势变通的人才为俊杰。

桀在位时，各国诸侯已经不来朝贺。夏王室内政不修，外患不断，阶级矛盾日趋尖锐，民不聊生，危机四伏。夏朝的灭亡，其根本原因是民意。夏逆了民意亡了国，商顺了民意便建立了商朝。讽刺的是商朝的灭亡，却还是走了夏的老路。

春秋时期，秦国有个名叫孙阳的人，善于鉴别马的好坏，他把自己识马的经验写成书，名为《相马经》。这本书图文并茂地介绍了各类好马，所以人们把孙阳叫作"伯乐"。孙阳的儿子熟读了这本书后，以为自己学到了父亲的本领，便拿着《相马经》去找好马。一天，他在路边看见一只癞蛤蟆，前额和《相马经》上好马的特征相符，就以为找到了一匹千里马，马上跑去告诉父亲："和你书上画的好马差不多，只是蹄子不像。"孙阳听后，哭笑不得，只好回答说："这马太爱跳了，不好驾驭。"

把癞蛤蟆误认为千里马，这是寓言的夸张手法，它的本意是说一个人不会变通。不会变通的人，往往不能审时度势，不能认清事情的人，往往会被社会淘汰。

《周易》里面说："穷则变，变则通，通则久。"它是说事物发展到了极点，往往就要发生变化，只有发生变化，才会使事物的发展不受阻塞。这就像一个国家，失去了时势，就一定会灭亡，继而就会有新的王朝建立。如果走了老路、不知变通就会招致灾祸。

在现实生活中，我们要做一个善于变通的人，多思考，多学习，而不是故步自封，没有变通的余地。

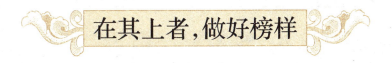

在其上者，做好榜样

【原典再现】

王天下有三重①焉，其寡过②矣乎。上焉者③虽善无征，无征不信，不信民弗从；下焉者④虽善不尊⑤，不尊不信，不信民弗从。

【重点注释】

①王天下有三重：统治天下要做到三件重要的事情。

②寡过：少犯错。

③上焉者：指在上位者，即君主。

④下焉者：指在下位者，即臣属。

⑤不尊：没有显贵的地位。

【白话翻译】

君王要治理好天下，做天下的王，就必须办好三件大事（即礼、法度、文字）。能够办好这三件事，那么这位君王便很少会犯错了。制度方面，向上推溯，可以一直推溯到夏商两代，这两代的礼制虽然好，但年代久远，没有证验，所以不可全信。既然不相信，民众便不会依照夏商之礼去做了。往下推呢，可以推到孔子。孔子虽然德行纯美近于圣人，但他作为一介布衣，没有登上天子之位。既然没当上天子，百姓也就不相信他了。不相信，自然就不会跟从他了。

【鉴赏评议】

"王天下"中的"王"读去声，在这里指的是让一个人称霸天下。本章开头说要做好一个帝王，就必须做好三件事，即"议礼""法度""考文"。如果这三件事做得好，那么就很少有过失了。

但作为一个上位者要使天下信服，只做到这三件事是不够的。他既要有尊贵的地位，又要有服人的品德。夏桀、帝辛作为帝王，拥有了崇高的地位，但是由于他们没有使天下信服的美德，终取灭亡。像孔子这样的圣人，拥有美好的德行，却没有尊贵的地位，也不能号令天下。所以，一个帝王已经有了尊贵的地位，那么更要施行"王道"，即仁义之道了。

要把"王道"推行于天下，说明王者不仅要有崇高的德行，而且要将"仁政"施行天下。如果不能做到这一点，百姓将不能得到感化，即使表面是臣服的，内心却不能服从。

【深度解读】

地位与德行的影响力

在我国古代，值得别人信服的人，一定拥有崇高的地位和高尚的情操。但是，地位和德行往往会有相悖的时候。那么，地位和德行哪个影响力更高呢？

在魏晋南北朝时期，选官制度为九品中正制。它建立之初，确实起到了选拔人才的作用，其选拔标准为家世、品德、才能并重。然而随着时间的推移，选拔标准开始发生变化，仅仅重视门第出身。这就使得九品中正制失去了选拔人才的意义。久而久之，官吏的选拔权就被世家大族所垄断，形成了"上品无寒门，下品无士族"的门阀制度。这种制度造成了官僚的腐败，因为它只重视了为官者的地位，却忽视了为官者的德行。这样，寒门子弟即使拥有高尚的品德，也是不能让别人听从的。正因为如此，科举制度的产生就格外重要了。科举制极大地改善了之前的用人制度，彻底打破血缘世袭关系和世族的垄断，"朝为田舍郎，暮登天子堂"，部分社会中下层有能力的读书人进入社会上层，获得了施展才智的机会。这才是地位与德行的完美融合。

地位是什么？地位是权力。在中国古代，如果想要约束权力，最好的办法就是德行，因为古代的社会是"天子即法律"的社会。如果那些没有德行的人拥有相当大的权力和地位，这无疑是一场灾难！

邹穆公曾经问过孟子一个关于士兵并不效忠自己的问题。

邹国与鲁国交战。邹穆公问孟子："我的官员死了三十三人，而百姓没有一个肯为长官效死的。杀了他们吧，无法杀尽；不杀吧，又恨他们看着自己的长官死难而不去救，拿他们怎么办才好呢？"

孟子回答道："在饥荒年头，您的百姓之中年迈体弱的人逃荒辗转时，被饿死在荒山沟里，壮年人逃往四方的都快上千人了。然而您的粮仓里却有满当当的粮食，库房里都堆满了财物，官吏不把真实情况跟您说，这就是对上怠慢国君，对下残害百姓啊！曾子说过：'警惕啊，警惕啊！你做出的事，后果会反加到你身上。'您有足够的粮食钱财救急他们，却没有这么做，他们便都逃往别处，请您不要怪罪他们了。如果您能施行仁政，百姓自然就会亲近他们的长官，愿为您去牺牲。"

邹穆公没有把"王道"推行天下，没有做到体察民情，让百姓流离失所，这样哪里会有士兵愿意为国家做出牺牲呢？所以，只拥有崇高的地位是不能让百姓信服的。同样的，那些官员也配不上自身所处的地位，因为他们没有责任心，没有德行。

我们再讲一个和邹穆公相反的国君的故事，著名的"曹刿论战"。

鲁庄公十年的春天，齐国军队攻打鲁国。鲁庄公将要迎战，曹刿请求拜见鲁庄公。他的同乡纷纷劝说他："当权的人自会谋划这件事，你又何必参与呢？"曹刿说："当权的人目光短浅，不能深谋远虑。"

于是曹刿毅然决然地入朝去见鲁庄公。曹刿就向庄公问道："您凭借什么能赢得这场战争？"鲁庄公说："衣食这一类养生的东西，我从来不敢独自享用，一定把它们分给身边的大臣。"曹刿回答说："这种小恩小惠不能遍及百姓，老百姓是不会愿意跟着您的。"鲁庄公说："祭祀用的牲畜和玉器、丝织品等祭品，我从来不敢虚报夸大数目，不敢有一丝一毫差错，一定对上天说实话。"曹刿说："小小信用，不能取得神灵的信任，神灵是不会保佑您的。"鲁庄公说："大大小小的诉讼案件，即使不能一一明察，但我一定根据实情合理裁决，不会错判。"曹刿回答说："这才是尽了本职一类的事，可以凭借这一点去打一仗。如果作战，请允许我跟随您一同去。"最终，长勺之战取得了胜利。

长勺之战的胜利，除了曹刿能够把握好心理战术之外，重要的一点是帝王不失信于民，为君者拥有让人信服的品行，这样百姓愿意听从他，战斗中士兵就有了凝聚力。

在现实生活中，其实也是这个道理。有些人一呼百应不是没理由的，有德行没有地位的人，能够做到使周围的人信任他、赞美他，却没有使天下从的力量。有地位而没有德行的人，即使有让天下顺从的力量，也不能使百姓从内心听从于他。只有做到道德与地位的完美融合，才能号令天下，让百姓心悦诚服。道德和地位都是不可或缺的，只有两者同时存在的时候，带来的影响力才是最大的。

实践之后，才得真知

【原典再现】

故君子之道：本诸身，征①诸庶民，考诸三王而不缪②，建诸天地而不悖③，质诸鬼神而无疑，百世以俟④圣人而不惑。质诸鬼神而无疑，知天也；百世以俟圣人而不惑，知人也。是故君子动而世为天下道⑤，行而世为天

下法，言而世为天下则。远之则有望⑥，近之则不厌⑦。

【重点注释】

①征：验证。

②考诸三王而不缪：君子的言行举止合乎古代三朝创立的法则。

③建诸天地而不悖：君子之道与天地之道正相吻合。

④俟：等待。

⑤君子动而世为天下道：君子的举动世代为天下的人称道。

⑥远之则有望：意思是与君子相隔甚远之人，对君子常怀敬仰之心。

⑦近之则不厌：近在身边也不会生出厌倦之心。

【白话翻译】

所以，有道德的君子，要治理好天下，就一定要以自身的德行为根本，再去验证百姓相信不相信，考察夏、商、周三代的礼制，看是否与之相符合。建立在天地中间，而不违背天的意旨；向鬼神求证，而没有疑心；过了百世之后，等后代的圣人来评判，不被后代圣人认为是悖乱。向鬼神占问而没有疑心，那就表明是知晓天道了；百世之后的圣人也认为他的制度不令人惑乱，那就表明是知晓人情了。因为这些缘故，所以治理天下的君子，一举一动都世世代代作为后人的标准；做事，就被后人所效法；说话，就成为后人的法则。人与他距离远些，便会仰望他；人与他接近，也不会因亲近熟识而讨厌他。

【鉴赏评议】

本章的开头说："故君子之道：本诸身，征诸庶民……"它的意思是说有道德的君子，想要治理好国家，就必须先有崇高的品德，然后再去百姓中验

252

证它，看它是否经得起百姓的考验和时间的推敲。真正的有德者必须通过实践，才能判断自己的治世之道是不是能使百姓信服，是不是百姓所真正需要的东西。只有把"王道"施行天下，才能做到百世而不惑。

上行下效一直是我们世代传承的准则。如果上面的人行为有失偏颇，那么下面的人也会学到不当的准则；如果上面的人能够树立好榜样，下面的人也会形成正确的价值观。只有这样，一个国家才能顺利地运行。

【深度解读】

实践方能出真知

我们读到这章的时候，需要把握的只有"实践"二字。对于君王，就是要做到把"王道"施行于天下；对于官员，就是要做到为百姓干实事；在普通的百姓眼中，就是要做到"读万卷书"，然后"行万里路"。把我们所学所想运用在方方面面，这便是实践的目的。

《庄子·秋水》里有这样一个故事：一口枯井里住着一只青蛙。有一天，青蛙出来玩耍，在井边碰到了一只从海里来的大鳖。青蛙就对海鳖夸口说："您看，我住在这里多好！有时间了，就在井栏边跳越一阵；玩累了，就回到井里休息一会。或者只留出头和嘴巴，安安静静地把身子泡在水里；或者在柔软的泥地里玩一会儿，也很舒适。那些蛤蟆谁也比不上我。而且，我是这个井里唯一的主人，在这里十分自在。请您到井里来参观一下好吗？"

那海鳖听了青蛙的话，倒真想进去看看。但它的左脚还没有整个伸进去，右脚就已经被井栏绊住了。它连忙后退了两步，才站住脚，然后把大

海的情形告诉青蛙："你见过大海吗？海的宽阔，哪止千万里；海的深度，哪止千万丈。古时候，十年有九年大水，海里的水，并没涨了多少；后来，八年有七年大旱，海里的水，也不见得浅了多少。可见大海是不受旱涝影响的。生活在大海里，才是真正的快乐呢！你见的世面太小了。"青蛙听了海鳖的话，吃惊地站在那里，再没有话可说了。

井底之蛙讽刺的是那些见识短浅的人。青蛙之所以鼠目寸光是因为它局限于一口小小的井，没有跳到外面去经历大江大海。这种妄断正是因为它没有去实践啊！

《东坡志林》里有这样一个故事：一个收藏家有一幅出自唐代大画家戴嵩之手的《斗牛图》，视若珍宝，时常取出炫耀观赏。有一次，一位农民看到了，在一旁窃笑。那人斥道："你笑什么？你也懂画？"农民说："我虽然不懂画，牛可是看得多了。牛在打架时，力气用在角上，它的尾巴都揣进两腿之间。可这画上的牛，正斗得起劲，它们的尾巴却都翘了起来。画错了，所以我觉得好笑！"

烈马飞奔，马尾高扬；两牛相斗，牛尾紧揣。如果违背了真实的生活，不但显不出它们真实的神态，还会闹出笑话来。

这个故事有点"术业有专攻"的意味，大画家没有放过牛，也就不能真实表达两牛相斗的场面。正因为如此，想要做好一件事情就必须先了解它，这也是实践的重要性。

大道之行，天下为公

【原典再现】

《诗》曰："在彼无恶，在此无射。庶几①夙夜，以永终誉②！"君子未有不如此而蚤③有誉于天下者也。

【重点注释】

①庶几：几乎。

②终誉：保持美好声名。

③蚤：即"早"。

【白话翻译】

《诗经·周颂·振鹭》说："在那边没有人怨恨，在这边没有人讨厌，早晚都谨慎小心，以永久地保有美好的名誉！"大凡有道德的君子，没有不这样做的，所以能够很早就有很好的名声流传天下。

【鉴赏评议】

这章为我们描绘了一个儒家理想中的社会，《礼记·礼运》曾记过这个美好的蓝图："大道之行也，天下为公，选贤与能，讲信修睦。故人不独亲其亲，不独子其子，使老有所终，壮有所用，幼有所长，矜、寡、孤、独、

废疾者皆有所养，男有分，女有归。货恶其弃于地也，不必藏于己；力恶其不出于身也，不必为己。是故谋闭而不兴，盗窃乱贼而不作，故外户而不闭，是谓大同。"天下大同就是满足生存需求，人人得到社会的关爱。

满足发展需求，人人都能安居乐业，货尽其用，人尽其力。在那边没有人怨恨，在这边没有人讨厌，早晚都谨慎小心，以永久地保有美好的名誉。这就是诗经里对这个社会的构想。

【深度解读】

大同社会

全民公有的社会制度，包括权力公有和财物公有，而首先是权力的公有。权力公有的口号是"天下为公"，具体措施是选贤与能，讲信修睦。管理社会的是被选举出来的贤能，而选举贤能的权力在于"天下"，也就是全社会的民众，所以说权力公有。之所以要明确权力公有，是因为人们从实践中认识到权力可以改变一切，也可以攫取一切。只有取消权力的个人垄断，才能保证社会的其他方面不受垄断；只有坚持权力的公有，才能保证社会其他方面的公有。所以"天下为公"的性质是与王权根本对立的，是反王权的。

《礼记正义》解释说："天下为公，谓天子位也，为公谓揖让而授圣德，不私传子孙，即废朱、均而用舜、禹也。"《礼记正义》是以"大同"为中心而讲的，所以举出尧不以帝位传其子丹朱而传给舜，舜又不传其子商均而传禹的事例以资证明。《礼记正义》虽然也承认"天下为公"首先是指最高统治者的帝位，但从所举事例看，不全是《礼运》中所说的"大同"，因为尧、舜虽然没有把帝位传给自己的子孙，但在思想上是把"天下"作为私有物来"禅让"的，而且是在不得已的情况下让人的。

要达到大同社会也非易事，最起码要达到以下几点要求。

选贤与能的管理体制。这个体制是包括中央与地方的。天下是天下人的天下，地方更是地方人的地方。地方事务由地方民众选举贤能之士负责管理。这里的选举指的是民举，而不是官举，官举与民举的性质是不同的，但后儒却混淆了两者的界线。

讲信修睦的人际关系。信与睦是良好人际关系的核心，而"天下为公"是建立良好人际关系的前提和基础。"天下为公"，人人是社会的一员，社会有每人的一份，衣食有着，地位平等，无胁迫的可能，无依附的必要，是大同世界人际关系总的概括。

人得其所的社会保障。大同世界描绘的社会是人人敬老、人人爱幼、无处不均匀、无人不饱暖的理想社会。在这里，人们视他人父母如自己父母，视他人子女如自己子女。"老有所终，壮有所用，幼有所长，矜寡孤独废疾者，皆有所养。"任何人都能得到社会的关怀，任何人都主动关心社会。"男有室，女有家，社会和谐，人民安堵。"

人人为公的社会道德。在这里，人们有高度的责任心，对社会财富十分珍惜，憎恶一切浪费现象，也反对任何自私自利的行为。"货恶其弃于地也，不必藏于己。"货弃于地是可耻的，货藏于己同样是可耻的。

各尽其力的劳动态度。在这里，劳动已经成了人们高度自觉而又十分习惯的活动。"力恶其不出于身也，不必为己。"能劳而不劳是可耻的，劳而不尽其力也是可耻的，劳动只为了自己同样是可耻的。正是人们这种不

计报酬、高度自觉的劳动态度支撑了大同世界的理想社会，而大同世界高度民主的政治制度和切实可靠的社会保障又是这种劳动态度产生的前提和基础。社会给人们提供了和谐优越的生存条件，人们回报社会以高度的自觉劳动，二者互为条件，互为因果，又互相促进。

需要注意的是，大同社会毕竟只是一种人们理想中的社会。我们不能控制每个人，只能约束好自己，才能维护好这个社会，这个世界。

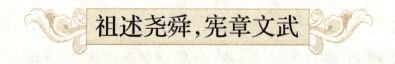

祖述尧舜，宪章文武

【原典再现】

仲尼祖述①尧、舜，宪章②文、武，上律天时③，下袭水土④。辟如天地之无不持载，无不覆帱⑤，辟如四时之错行⑥，如日月之代明⑦，万物并育而不相害，道并行而不相悖，小德川流，大德敦化⑧，此天地之所以为大也。

【重点注释】

①祖述：效法遵行前人的行止或学说。

②宪章：效法。

③上律天时：上达天命变化的玄机。

④下袭水土：下知地理风水变化的奥秘。

⑤覆帱：覆盖。

⑥错行：交错运行，流转不息。

⑦代明：交替光明，循环变化。

⑧敦化：使万物敦厚纯朴。

【白话翻译】

孔子一生远宗尧、舜，近以周文王、周武王为典范。上取法于天地运行的常道；下依着水土因地制宜，行圣人的德行。比如那天地，没有一样东西不承载，没有一样东西不覆盖，又比如春夏秋冬四季的交替运行，太阳、月亮的交替发光，世上的万物一同生长发育而不会互相戕害，各样的道理一同出现而不会互相攻击。小一些的德行就像那小河流水，虽然各自分流，却终究流入同一条大河里。大一些的德行敦实笃厚化育万物，又好比大河容纳多条小河一样。这便是天地之所以高明广博的地方啊。

【鉴赏评议】

上天对万物是无私的，万物各自按照自己的本性而生息，并非上天有意使某物存在、使某物灭绝。狼以羊为食物，并非有意害羊；羊以草木为食物，并非有意糟蹋草木；草木赖水土而生存，并非有意贪图享受。人以狼、羊、草木为食物，赖水土而生存，不能有意伤害它们，须知适可而止，妄杀一草一木，即是背弃天地之道，更何况国家之间、人类之间的杀戮呢？

【深度解读】

祖述尧舜，宪章文武

"祖述尧舜，宪章文武"其实是一个典故，讲的是尧舜政权接替中的故事。

尧是中国上古时期部落联盟首领。他体格魁梧，聪颖仁爱，光明磊落，虽生长在帝王富贵之乡，却谦逊节俭，宽容礼让。他在位期间，是古代传说中最理想的太平盛世——"九族和睦，四夷咸服，天下太平"。

尧帝年老的时候，想找一个继承人，于是召集各地部落首领来商议。在尧帝之前，帝位一直是父子兄弟相传的，他本人便是继承了异母兄长挚的帝位。这天，尧帝召集群臣议事后，叹道："我在位已经七十年了，眼看老了，但却后继无人，真的不知该如何是好啊！"

放齐连忙说："您这样说就不对了，现在不是有贤侄丹朱，开明礼让，怎能说后继乏人呢？"尧帝苦笑道："'知子莫若父'，丹朱是什么人，我还不清楚吗？顽劣、凶蛮、不学无术。他要是即位，百姓可就遭殃了。"

沉寂片刻之后，尧帝笑着说："天下是所有人的天下，谁最有德才就应该由谁来治理天下。为天下推贤举能，也是大家分内之事嘛。"奸臣獾兜见有机可乘，就说："我以为共工是合适的人选。"尧帝凛然道："共工能言善辩，表面看起来恭敬谨慎，其实不把任何人放在眼里，这样的小人没资格接替我的职位。你们举贤任能，并非仅限于我们身边的人！"

"我听说民间有一位贤士，名叫虞舜。"四岳说道。尧帝不禁点头笑道："我也有耳闻，但不知他究竟怎样贤能？"四岳说："舜的母亲死得很早，他的父亲眼睛看不见，但性子却很顽固，继母刁蛮奸诈，异母弟弟象常恃母自傲，对他很无礼。但即使是这样，虞舜也始终敬父孝母，爱护弟弟，把快要分裂的家治理得和和睦睦。二十岁时，他就已经孝名远播了。"

尧帝听后很高兴，便请来虞舜，委以重任，又将两个女儿都嫁给了他。当然，尧帝也想借助女儿暗中考察他的品行。虞舜始终平静地面对种种变化，行事深谋远虑，仁义礼让，讲话诚实守信，和蔼可亲。尧帝对他很满意，三年后便结束了对他的考察，正式让位给虞舜，虞舜却总以德薄为由谦让推辞。不过最后，虞舜还是做了帝位的继承人，完成了名垂后世的"禅让"。

古代先贤的例子值得我们学习，在现实生活中很少有人能够像舜一样做到以德报怨，但是我们不妨学习舜的心胸宽广，这样我们的眼界就会更上一层楼。何必为了生活中的一些小事而失去了内心的平静，不如一笑了之！

天下至圣，聪明睿知

【原典再现】

唯天下至圣①，为能聪明睿知②，足以有临也。

【重点注释】

①至圣：最高的圣人。

②聪明睿知：耳听敏锐称为聪，目视犀利称为明，思维迅捷称为睿，知识渊博称为智。

【白话翻译】

只有天下绝顶的圣人，才能够真正耳聪目明，能体察出事物的真伪，能运用灵巧的心思与特别的卓识来认知、判断事物。他才有足够的才智来监督众人。

【鉴赏评议】

《中庸》里这句话的意思大概是：唯有天下最通晓畅达道理的人（即圣人），可以完全做到用居高临下的角度来观察（天下万事万物），因为他们能做到聪明睿智。《中庸》为君子提出了圣人的评判标准。

一个耳聪目明、知识渊博而又思维迅捷的人，能够运筹帷幄，识人断物。这样的人可以称为天下绝顶的圣人。

所以圣人的境界是聪明睿智。第一个是聪明，绝顶的聪明，这个聪明是由本性而发起来的智慧，不是后天想出来的，也不是靠眼睛耳朵观察出来的，就是现在讲的"无上的灵感"。

有一个词叫"迷狂"，它是指一个普通人受到了上帝的指引，陷入一种疯狂的状态，他的思维源泉不断地涌现。当然现实生活中是没有上帝的，但是我们可以发现天分这个东西确实是存在的，聪明人把这个本性的智慧发挥到极致，他就有能力驾驭天下，从而达到统治天下的目的。

【深度解读】

天分与聪明

前面我们提到过先天和后天的区别，侧重点在后天，因为我们大多数人生来的起点都是差不多的，所以后天的努力就很关键了。是并不是说先天的天分不重要。在这章中我们重点讲一下先天。也就是我们《中庸》里的圣人之道。

周颐《蕙风词话》卷一有云："性灵关天分，书卷关学力。"这句话的大意是说：人的精神、性情、情感靠天分来表达出来，学习书本知识靠自身学习的刻苦。就天分而言，寻常人需花十倍的精力去做的一件事，有天分的人可能只用一倍的时间。更有教授教书数十载，见到有天分的学生也不免感慨："教授人亦多矣，未曾有此性灵弟子也。"

那么性灵怎么解释呢？什么样的人算是有天分的？我们可以举一个例子。金庸小说中，郭靖和黄蓉都算得上是有天分的人，但又各有不同。黄蓉是聪明人无疑，但郭靖不聪明，甚至愚不可及，可他在武功上是有天分的。

黄蓉是桃花岛主"东邪"黄药师与冯蘅的独生女，精通父亲传授的桃花岛武功、五行八卦阵和奇门遁甲之术。她集天地灵气而于一身，艳绝天下，冰雪聪明，玲珑剔透，多才多艺，博古通今，精通琴棋书画，且厨艺了得，最终辅助郭靖守护襄阳。但是在五绝排行榜中黄蓉是以智谋取胜，而不是武功。

有人看到这里可能会说，郭靖资质鲁钝，他是运气好加上自身苦学才

成功的，怎么能算是有天分。

但是人在某一方面弱，在另一方面就强。上帝给你关上了一扇门的同时，一定会为你打开另一扇窗子。学习不好，说不定在艺术方面有天分；体育不好，说不定记忆力超群；等等。黄蓉虽然聪明，但是武功不算上乘，郭靖为人处世、机变聪颖不如黄蓉，但他的武功上乘。

我们细细想来：江南七怪教了郭靖很多年也教得不怎么样，而且江南七怪不懂得因材施教，还总是说他笨。郭靖跟着马钰练了两年全真内功，就达到可以练降龙十八掌的地步了，就算是一块上好的璞玉也是需要能工巧匠来精雕细琢的。郭靖的降龙每练一掌立刻就可以用来实战。他靠听琴筝相斗悟出九阴真经中的奥秘，不需要老师。他在牛家村看全真七子摆天罡北斗阵后，悟出北斗身法，这分明是天才才能做到的！

郭靖这样的，不是大家常见的天才，而是另类的、很难发掘的天才。郭靖是有悟性的，不过他的悟性是禅宗的顿悟，平时慢慢想也许想不明白，一逼急了就全明白了。

但是天才也是需要刻苦学习的，郭靖就是这样。如果一个人仅有良好的天资却没有经过很好的后天教育，那么他的天资就会渐渐衰退，最后将沦为平庸的人。

我们在生活中也可以发现这样的例子，再有天分的人也要坚持努力。所以，不管有没有所谓的"天资"，我们都应该通过后天的努力来创造美好的明天。

宽裕温柔，足以有容

【原典再现】

宽裕温柔，足以有容也。

【白话翻译】

他志气很高，性子却很宽裕平和，易亲近，因此他有足够广阔的胸怀来容纳别人。

【鉴赏评议】

中国传统文化是一种"德行"文化，非常重视人与人交往的"道"，以及遵循这种"道"而形成的"德"。作为中华文化的重要组成部分，儒家主张以道德实践为第一要义，由此形成了中国人道德至上的价值取向与文化精神。

处事做人，贵在有德。中国人所谓的处世，首先是要会做人。另一方面，在与人交往时要以德待人。

气量大的人，容人之量也很大。可以与不同性格、不同脾气的人相处得很好，可以听得进批评自己的话，也可以忍辱负重，更经得起误会和委屈。成就大事的人，往往有着如大海般宽广的胸怀，这样的人也会因为胸怀广博

而包容一切，逐渐走向成功。宽容别人，事实上也是为了得到别人对自己更多的宽容和谅解。当你善待他人的同时，也可以学习别人的优点，弥补自己的不足，那样你的生活也会变得异常宽阔。

【深度解读】

能容纳世界，才能得到世界

为人处世，首先应该提倡的是豁达开朗的态度。在处理人际关系时，应气量宽宏。

气量之于容人，犹如器之于容水。器大就容水多，器小就容水少。器漏则上注而下逝，无器则有水而不容。

古语有云："大度集群朋。"一个人若可以有宽广的度量，那么他的身边便可以集结起大量的知心朋友。大度表现为对人、对友能求同存异，不用自己的特殊个性或癖好律人。大度也表现为可以听得进各种不同的意见，尤其可以认真听取相反的意见。大度还要可以容忍朋友的过失，尤其是在朋友对自己犯有过错时，可以不计前嫌，一如既往。大度更应表现为可以虚心接受批评，一旦发现自己的过失就立即改正，与朋友发生矛盾时，主动自省，不会推诿责任。

人生在世总会遇到这样那样的小摩擦、小冲突。倘若他人冒犯了自己便犯颜动怒，或记下来以便秋后算账，这样只会让自己被孤立起来。在处理人际关系中要做到大事清楚，小事糊涂才能长久相处。

有些人心胸狭窄，有怨气不懂得如何去化解，也不愿意去化解，久而久之形成内心的沟壑，处处斤斤计较，为人也就变得小气了。其实在小事上不计较，不会让你蒙受损失，有时反而会让你受到别人的敬佩。

西汉时韩信受胯下之辱，后经萧何举荐，拜于刘邦麾下成为一员大将。后来韩信非但没有斩杀这个让他受辱之人，反而让他做了官，那个人感动不已，最后在韩信身边舍命相护。生活中亦是如此，如果你无法忍受别人一时的无心之语，从而与之恶语相向，甚至大打出手，那么你的朋友圈子就会愈来愈小，知心的好友也会离你而去。

一个人的气量大小在心平气和时难以辨别，在与人发生口角时，就可以看出来了。气量大的人，不会将区区小事放在心上；而气量小的人总是喜欢在争论时抢占上风，甚至口不择言都要压倒对方。还有的人自己站在正确的一方时，与人争辩占了先机，就心情舒畅，不再计较；反之，当他站在错误的一方而对别人指责时，就会恼羞成怒，强行说些歪理来为自己辩解，这样的人受不得一点委屈，也难成大事。一个志向高远又有些才华的人，却斤斤计较或常常苛责旁人，那么他就是在自断其路。要知道，影响成功的因素是很多的，朋友多了路也多，朋友少了路也少。

郭子仪和李光弼原来同为安思顺的部下，但二人关系并不好，以至于坐在一起吃饭，也不相互对望一眼，更不说一句话。后来，安禄山造反，皇帝命郭子仪做朔方节度使，李光弼成为他的部下。当时的节度使大致相当于战区司令长官兼行政长官，权力极大。郭子仪当节度使后，李光弼惶惶不可终日，想逃走以避杀身之祸，可他还没决定，皇帝已下命令，要他领一部分郭子仪的兵东征。他认为郭子仪这次一定不会放过他了，于是跪着对郭子仪说："我死是心甘情愿的，只求你饶了我的妻儿。"郭子仪忙拉住他的手，扶他起身，说道："现在国家大乱，哪里是计较私仇的时候！"当即分兵给他。两人相别时握手流泪，相勉报国。后来郭子仪还推荐李光弼担任河北、河东节度使。此后，二人亲密合作，攻破乱贼，没有丝毫猜

忌，终于使得唐帝国免于亡国危机，以至于后来唐肃宗对郭子仪说："虽吾之家国，实由卿再造。"

当你有了一个敌人时，你所感到的威胁可能比他给你的多出十倍不止。反而多了个朋友，会让你多了十倍的保障。

 # 发强刚毅，锲而不舍

【原典再现】

发强刚毅①，足以有执也。

【重点注释】

①发强刚毅：奋发强劲，刚健勇毅。

【白话翻译】

刚健勇毅，奋发强劲，就可以有足够的依仗。

【鉴赏评议】

中国传统文化蕴含着许多优秀的精神，其中坚持、奋发向上、贯彻始终是其中突出的特点。成功没有秘诀，贵在坚持不懈。任何伟大的事业，成于坚持不懈，毁于半途而废。其实，世间最容易的事是坚持，最难的事也是坚持。说它容易，是因为只要愿意，人人都能做到；说它难，是因为能真正坚持下来的，终究只是少数人。

自古以来，凡有大成就的人对苦难所持有的态度都是忍耐、乐观、坚持和正视。苦难是对人最大的考验，只有真金才经得住火炼。自古英雄多磨难，只有知难而上，走出逆境，忍人所不能忍，方能成人所不能成之事。

【深度解读】

持之以恒地追逐目标

世人皆追逐成功，然而成功的人永远只是一小部分。为何大多数人没能取得成功？皆因缺乏耐心，缺乏坚持的力量，缺乏那锲而不舍的精神。

在面对困难和挫折的时候，逃避是一种恐惧的表现。逃避并不能解决实际问题，相反，你对困境的纵容反而会让情况越来越糟。因此，在遇到逆境的时候，我们首先要做的第一点就是要敢于面对，勇敢地坚持自己的主张，直到最后的成功。

成功的事业不是一蹴而就的，它需要一定的条件，你要把握住每一个可能的机遇。它是一个需要付出艰难劳动、克服重重困难的过程。它需要战胜挫折和失败，以坚韧不拔的精神经受住时间的考验。经过长久的积累，成功的机遇才会悄然而至。越伟大的事业，其成功所需酝酿的过程也就越久。

汉末政治和社会大动荡时期，英雄人物乘势而出。其中最著名的就是三分天下的刘备、曹操和孙权。刘备从一个没落的贵族到坐拥巴蜀江山的一代帝王，这同他自幼立志高远有着很大的联系。

刘备与关羽、张飞三结义之后，败于吕布之手，投奔曹操，但还是想着东山再起。他借讨伐袁绍之际，带兵离开曹营，想联合江东袁绍抗曹。后再次失败，屈于袁绍门下，不久投奔刘表寄居荆州。在荆州期间，刘备并没有萎靡不振，他意识到想要得到天下，就必须招募人才，于是他三顾茅庐，请出诸葛亮出山辅政，并广招荆楚之士。一时间俊杰都来投奔，这些人为日后刘备三分天下立下了汗马功劳。随后刘备与东吴结盟，联手抗曹，于赤壁之战大败曹操，占据荆州建立蜀汉政权，自立为王。

这个例子告诉我们，要想成功首先要有远大的志向。有了远大的志向就要有坚持下去的决心和毅力，人贵有志，志贵持恒。这个道理大家都知道，但是真做到的人却不多。物质的勾引，利欲的诱惑，有几个人能抵挡得住？数载苦索，十年寒窗，只有那些持恒者迈着坚定不移的步伐，义无反顾地前行，最后才能沐浴到胜利的光辉。

南宋末年，元军南下，大量南宋国土沦丧，百姓处于水深火热之中。

那时候在江陵做县令的胡三省，目睹了元军的烧杀抢掠，心中悲愤不已，毅然投入到抗元的斗争中。宋军溃败后，胡三省愤然弃官，隐居乡里。由于早年间读过《资治通鉴》，胡三省想把这本书全部注解下来，传于后世。1276 年，南宋都城被攻陷，形势十分紧张，强盗匪徒横行，杀害了胡三省的同伴，胡三省滚入山涧幸免于难。但是他的书简也被毁了，他独自来到新昌，在一个富豪人家教书，同时重新撰写书稿。从四十二岁弃官开始，经过三十个年头，直到胡三省临死前这本书才最终增删完稿。

坚持是做学问的人必备的品质，这是一件非常辛苦的事情，也是一件非常枯燥的事情。一个人没有坚强的毅力，坐不得冷板凳，经不住世俗的热闹，是做不成学问的。

有决心，有毅力，最后还要勤奋。人们常说的"勤"是指：勤奋上进，吃苦耐劳。一切事情的成功都在于勤，而失败于懒。只要我们比别人多出一份心力，我们的付出总会得到相应的回报。

宋濂年幼时家境十分贫苦，没有什么闲钱去买书看，但他未因家境贫寒而自弃，反而发愤读书。他写出来的字飘逸秀美，他的文章更是行云流水，被朱元璋赞誉为"开国文臣之首"。

宋濂每天都要读很多的书，每当遇到了不懂的地方，都会彻底弄明白为止。有一次，宋濂遇到了一个棘手的问题，搞得他食不下咽，寝不能安，于是他决定去拜访一位名师。那是一个下着大雪的冬天，雪舞风凄，万物肃清。宋濂冒雪行走了数十里，但是走到老师家才得知老师已经不再收学生了，老师也没有在家，宋濂便无终而归。过了一天，宋濂又来到老师家，但老师没有见他。由于天气寒冷，宋濂的脚趾头都已经被冻伤了，但宋濂没被困难击倒。又过了几日，宋濂再次拜访，在路上掉入了雪坑，幸好被人路过救起。被救后，宋濂仍旧走向老师的家，当他走到老师家门前的时候，已快要不省人事。终于，这位德高望重的老师被宋濂的诚心和坚持打动了，于是便收下宋濂，认真地帮宋濂解答了疑惑。后来，宋濂为了能够学到更多的知识，接连拜访了好多老师，最终成为一代名臣。

荀子在《劝学》中提到："锲而不舍，金石可镂，锲而舍之，朽木不折。"只要我们坚持下去，哪怕遇到再大的困难也不放弃，那么终会迎来成功的一天。在现实生活中，不管我们要做什么事情，一旦选择了放弃，就意味着前功尽弃。也许，你离成功只有一步之遥，但是正是因为一念之差，而造成了结果的大不同。

没有坚持，就不会有最后的成功；没有恒心，愿望就永远无法实现。胜利只会青睐那些坚韧不拔的人。许多人摔倒了就再也爬不起来，只有拥有顽强意志的人，才能在摔倒后爬起来继续前进，走向最终的成功。

第八章　圣人凡人，取道中庸

每个人生下来都是凡人，圣人只存在于那些史书典籍中。凡人是有缺点的，圣人则是完美无瑕的。追寻圣人之道，其实就是我们一点一点改掉自己不完美的地方，向圣人的目标前进。到了最后，也许我们成不了圣人，但是我们会成为一个有德行的人。在追求中自我完善，让自己变得更好。

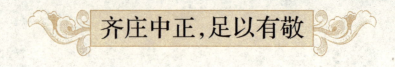

齐庄中正,足以有敬

【原典再现】

齐庄中正①,足以有敬也。

【重点注释】

①齐庄中正:整齐庄重,公平正直。这里是形容"礼"。

【白话翻译】

他的容貌像在斋戒中时一样端正庄严而又中正平和,因此他的威仪足以使人肃然起敬。

【鉴赏评议】

"齐庄中正,足以有敬也"是讲"礼"的重要性。在中国古代,社会的中坚分子是知识分子、士大夫阶级,他们被当作全国老百姓的榜样。这些士大夫阶级都能够守礼、行仁,老百姓自然也会效仿。

礼仪是很重要的,《礼记》开端就说"曲礼曰","曲"是委曲婉转,"礼"是自卑而尊人,这个叫礼。所以"曲礼曰,毋不敬"跟我们"礼敬诸佛"一个意思,就是讲一切恭敬。"毋不敬,俨若思,安定辞,安民哉。"这四句话,第一句是讲恭敬,讲礼敬;第二句是讲端庄、庄严;第三句就是讲言语，言语要肯定，要安、要定、要柔和、要肯定。这三条做到，天下可"安民"！前三句是因，后一句是果。所以，世间都要重视"礼"，可见其重要性。

【深度解读】

礼生威，礼生敬

其实前面我们已经讲过"礼"的重要性，这里不妨再深入了解一下，君子之礼到底是何物。

所谓"礼"，可以用来确定人与人之间关系的远近，判断事情的疑似难明，明辨事情的得礼或失礼。依礼，不可随便地取悦于人，不可说做不到的话。依礼，做事不得超过自己的身份，不得侵犯侮慢他人，也不得随便地与人套近乎。培养自己的德性，实践自己的诺言，行合忠信，言合仁义，这才是礼的实质。

做人要"上交不谄，下交不渎"。与高于自己的人相交，不要低声下气，失去姿态；与低于自己的人相交，不要高傲怠慢，失去气度。

一次，苏轼在莫干山游玩时，来到山腰的一座寺观。道士见来人穿着非常简朴，冷冷地应酬道："坐！"对小童吩咐道："茶！"苏轼落座喝茶。他随便和道士谈了几句，道士见来人出语不凡，马上请苏轼入大殿，摆下椅子说："请坐！"又吩咐小童："敬茶！"苏轼继续和道士攀谈。苏轼妙语连珠，道士连连称是，不禁问起苏轼的名字来，苏轼自谦道："小官乃杭州通判苏子瞻。"道士连忙起身，请苏轼进入一间静雅的客厅，恭敬地说："请上座！"又吩咐随身道童："敬香茶！"苏轼见道士十分势利，坐了一会儿就告辞了。道士见挽留不住苏轼，就请苏轼题字留念。苏轼写下

了一副对联：“坐请坐请上坐，茶敬茶敬香茶。”道士看后，顿时面红耳赤，羞愧难当。客来敬茶本是一种表达友好的意思，而这位道士不明“茶道”之理。这就是势利的处世态度。我国是一个文明古国，以“礼仪之邦”著称，历史上有许多讲究礼仪的故事。众人皆知的“孔融让梨”，说的是孔融虽然年幼，就知礼让；“张良拾鞋”，说的是张良为一位老人到桥下拾鞋，并且恭恭敬敬地给老人穿上。这些故事都是教育人们要以礼待人。我国从古到今都十分重视“礼”的教育。古代大教育家孔子就曾要求他的学生衣冠整齐，坐有坐的姿势，走有走的样子，为人处世彬彬有礼。

周恩来总理是世界公认的最有礼仪风度的领导人和外交家。曾任美国总统的尼克松在他的回忆录里写道：“周恩来的外貌给人的印象是仪态亲切，非常直率，镇定自若，而又十分热情。”凡是与周总理接触过的中外人士无不为他的礼仪风度所倾倒。确实，礼貌是教养的主要表现形式。礼貌不仅能反映一个人的知识和教养水平，而且能反映出一个城市、一个团体的精神面貌和文明水准。

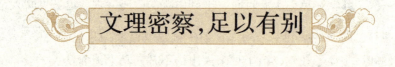

文理密察，足以有别

【原典再现】

文理密察①，足以有别也。

【重点注释】

①文理密察：文章条理，详细明辨。这里是形容"智"。

【白话翻译】

对于事物的表层与深层，能够深入详细地考察，有足够的眼光来鉴别事物真伪。

【鉴赏评议】

文，指的是文章有章法；理，指的是思维有理路。我们的思维、思想，要像写文章一样清晰有条理，要有严密的逻辑思维能力。密察，就是要善于思考，善于表达，善于体察事物最细密、最微妙的变化。那么，"文理密察"的目的是什么呢？就是"足以有别"，有足够的辨别能力，对是非善恶、人心背向、得失利弊等都能做到清清楚楚。

所以，真正的不生分别，是体现在这个明明了了的分别当中的。如果你想平等对待每一个人，并且真正无私地关怀每一个人，那你就要善于分别、善于观察每一个人的心理特点，善于了解每个人的性情结构、兴趣爱好。这样，你的爱心才能够具体地、平等地、有效地施加到每一个人身上。

【深度解读】

认真地对待每一份感情

一个人到底有几种感情？很多人把它归结为三种：爱情、亲情和友情。曾经有一位作家说过："爱情是一种纯度，友情是一种广度，而亲

情是一种深度。"是的,如果你失去了爱情,你只失去了一点;如果你失去了友情,你就失去了许多;如果你连亲情都失去了,那么你把一切都失掉了。一个人如果连亲情都不善待,那他还会去善待爱情、善待友情吗?

亲情是一种没有条件、不求回报的阳光沐浴;友情是一种浩荡宏大、可以随时安然栖息的理解堤岸;而爱情则是一种神秘无边、可以使歌至忘情、泪至潇洒的心灵照耀。人生一世,亲情、友情、爱情三者缺一,已为遗憾;三者缺二,实为可怜;三者皆缺,活而如亡!体验了亲情的深度,领略了友情的广度,拥有了爱情的纯度,这样的人生,才称得上是名副其实的人生。亲情、友情、爱情,别看只有六个汉字,但它包含并贯穿了我们整整的一个人生。可以毫不夸张地说,我们每个人都逃不出这六个字。这六个字,在我们的人生中充分体现了它的价值与分量。

《围城》里说"婚姻是爱情的坟墓"。的确,当爱情遭遇婚姻,恋爱时的花前月下被婚姻生活的柴米油盐、锅碗瓢盆替代了,其失落感可想而知。没有爱情的人生是不完整的人生,但是没有婚姻的人生,又是何其糟糕的人生呢?爱情是青春的一场盛宴,而婚姻对于我们来说,则是一种实实在在的幸福。婚姻是一种责任,一种理解,一种包容,一种相濡以沫。

生活中的我们过于平凡与渺小,这种风平浪静的生活也许会让我们忽略了无时无刻不萦绕在我们周围、渗入我们骨与肉的那份亲情。习惯了父母悉心的呵护,习惯了兄长无私的礼让,习惯了祖父慈爱的目光……亲情是无私的,是不求回报的,那种血浓于水的深情,一直会让我们感动到老。

友情是友谊的同义词，它是朋友之间的感情。友情是一种很美妙的东西，可以让你在失落的时候变得高兴起来，可以让你走出苦海去迎接新的人生。它是一种你无法说出，又可以感到无比快乐的东西。只有拥有真正友情的人，才能感受到它美好之处。

爱情使人幸福，亲情使人温馨，友情使人宽容。也许发生在我们身边的故事并不轰轰烈烈，但必定曾在某个瞬间拨动了心底那根最动情的弦，记下它，让它去感动更多的人。

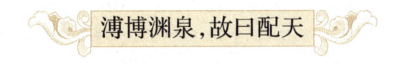

溥博渊泉，故曰配天

【原典再现】

溥博渊泉①，而时出之。溥博如天，渊泉如渊。见②而民莫不敬，言而民莫不信，行而民莫不说③。是以声名洋溢④乎中国，施及⑤蛮貊⑥。舟车所至，人力所通，天之所覆，地之所载，日月所照，霜露所队⑦，凡有血气者，莫不尊亲，故曰配天。

【重点注释】

①溥博渊泉：圣人的行事作为，就好比广大而渊深的源泉一样。

②见：同"现"。

③说：同"悦"，高兴喜悦的意思。

④洋溢：广为传播。

⑤施及：蔓延，延伸。

⑥蛮貊：古代边缘部族的通称。

⑦队：同"坠"，坠落。

【白话翻译】

他像那很大很深的泉水一样，能时时流泻出来。他像那无边无沿的青天一样，又像那渊深而流远的清泉与深不见底的水潭一样，因此，当他的圣德传播在外的时候，人民都恭恭敬敬。他说的话，人民没有一点怀疑的；他做的事，人民没有一个不欢欣鼓舞的。所以，他的美名在广大的国境内流传着，并一直传布到四境之外的野蛮部族中间。凡是船与车所能到达的地方，凡是人的力量所能到达的地方，凡是天所覆盖的地方，凡是地所负载的地方，凡是日月所照耀的地方，凡是霜露所降临的地方，凡是有血有气的生物，没有一个不尊重并亲近他的。所以说，这样的有德君子是可以与天相配的。

【鉴赏评议】

古人云："海纳百川，有容乃大；壁立千仞，无欲则刚。"人如果能够做到虚怀若谷，便能够汇集百川而成为汪洋。人如果能做到无欲无争，便能如峭壁一般，屹立云霄。水与山，一柔一刚，是如此的对立，又是如此的统一。山水总相依，有山有水才有无边风景。万事万物都一样，刚柔并济，阴阳协调，才能和谐。

人要常怀一颗感恩之心，方能使人敬仰。要多存善心，多行善举。只有这样，才能坦荡做人。

一个人如果没有信用，什么事也干不好。人与人之间的交往，关键是要讲信用。古人把守信看成做人的非常重要的品行之一，讲究"言必信，行必果"。人在社会上如果不讲信用，定没有人愿意与其交往，更不会赢得别人的信任。

【深度解读】

人品，是一个人最硬的底牌

"人"字简单的两笔，却够你写一辈子。有人说人生是一场戏，要说做人难，难就难在我们在这场戏中扮演的不是某个单一的角色，而是多个不同的角色。

在父母面前，我们扮演着儿女；在爱人面前，我们扮演着丈夫或妻子；在孩子面前，我们扮演着父母；在员工面前我们扮演着上司；在上司面前，我们扮演着下属。即使我们手中拿着多张面具，只怕一时也换不过来。或许几分钟之前你还在下属面前指手画脚、说长道短，可一旦你的上司来了，你就得垂手侍立、静候一旁。

所以说人生的舞台复杂而多变，即使你是一位很优秀的演员，也许你在自己工作的舞台上赢得了台下热烈的掌声与一致的好评，一旦回到人生这个大舞台上，你也未必能得心应手、左右逢源。

古人云："水唯能下方成海。"水有它的纯净、透明、轻灵、柔软、随

和。老子说："上善若水。水善利万物而不争，处众人之所恶，故几于道。居善地，心善渊，与善仁，言善信，正善治，事善能，动善时。夫唯不争，故无尤。"这既弘扬水的精神，也道出了一种处世哲学。

做人应该像水一样，要有极大的可塑性。因为水性柔而能变形。水在海洋中是海洋之形，在江河中是江河之形，在杯盘中是杯盘之形，在瓶罐中是瓶罐之形。做人应该像水一样，至柔之中又有至刚、至净、能容、能大的胸襟和气度。

"无欲则刚"所体现的就是一种"做人如水"的理念。人但凡不"刚"，细究根源都是一个"欲"字在作怪。要想真正做到"无欲"，首先就应该有一颗静如止水之心。我们应该认真地品味"非淡泊无以明志，非宁静无以致远"的古训，懂得"热闹繁华之境，一过辄生凄凉；清真冷淡之为，历久愈有意味"的真谛。只有这样，才能做到不为"欲"所牵连，不为"欲"所迷惑，真正达到"任尔东南西北风，我自岿然不动"的境界。

在今天这个欲海横流的世界里，要想真正做到没有一丝的欲望，如水一样平平淡淡毫无牵挂，的确是很难。我们只能以自己的理想和信念作为一种支柱，来保持心中的那一方净土，让自己不会在这样一个世界里迷失，不要误入歧途。面对任何一件事，无论大小，都应该慎重地去对待。

诸葛亮处理国家大事善于集思广益，听得进不同的意见和建议。刘备定蜀后，曾任命董和为掌军中郎将，前后跟随诸葛亮共事七年。期间，董和对于诸葛亮某些处理不当的事，敢于提出自己不同的意见，有时连提十余次。但诸葛亮总是十分赞赏董和这种忠于国家的大无畏精神，说大家如果都能像董和这般认真、勤勉，"则亮可以少过矣"。在他担任蜀汉丞相后，经常教育下属说："做事就是要集思广益。如果只因为一些小嫌隙就听不进不同的意见，难免要犯大错误。听了别人的意见，获得了正确的结论，那就好比丢弃了废旧破烂而得到了珍贵的宝玉。"

其实人与人之间并没有多大的不同，成功者与失败者之间的差异之处正在于人品的高下。优秀的人品是个人成功最重要的资本，是人最核心的竞争力。具有优秀人品的人，总是会时常从内心爆发出积极的正能量。可以说，好的人品是推动一个人不断前进的动力。

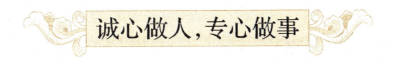

诚心做人，专心做事

【原典再现】

唯天下至诚，为能经纶①天下之大经，立天下之大本②，知天地之化育。夫焉有所倚③？肫肫④其仁！渊渊其渊⑤！浩浩其天⑥！苟不固聪明圣知达天德者⑦，其孰能知之？

【重点注释】

①经纶：本意为整理丝缕，后用来比喻经营政治的才干，这里引申为治理。

②大本：指根本。

③倚：依傍，依靠。

④肫肫：真挚恳切的样子。

⑤渊渊其渊：意为圣人的思想如潭水一样幽深。

⑥浩浩其天：意为圣人的美德如同苍天一般浩渺无边。

⑦达天德者：意为通晓天德的人。

【白话翻译】

只有天下最诚心的人，才能够规划天下的常道，才能够确立天下的根本，才能够通晓天地的变化与万物的生育之道。除了至诚，他还有什么可以倚靠的呢？至诚的人，他的仁德是那么诚恳。他深沉地清静他的心志，以确立根本，就像那渊深的水潭一般。他化育万物，广大无边，就像那上天一样。如果不是他天然的聪慧，又有圣人的见识，是通达德性的人，又有哪个人能掌握这大道呢？

【鉴赏评议】

《中庸》中比较精确地阐释了诚与明的关系，那就是"诚则明矣，明则诚矣"。诚、明二者的功用其实是相通的，无论是天性还是后天的教育，只要做到了真诚，二者也就合二为一了。而只有首先对自己真诚，然后才能对他人真诚，最终达到对这个世界的真诚，只有这样，才能更接近中庸之道。孔子认为，只要一个人为人真诚，便可以使自己立于与天地并列的至高不朽的地位，可见真诚的功用之大。

其实"不诚"未必真能欺人，可能只会欺骗我们自己，使我们陷入"不明"的状态。因为当我们不诚之时，它就阻塞了我们寻求真理和知识的路径，就会让我们自以为很智慧、很聪明，好像真的在智谋等方面高人一等了。殊不知，聪明反被聪明误，自以为聪明的人，才是最愚蠢的。

我们一切的"不诚"言语，会在我们自身与真正的"明"之间筑一道高墙，使我们不明白真理，使我们在追求知识的过程中不能真正进步。所以，诚心是一切求知识、求智慧的人的根本。一个人如果有一颗诚心，他自然会把一切事理看得通透，而一个智慧通达的人，也往往会比一般人更加心诚。

【深度解读】

诚心做人，专心做事

要想把事情做得完美，需要很多的"心"，如细心、恒心、专心、决心等，那么在这些"心"中，我们最需要的是什么呢？我认为最需要的是"专心"。因为专心是其他"心"存在的前提，也在一定程度上涵盖着其他"心"。

针能刺物，是因为把力集中在了针尖上；刀能切物，是因为把力集中在刀刃上。针能刺物和刀能切物，都是因为它们把人或外物施加给自己的力集中在了较小面积的地方。那么，力集中压强大，心集中能力大。专心可大大提升我们的能力，从而使我们能把事情做好。

滴水可以穿石，是因为滴下的每一滴水都不改变位置；束光可以燃纸，是因为这束光永远照在纸的某一点上。认准了目标，就是集中了力量、叠加了力量、倍增了力量。我们要是有矢志不移地向自己的既定目标勇往直前、拼搏奋斗的精神，那么，在我们的身上就会产生克服困难的巨大能量，就会把事情干得很好。

做人要诚心，做事要专心。做人之义，一般是指在社会上的待人接物、

为人处世。其实，做人之诚心，也是一种专心，是对道德的专心、对友情的专心、对人情的专心、对良心的专心。"要想做好事，必先做好人"，这句名言就有警示人们做事需专心之意。

不能只看到别人的一举成名，而要看到人家的十年寒窗。不能只看到别人台上的十分钟，而要看到人家台下的十年功。许多人只羡慕别人的一举成名，却不愿忍受十年寒窗的冷寂；许多人只羡慕别人台上的高超技艺，却不愿默默无闻地在台下安心地练功。成大事者，需要让心静下来，以真诚之心做踏实之事。时间会告诉你，所有的努力终将会有所收获。

低调做人，藏锋守拙

【原典再现】

《诗》曰："衣①锦尚绚。"恶其文之著②也。故君子之道，暗然③而日章；小人之道，的然而日亡④。君子之道：淡而不厌⑤，简而文⑥，温而理，知远之近⑦，知风之自，知微之显，可与入德矣。

【重点注释】

①衣：名词动用，意为穿衣。

②著：鲜明，耀眼。

③暗然：黯淡的样子，隐而不露。

④的然：指确切鲜明的样子。

⑤淡而不厌：不取悦于人，起初看似淡薄，久而久之，愈加觉得可敬，无恶可厌。

⑥简而文：性情简静无奢欲，文采雄辩有韬略。

⑦知远之近：要想抵达远方，必须从近处起步。

【白话翻译】

《诗经·卫风·硕人》中说："她里面穿着绫罗绸缎，外面加了一件单衣。"之所以在绫罗绸缎之外加上一件单衣，是因为嫌恶那绫罗绸缎太耀眼。所以有道德的君子所奉行的大道，外表看似不明，却在内里有蕴藏，所以一天一天地显现出来。反之，那些小人的小道，外表看起来颇为光明，但其实腹中空空，没有什么蕴涵，所以一天一天地消减。有道德的君子所奉行的大道，看似清淡，却越钻研越觉得有味道，不会叫人厌倦；看似简单，其实却文采斐然；看似平和，其实却很有条理，非常缜密。知道抵达远方要从近处起步，知道风是从什么地方吹来，知道再细微的东西也会彰显。能够明晓这些，就可以算是一个明晓道德的人了。

【鉴赏评议】

中庸作为儒家道德智慧之精髓，被人们认为是一种崇高的道德理想，又是一种现实的道德实践活动。中庸之道上达于天，下达于地。它始源于浅显的知识，推究到事物的奥妙精深之处，昭然于天地万物之间。

中庸处世提倡做人要中正、平和、稳重、内敛。既不凌驾于人，也不卑贱于人。在芸芸众生之中要想保持中庸的状态，关键在于要学会在上与下、高与

低、强与弱、显与藏、进与退之间把握好尺度，拿捏好分寸，选择一种适当的、中和的中庸之道，并贯彻到具体的人生过程中去。这样才能在社会的风雨中得到保全，在人生的道路上赢得更多的支持和认同。

【深度解读】

低调做人，切忌张扬

深谙中庸之道的人在别人面前始终保持着一份温和的态度。这样的人，在现实生活中会赢得更多朋友的信任。他们总是很谨慎地看待自己的实力，因为他们懂得锋芒太露必遭祸事，并且成功离不开一些外在因素，自身的努力仅仅是其中的一个因素罢了。所以君子处世平和，谈吐有礼，头脑清晰有逻辑。

人生最大的难题莫过于认识自己。想要有所作为，对自己必须要有客观正确的认识，充分估测自己各方面的能力和优缺点。

楚庄王当政三年以来，没有发布一项政令，在处理朝政方面没有任何作为。有一个担任右司马官职的人，给楚庄王出了个谜语，说："臣见过一种鸟，它落在南方的土山上，三年不展翅、不飞翔、也不鸣叫，沉默无声，这只鸟叫什么名呢？"楚庄王知道右司马是在暗示自己，就说："三年不展翅，是在生长羽翼；不飞翔、不鸣叫，是在观察民众的态度。这只鸟虽然不飞，一飞必然冲天；虽然不鸣，一鸣必然惊人。你放心吧，你不一定了解我啊。"之后半年，楚庄王亲自处理政务，废除十项不利于楚国发展的刑法，兴办了九项有利于楚国发展的事物，诛杀了五个贪赃枉法的大臣，起用了六位有才干的读书人当官参政，把楚国治理得很好。不久，楚国称霸天下。

深藏不露，是智谋。过分张扬自己，就会经受更多的风吹雨打，暴露在外的橡子自然要先腐烂。一个人在社会上，如果不合时宜地过分张扬、卖弄，那么不管多么优秀，都难免会遭到攻击。

有的人稍有名气就到处洋洋得意地自夸，喜欢被别人奉承，这些人迟早会吃亏的。所以，在处于被动境地时一定要学会藏锋敛迹、装憨卖乖，千万不要把自己变成对方射击的靶子。不可一世的年羹尧，因为做人的无知而落得可悲的下场。所以，居功而不自傲，才是做人的根本。

当自己处于不利地位或者危险之中时，不妨先退让一步，这样做不但能避其锋芒，脱离困境，而且还可以另辟蹊径，重新占据主动。要想先做事，必须先做人。做人要低调谦虚，事情做好了，做人水平也就又上了一个台阶。

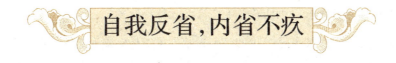

自我反省，内省不疚

【原典再现】

《诗》云：“潜虽伏矣，亦孔之昭！”故君子内省不疚①，无恶于志②。君子之所不可及者，其唯人之所不见乎！

【重点注释】

①内省不疚：内心经常反省，没有愧疚。

②无恶于志：君子的言语行为无愧于自己的心志。

【白话翻译】

《诗经·小雅·正月》中说："虽然隐藏了起来，却也是昭昭然地明显呀。"所以，有道德的君子无论何时何地，都能省察自身，不会做错事而抱愧，也不会有什么事会伤害他的完美心志。有道德的君子，一般的人之所以远远不及他，那是因为他善于在寻常人所看不见的地方存养自我。

【鉴赏评议】

自省即自我反省，是一种自我道德修养的方法。孔子说过："见贤思齐焉，见不贤而内自省也。"自省就是通过自我意识来省察自己言行的过程，其目的正如朱熹所说："日省其身，有则改之，无则加勉。"孔子的学生曾子终生力行自省此主张，确切做到了"吾日三省吾身"。

人非圣贤，孰能无过。我们每个人都不可能是完美无缺的，都会有说错话、做错事的时候。没有人能保证自己每一件事都做得正确，都不犯错误。重要的是，我们以何种态度对待自己的不足，能不能像古人那样，每天都对自己进行严格地反省、检讨，对自己进行认真地剖析、审视，以君子的方式要求自己。

【深度解读】

自省的力量

我们总说遇到问题都要从自身找原因，但是只有为数不多的人能反观自身，拥有自省的能力。

汉文帝刘恒是汉高祖的儿子，在位二十三年，他在文帝十三年时下诏书废除肉刑。

在秦朝，为了防止百姓造反，用的都是严刑峻法，受刑的人不计其数。肉刑有四种：墨（刺黑字于额）、劓（割鼻子）、剕（断脚）、宫（割势）。汉高祖刘邦推翻秦朝后，这样的刑法仍未改，文帝感到肉刑太不人道，便下诏书废除了其中三种，宫刑一直到了隋朝才废除。

他在诏书中这样说道："今法有肉刑三，而奸不止，其咎安在？非乃朕德之薄而教不明欤？吾甚自愧。故夫训道不纯而愚民陷焉。今人有过，教未施而刑已加焉，或欲改行为善，而道亡繇至，朕甚怜之。"这段话用白话翻译过来是说：现在虽然有了三种肉刑，但并没能阻止坏事发生，这是什么原因呢？莫非是我的德行不够，没有给大家明确的教导？我感觉很愧疚，是道德的教训不到家，所以老百姓才犯了错误。现在有些人犯错误，是因他们未能接受教育，而刑法却不管这些，强加于人。也有可能这些人愿意改恶从善，却没有机会，我很可怜他们。

如果说秦始皇是暴君的话，那么对于同样也是皇帝的汉文帝来说，他有了更多疼爱百姓的心，他能够在百姓的犯罪中去反省自己的责任，反省

自己的德行不够。这对于高高在上的皇帝来说，是很难得的，正因为如此，才创造了我国历史上难得的"文景之治"。

当你自省的时候，你的身心是平静祥和的，能提升自身的修为。在生活中，遇到人我是非，常自省，继而常忏悔，你的修行功夫才会日益增长。

有人说"伤人之言甚于剑戟"，然而再狠的话也伤害不了善于自省的人。其实话语本身并不会伤人，真正伤人的是你对这些话语的不满、愤怒甚至是敌意，是你自己伤了自己。而善于自省的人，他们总是去反省自身的错误，看到对方话语中积极有利的一面，因而不会不满，更不会产生敌意。

遇到伤人之言，你去反击，与对方硬碰硬，就会让矛盾不断升级，不但会伤害了别人，也会让自己更受伤。善于自省的人，不会选择对抗、反击，反而会反思自己的错处。自省使他们的心胸变得更宽广，选择更温和的方式、更谦卑的态度去应对伤人之言，不但不会让自己受到伤害，反而会赢得尊敬。

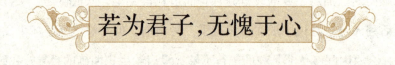

若为君子，无愧于心

【原典再现】

《诗》云："相①在尔室，尚不愧于屋漏②。"故君子不动而敬，不言而信。

【重点注释】

①相：注视。

②屋漏：古代室内的西北角相传是神明所在，常用来陈设帐幕供奉神明。

【白话翻译】

《诗经·大雅·抑》说："总有在暗中注视着你的，在你自己的屋中，只要不做有愧于屋漏神的事，便用不着担惊受怕。"所以，有道德的君子不必有所动作，自然会有人尊敬；不用开口说什么话，自然会被人信任。

【鉴赏评议】

智者积蓄着淳朴、宽忍以选择真诚，信仰着桀骜不驯以选择坚强，塑造着至死不渝以选择忠贞。于是，人类才得以挣脱一张张苍白的罗网，继而蔓延到整个时代广阔的背景里。

古往今来，多少风流人物在逆境中达到自身心志的完善与圆满。愁苦而悲愤的遭遇成就的是他们熠熠生辉的选择，喊出发自心灵的声音，表达对真理的膜拜、对文明的追求，以抗争世事之不公。正如鲁迅，他选择弃医从文，立志救国，做一名坚强的文坛医师，为麻木疗伤，为革命确诊，向卖国求荣宣布死期，面对帝国主义发出轻蔑而不屈的冷笑。于是"铁屋子里沉睡的人们"被唤醒了，"刑场上冷漠的示众材料与看客"被赋予了新生，中国近代文学更是一跃千里。

【深度解读】

岂能尽如人意，但求无愧于心

人是宇宙中朝生暮死的蜉蝣，仓促间便隐现数十年峥嵘冷热。在这短暂的一生中，为人处世到底应该尽善尽美地做到尽如人意，还是拼搏奋斗只求一个问心无愧？

月船禅师是一位善于绘画的高手，可是他每次作画前，坚持购买者先行付款，否则绝不动笔。这种作风，使社会人士颇有微词。

有一天，一位女士请月船禅师帮她作一幅画，月船禅师问："你能付多少酬劳？""你要多少就付多少！"那女子回答道："但我要你到我家去当众挥毫。"月船禅师允诺前去。原来那女子家中正在宴客，月船禅师以上好的毛笔为她作画，画成之后，拿了酬劳正想离开，那女士对宴桌上的客人说道："这位画家只知要钱，他的画虽画得很好，但心地肮脏；金钱污染了他的善美。出于这种污秽心灵的作品是不宜挂在客厅的，它只能装饰我的一条裙子。"说着便将自己穿的一条裙子脱下，要月船禅师在上面作画。月船禅师问道："你出多少钱？"女士答道："随便你要多少。"月船禅师开了一个特别昂贵的价格，然后依照那位女士的要求画了一幅画，画毕立即离开。

很多人疑惑，受到任何侮辱都无所谓的月船禅师，心里是何想法？原来，在月船禅师居住的地方常发生灾荒，富人不肯出钱救助穷人，因此他建了一座仓库，贮存稻谷以供赈济之需。又因他的师父生前发愿建寺一座，但不幸其志未成而身亡，月船禅师要完成其志愿。当月船禅师完成其愿望后，立即抛弃画笔，退隐山林，从此不再作画。一个不食人间烟火的禅师，走街串巷，卖画赚钱，确实有点不可思议。

其实人心都是善的，每个人心里都有很多慈悲的愿念，只是顾忌太多，因而犹犹豫豫、畏畏缩缩，很多时候不敢想，更多的时候不敢做。其实，只要你用的是善心，行的是善事，又何必害怕厄运会降到你头上。

奏假无言，时靡有争

【原典再现】

《诗》曰："奏假无言，时靡有争①。"是故君子不赏而民劝②，不怒而民威于铁钺。

【重点注释】

①奏假无言，时靡有争：意思是默默无语地向神明祈祷，内心平和，没有争端。

②不赏而民劝：不需要进行奖赏就能使百姓互相劝勉行善。

【白话翻译】

《诗经·商颂·烈祖》说："默默地呈献一片诚心去感动神明，便不

会有纷争。"所以，有道德的君子，不用设立赏格，而民众自然会前赴后继地行善事；不用大发脾气，而民众自然会畏惧他比畏惧那斧钺还厉害。

【鉴赏评议】

这章讲述的重点就在"诚心"上。它可以引申为有原则、正直、心诚等意思。古语有云："心诚则灵。"

中庸思想里孔子创立的儒学具有人学特质。"人"一直是孔子思考和关怀的对象。中庸思想在现代人处理个人与社会、家庭、朋友、同事、异性交往等关系中，依旧有着积极的作用，这一点是任何一个与外界有必然联系的人所不可否定的。

现代人被日益汹涌的物欲所困，追名逐利，甚至为了达到目的而不惜以破坏为手段，结果把本不该误解、抛弃和毁坏的思想和智慧否定了，其中就包括中庸思想里的许多合理成分，如做人要讲诚信，做事要有尺度，不走极端，要恰到好处等。

【深度解读】

以坦诚的魅力去打动人

春秋时期，齐国大夫晏婴突然辞退跟随他三年的高缭，原因是他觉得高缭三年以来看到他犯错从来不说，没有用处。

唐朝名相魏徵，以敢言直谏君王而闻名。作为太宗的重要辅佐大臣，他曾恳切要求太宗使他充当对治理国家有用的"良臣"，而不要使他成为对皇帝一人尽职的"忠臣"。尽管太宗对魏徵的尖锐批评一时难以接受，但他毕竟认识到魏徵是忠心奉国，有利于国家长治久安，对他的犯颜直谏曾感叹说："人言魏徵举动疏慢，我但觉妩媚，适为此耳。"当然，唐太宗的开明政治是魏徵屡次极言直谏的重要原因，因此魏徵回答说："陛下导之使言，臣所以敢谏，若陛下不受臣谏，岂敢数犯龙鳞？"这一番话也并不只是谦逊之辞。所以魏徵虽几次极端激怒太宗，而他神色自若，不稍动摇，使太宗也为之折服。魏徵为了维护和巩固李唐王朝的封建统治，曾先后进谏二百多次，劝诫太宗以历史的教训为鉴，励精图治，任贤纳谏。

这两个例子都突出了"坦诚"。高缭不够坦诚，看到上司做错事、说错话而置之不理，甚至一言不发，最后被解雇。而魏徵出于爱国爱君之心，勇于直谏，说出心中所言，切实提出救国良方，实在是忠臣。

公元 57 年，明帝刘庄即位。桓荣是汉明帝的老师，明帝对老师一向非常尊敬。明帝曾经坐车到太常府，让桓荣坐在东面，设置几杖，集合骠骑将军、东平王刘苍以下百官和桓荣的学生数百人，明帝亲自执业，每次开口就说："大师在这里。"礼毕，把太官供具全部赐给桓荣家。桓荣每次生病，明帝就派使者慰问，太官、太医络绎不绝。后来桓荣病重，上疏谢恩，让还爵土。明帝亲自到他家问安，入街下车，捧着经书上前，抚摸着桓荣，流着眼泪，赐给他订床茵、帷帐、刀剑、衣被，很久才走开。从此诸侯将军大夫来看望的，不敢再乘车到门口，都拜倒在床下。桓荣死后，明帝亲自为他变服，临丧送葬，在首阳山之南赐桓荣冢茔。

我们所说的君子不需要进行奖赏就能使百姓互相劝勉行善，不用大发脾气而民众自然会畏惧他比畏惧那斧钺还厉害，大概就是桓荣这样的人了。

正所谓小赢靠智，大赢靠德。在现实生活中，凭借阴谋诡计的厚黑学取得的成就，往往不能长久。只想做好人，拒人于千里之外也难以成功。只有交流、交心才能坦诚相待，从而获得合作的机会。这才是我们现代社会中要学习的中庸之道。

 ## 笃实恭敬，天下太平

【原典再现】

《诗》曰："不显^①惟德！百辟^②其刑^③之。"是故君子笃恭而天下平。

【重点注释】

①不显：大显。不，通"丕"。

②辟：诸侯。

③刑：通"型"，示范，效法。

【白话翻译】

《诗经·周颂·烈文》说："弘扬那德行啊，诸侯们都来效法。"所以，君子笃实恭敬就能使天下太平。

【鉴赏评议】

每个深谙中国历史的人都知道，自古以来，历朝历代凡成就大业的领导者无不以"江山社稷用人为先"为准则，从而因用人而兴。齐桓公重用管仲，成就了一番春秋霸业；秦始皇利用韩非、李斯横扫六国，一统天下；刘邦有张良、韩信"运筹帷幄之中，决胜千里之外"的智谋，成为西汉的开国之君；刘备识得诸葛亮，而得"三分天下"之势；唐太宗正是采用"慎择"的用人方式，终有"贞观之治"的盛景；朱元璋凭借自己的真诚感动了心如死灰的前朝落魄士子刘伯温，使他终归自己帐下。

到了今天，我们也都想在用人上有所作为，但反躬自省，却发现自己在用人上远未达到先人们那种超凡自如的境界。因为大多数人往往习惯地想到用人是一种权力，而忽视了用人也是一门学问，更是一门艺术。古语有云："事之至难，莫如知人；事之至大，亦莫如知人；诚能知人，则天下无余事矣。"

【深度解读】

用人是一门学问，更是一门艺术

"用人之短，天下无可用之人；用人之长，天下无可弃之人。"在用人方面，我们务必做到"人尽其才，才有所用"。要树立人人都可以成才的观念，坚持德才兼备的原则，把品德、知识、能力和业绩作为衡量人才的主要标准，不拘一格选人用人。

什么是人才？人才的标准怎样掌握？首先要破除狭隘的人才观念，树立大人才观。人才标准因不同行业、不同单位的性质、需求而定，不能用一个模式去套，用一把尺子去量。衡量一个人是不是人才，不能仅仅看他的文凭，更主要的是看他的水平。树立大人才观，就是要肯定凡是具有一定知识或技能，能够在某一领域、某一行业或某一单位、某一企业进行创造性劳动的，都是我们需要的人才。我们可以从古人选贤举能中窥探出用人之道。

周文王是一个优秀的政治家，他的生活跟商纣王正相反。商纣王喜欢喝酒、打猎，对人民滥施刑罚。周文王禁止喝酒，不准贵族打猎，糟蹋庄稼。他鼓励人民多养牛羊，多种粮食。他还虚心接待一些有才能的人，因此，一些有才能的人都来投奔他。

周文王见纣王昏庸残暴、丧失民心，就决定讨伐商朝。可是他身边缺少一个有军事才能的人来帮助他指挥作战。他暗暗想办法物色这种人才。当时，姜子牙已年逾古稀仍然未遇明主，后来听说周文王很重视人才，便钓鱼于渭水之滨，终日借垂钓来修养心志，磨炼毅力。他钓鱼从来不用鱼饵，钩是直的，正所谓"太公钓鱼，愿者上钩"。其实他是想看周文王是否识才，能否放下架子求才，进而决定是否为他效力。

有一天，周文王坐着车，带着儿子和兵士到渭水北岸打猎。在渭水边，他看见一个老头在河岸上坐着钓鱼。大队人马过去，那个老头只当没看见，还是安安静静地钓他的鱼。文王看了很奇怪，就下了车，走到老头跟前，跟他聊起来。

姜子牙说："凡是河流源头渊远者，河水必然奔流不息，于是才有鱼群栖息；树大根深者必定枝繁叶茂，于是才能果实丰硕。人与人之间唯有相互理解，心灵相通，才有发展伟大事业的前提。比如在溪边垂钓，小鱼总是盯着小饵，若有若无的钓线使它放松了警惕；稍大些的鱼儿总是看好块大味香的饵料，即使是钓线就在身边，为求得香甜的美食，它也会忘掉危险而冒险一搏。而要想钓到大鱼，就要安上大块饵料，钓线也要粗壮结实，否则就会失之交臂，鱼饵两空。鱼一旦吞下钓钩，钓线就牢牢地牵住它；用人也是如此，人才一旦接受了相应的待遇，便会为施恩者尽心竭力地服务。用网捕鱼，还会有漏网的；可用饵钓鱼，却可以把水中之鱼陆续钓尽。同样的道理，提供相应的待遇，就可以把天下的人才都招揽而来。垂钓与治国平天下虽事有大小之别，目标也有高下之分，然而其中的道理却是相通的。钓鱼的三大要领无非是钓点判断、饵料设计和提竿溜鱼。而治国平天下也有三大法宝：提供优渥的待遇是为了让所用之人贡献聪明才智，提倡视死如归的精神是为了让士兵英勇善战，设立高官厚禄是为了让贤臣良将帮助君王成就大业。"

经过一番谈话，周文王知道了他是一个精通兵法的能人。文王非常高兴地说："我祖父在世时曾经对我说过，将来会有个了不起的能人帮助我把周族兴盛起来。您正是这样的人，我的祖父盼望您已经很久了。"说罢，就请姜子牙一起回宫。姜子牙理了理胡子，就跟着文王上了车。

在当今构建市场经济大厦的时候，历史的经验却是可以借鉴的。常言道："千里马常有，而伯乐不常有。"千里马固然珍贵，然而假如没有伯乐发现它们、识别它们，千里马也就只能"骈死于槽枥之间"了。从这个意义上说，周文王的留心求才，慧眼辨才，更值得我们称道。

予怀明德，最高境界

【原典再现】

《诗》云："予怀明德，不大声①以色②。"子曰："声色之于以化民，末也。"《诗》曰："德辖③如毛。"毛犹有伦。"上天之载，无声无臭。"至矣！

【重点注释】

①声：号令。

②色：形貌。

③辖：古时候的一种轻便车，引申为轻。

【白话翻译】

《诗经·大雅·皇矣》说："我怀有光明的品德，不用厉声厉色。"孔子说："用厉声厉色去教育老百姓，是最拙劣的行为。"《诗经·大雅·丞民》说："德行轻如毫毛。"轻如毫毛还是有物可比拟。上天所承载的，既没有声音也没有气味，这才是最高的境界啊！

【鉴赏评议】

一个有道德的人，他的待人接物、他的教化众生都是自然的，是无心的。

就像太阳照人，就像雨滋润万物，我们可以通过学习经典，明白自己的不足，努力去克服它，使我们的不合理的行为越来越少。这就是通过有为来达到无为，使我们越来越变成像天地一样的无为。《中庸》汇集儒家经典，是表达儒家智慧的典籍之一，这里面对今人最大的教化功能之一就是德行。

道德的最高境界是思想和言行的融合，要自觉地遵守道德规范，而不是勉强去做。这两点对任何人都是适用的。

【深度解读】

德行的最高境界

有些东西经过潜移默化、天长日久的浸润渗透就会慢慢地沁入骨髓里，让我们发生改变。道德的最高境界也是这样。这种最高的境界就如同空气，无声无色无味，谁也看不见、听不到、嗅不出，可是谁也离不开它。这就是"化育万物上天道，无声无味真微妙"的神奇功效。修身养性如若能达到这种境界，当然就是至圣先人了。可谁又能达到这种境界呢？就算是孔圣人也未必能达到。

最高境界说起来容易，做起来却非一般的困难。所以孔圣人仍然是圣人，他也知道最高境界可能只是美好的理想，因此他给出了次一等的境界，这就是"轻如毫毛"的境界。

我们说圣人之德是德行的最高境界，我们凡人很难达到圣人的标准。所以我们不标榜自己是圣人，做到君子的境界，就非常不错了。中庸就是既不善也不恶的人的本性，是人性的本原、人的根本智慧。所以对于接近

神来说的圣人之道，我们只谈君子。

这不是在小看君子的境界，做到君子的境界也是一件难事。只有质素平淡，才能革去偏杂，而进入君子的境界。在修身活动中，君子始终倾听着来自生命深处的质朴与真诚的要求，安居在"不大声以色"的平淡之地，正如天道在不言之中给出了百物与四时，一切声色唯有在平淡之地被收纳，在平淡之中，世界（包括声色等）被具体地给予。

我们每个人都应该注意提升自身的德行，但仅仅做到这一点还不够，有德的君子，特别是对于居上者来说，还需要把民众培养成有德的君子，否则，用"警察抓小偷"的管理模式，居上者会疲于应对，也难以取得良好的管理效果。如果民众都成了有德的君子，管理起来自然轻松很多。子思在《中庸》的开篇就说："天命之谓性。"所以，居上者要对人性有深刻的了解，通达人性。

我们不用圣人的标准去要求自己，而用君子的标准去要求自己，相对来说就简单一些。那么，应该怎样要求自己呢？

我们在前面谈到过"天命之谓性"，修行先修心，修完自己的内心才能用内在去影响外在。而我们在修为上要做到的就是"穷则独善其身，达则兼济天下"。这表现在十个方面，即"仁、义、礼、智、信、忠、孝、节、勇、和"。

"仁"，仁人、爱人、仁爱。"仁爱"思想，作为几千年来中华民族的主要价值取向和道德要求，渗透在中华民族的血液中，铸就了中华民族的特殊品质。

"义"，大义、正义、公平、公正、公道。中华传统文化把"义"作为人生的终极目标和价值取向。亲情和友情发展到完美的程度，就有"义"

的成分。有"义"，使友谊友善纯久，"义"是中华民族崇高的道德表现。

"礼"，明礼、礼貌、礼让、礼节、礼仪、礼制。"礼"是中华传统文化的突出精神，是社会交往之道，是中华民族传统美德的体现。

"智"，明智、智慧、机智。中国古代思想家赋予"智"以丰富的道德和内涵，新时期需要把中华民族的道德智慧同人文智慧、科学智慧聚成一体，开启新的智慧。

"信"，诚信、信任。《说文解字》中讲："人言为信。""信"是立身之道、兴业之道、治世之道。

"忠"，忠诚、忠良。在中华传统文化中，所谓忠，就是内心求善，外求尽职尽责。中华民族自古以来就有精忠报国、舍生取义的优良传统，"天下兴亡，匹夫有责"是历代仁人志士的共同心愿。

"孝"，孝心、孝敬、孝道。中华民族崇尚世代传承理念，主要是对父母、长辈之"孝"，强调长幼有序。

"节"，气节、名节、操守、节制。中华传统文化崇尚理想、信念、信仰，是克己为人、自强不息、奋发有为的伟大精神和崇高的民族气节，成为中华民族自尊自强的精神支柱和一个人永葆铮铮铁骨的人格追求。

"勇"，勇敢、坚强、刚毅。"勇"就是勇敢果断、徇义不惧、刚健不屈。中国传统文化蕴含的这种自强不息、英勇顽强的刚健精神，是中华民族饱经磨难、历久弥新、愈挫愈勇、愈挫愈奋的不竭动力。

"和"，和睦、和气、和谐。中华传统文化把"和"作为最高价值和最高的道德境界，提出为政应"宽以济猛，猛以济宽"，宽猛相济，"和"以治国。周幽王大夫史伯针对当时周政权危机，提出了"和实生物，同则不济"的理论。"和"被认为是人道追求的最高目标。传统文化还把"中"

与"和"并提:"中也者,天下之大本也;和也者,天下之达道也。致中和,天地位焉,万物育焉。""中和"作为儒家文化的重要内容,在今天仍有十分重要的理论价值和现实意义。

在现实生活中,这些看起来很简单,实则做起来很难。这十种德行,是我们应该达到的君子的水准和要求。